JN326347

住環境の
バリアフリー・
ユニバーサルデザイン

福祉用具・機器の選択から住まいの新築・改修まで

野村歡⦿編

植田瑞昌
田中賢
田村房義
野村歡
橋本美芽
村井裕樹
八藤後猛⦿著

彰国社

「障害」の表記について

「障害」という言葉は、もともとは「障碍」と表記され、仏教用語で「悪魔、怨霊などが邪魔すること。さわり」の意味で使われていた。しかし、次第に「障害」の表記が一般的になり、第2次世界大戦後は、「当用漢字表」や「法令用語改正例」にもとづき「障害」のみを採用した。しかし、「害」には「そこなうこと。悪くすること」(広辞苑)の意味があり、また、「公害」「害悪」「害虫」という熟語に含まれることから、最近は、もとの「障碍」を使用すべきとの意見や、「障がい」と表記すべきとの意見がある。実際に「障がい」と表記している自治体もある。しかし、いずれも結論が出されている段階ではないので、本書では法律に使用されている「障害」の表記を用いることにした。

装幀・デザイン　柳忠行

◉目次

本書のねらい ……………………………………………………………………………………………5
本書の見方・読み方 ……………………………………………………………………………………6

序章　住環境整備の考え方とそのポイント …………………………………………………7

1章　高齢者・障害者の特性を知る　　13

　1＿＿高齢者の加齢による機能変化 ……………………………………………………………14
　2＿＿高齢者に多い疾患・障害 …………………………………………………………………16
　3＿＿障害者に多い疾患・障害 …………………………………………………………………20

2章　福祉用具を知る　　29

　総論＿＿福祉用具とは …………………………………………………………………………30
　1＿＿杖 ……………………………………………………………………………………………32
　2＿＿歩行器・歩行車・シルバーカー …………………………………………………………34
　3＿＿車いす ………………………………………………………………………………………36
　4＿＿リフト ………………………………………………………………………………………40
　5＿＿段差解消機 …………………………………………………………………………………46
　6＿＿階段昇降機 …………………………………………………………………………………50
　7＿＿住宅用エレベーター ………………………………………………………………………52
　8＿＿入浴用具 ……………………………………………………………………………………54
　9＿＿排泄用具 ……………………………………………………………………………………58
　10＿＿就寝用具 …………………………………………………………………………………62
　11＿＿調理・食事用具 …………………………………………………………………………64
　12＿＿整容・更衣用具、その他の福祉用具 …………………………………………………66
　13＿＿視覚・聴覚障害に関わる福祉用具 ……………………………………………………68

3章　生活行為から考える　　73

　総論＿＿生活行為を考える ……………………………………………………………………74
　1＿＿移動する …………………………………………………………………………………76
　2＿＿排泄する …………………………………………………………………………………82
　3＿＿入浴する …………………………………………………………………………………86
　4＿＿掃除・洗濯する …………………………………………………………………………90
　5＿＿調理する …………………………………………………………………………………94
　6＿＿食べる ……………………………………………………………………………………97
　7＿＿寝る ………………………………………………………………………………………100
　8＿＿生活を楽しむ ……………………………………………………………………………102
　9＿＿庭に出る、庭を楽しむ …………………………………………………………………106
　10＿＿外出する ………………………………………………………………………………109

4章 住環境整備の設計手法を知る　113

　総論__平面計画を考える　114
　　1__床を仕上げる　122
　　2__手すりを取り付ける　130
　　3__建具をつくる　134
　　4__収納する　138
　　5__スペースへの配慮　141

5章 設備・機器類を知る　147

　　1__スイッチ・コンセント　148
　　2__照明器具　150
　　3__浴室・洗面・トイレ関連機器　152
　　4__換気・脱臭設備、冷暖房設備　156
　　5__調理設備・調理器具　158
　　6__家具（机・いす）　162
　　7__防災設備と避難計画　164

6章 事例に見るバリアフリー・ユニバーサルデザインな住まい　167

　事例1　老後を見据えた家（新築・独立住宅）　168
　事例2　車いすから考えた、自分とヘルパーと家族が使いやすい家（新築・独立住宅）　170
　事例3　車いすで暮らす終の棲家（新築・独立住宅）　173
　事例4　隣り合う高齢者住宅（新築・連戸住宅）　174
　事例5　息子夫婦と隣居する家（改修・独立住宅）　179
　事例6　ADLの低下した男性が息子夫婦と同居する家（改修・独立住宅）　182
　事例7　転居することで移動機能の低下を補う（改修・マンション）　185
　事例8　高齢者が集って住まう（新築・住宅＋施設）　188

COLUMN

❶高齢者とは、障害者とは　11　❷国際生活機能分類（ICF）　12　❸バリアフリーとユニバーサルデザイン　28　❹介護保険法と住環境　45　❺福祉用具を入手するには　49　❻その他の福祉用具　49　❼自助具　72　❽視覚・聴覚障害者と情報アクセシビリティ　72　❾家庭内事故と住環境　111　❿子どもの住宅内事故を防ぐ　111　⓫住環境の捉え方　119　⓬障害者基本法と住環境　120　⓭サービス付き高齢者向け住宅　120　⓮認知症高齢者グループホーム　121　⓯障害者グループホーム　121　⓰さまざまな建具　137

参考：住宅性能表示制度による高齢者配慮基準　192
参照文献　194
あとがき　195
著者一覧および担当箇所　196

本書のねらい

　わが国の人口高齢化は、世界に類を見ないほど急速に進展して男女ともに世界有数の長寿命国となり、これに伴い、障害者の人口も増加の一途を辿っている[*1]。

　このような高齢社会の到来に対し、わが国では数多くの社会福祉施設を建設し、高齢者やその家族の生活支援を推進している。しかし、高齢者は本当に施設入所を望んでいるのだろうか？

　実は、自宅で生活を継続したいと考えている高齢者は多くいるが、現実にはそれを許さないさまざまな理由がある、といわれている。そのひとつが住宅構造と考えられている。すなわち、高齢になって身体機能が低下し、あるいは障害を負ったとき、居住している住宅が安全かつ安心して生活できるようなバリアフリーの構造になっておらず、毎日の生活に不便・不自由を感じながらの生活を余儀なくされ、また介助者が介助しにくいような環境となっていることに大きな原因がある。また、住宅内での家庭内事故で、毎年、多くの高齢者が亡くなっている。この背景には、これまでは住宅における高齢者配慮の必要性が教育機関であまり重視されてこなかったことも一因と考える。

　本書は、高齢になっても障害があっても、日常生活を取り巻く環境を整備することで、以前と同じような生活動作を遂行できる状況が得られることに着目し、これを実現できる住環境のバリアフリー・ユニバーサルデザインの手法を身に付ける入門書となりうるように、かつ実際の仕事にも役立つように執筆・編集している。

　なお、本書のもととなる『住環境のバリアフリーデザインブック』は12年前に発行されたが、現在に至るまでの間、バリアフリー・ユニバーサルデザインの視点を持った福祉用具をはじめ、住宅部品や施工技術面でもかなりの進歩が見られることから、今回、記述を大幅に見直した内容となっている。

2015年9月　野村歡

[*1] 65歳以上の高齢者は2,948万人、総人口の23.0％に達している。2030年には3,685万人と現在より737万人も増加し、高齢化率は31.6％となると推測されている（2012年1月、国立社会保障・人口問題研究所「将来人口問題推計」による）。障害者人口は、現在741万人（2013年内閣府）と推計されている。

本書の見方・読み方

　本書は、できる限り平易な表現に努め、理解しやすく記すことに留意している。さらに、以下の視点を持って読むことで、より理解が進み、全体を把握しやすくなる。

1. 本書は住宅および住宅敷地内における住環境のバリアフリーデザインおよびユニバーサルデザインについて記述している。道路・公共建築物・交通などについては他書に譲る。
2. 本書は、まず、障害の概要および障害特性を理解することから始まり、次にその障害に起因する日常生活上の不便・不自由、それを解決するために必要な福祉用具は何か、さらに対象者のあるべき生活行為を理解したうえで、建築計画上のバリアフリー・ユニバーサルデザインに関わる具体的な解決方法を提示する、といった構成となっている。本書はその流れに沿って理解できるように構成している。
3. 各章で記されている内容は相互に深く関係していることは言うまでもない。そこで、本書では関連個所をわかりやすくするために欄外に示し、関連づけて理解できるように配慮している。
4. 本書では、読者の理解を容易にするために標準的・基本的な内容をわかりやすく記述することに努めた。したがって、なぜそのようなことになるかという考え方は、本文内に簡略に記述するが、詳細な記述は必要に応じて欄外に注記することとした。
5. 本書に掲げている記述や数値はあくまでも標準的な考え方にもとづいている。すなわち、各章で示した数値は、JIS規格の福祉用具を使用したときなどの建築設計時の標準寸法を表している。したがって、これらの数値は、共同住宅（マンション）、サービス付き高齢者住宅、グループホームなど入居者が特定されていない建築物の設計にはそのまま適用しても差し支えない。
6. 一方、対象者が特定されている個人住宅では、本書で示している数値を基本とし、さらに、対象者の体格、身体機能や障害種類、障害程度などの個人の身体状況をよく把握したうえで具体的な設計を検討することを心がけてほしい。その際、本人の身体状況を把握している理学療法士[*1]、作業療法士[*2]といった医療関係者と相談することが望ましい。

[*1] 理学療法士（PT：Physical Therapist）
　身体に障害がある者に対し、主としてその基本的動作能力の回復を図るため、治療体操、その他の運動を行わせ、および電気治療、マッサージ、温熱その他の物理的手段を図る業務を行う者。
[*2] 作業療法士（OT：Occupational Therapist）
　身体または精神に障害がある者に対し、主としてその応用的動作能力または社会的適応能力の回復を図るため、手芸、工作その他の作業を行わせる業務を行う者。

序章

住環境整備の考え方とそのポイント

1　なぜ、住宅バリアフリー、ユニバーサルデザインは必要か？

自分の住宅に長く住み続けたい高齢者

　仕事をリタイアしたばかりの高齢者は、まだ十分な体力があり、かつ健康な者が大多数である。このような高齢者は誰もが自宅でずっと健康な生活を送りたいと考えている。しかし、加齢とともに徐々に身体機能が低下してくると、自立した生活が困難となったり、介助が必要となってくる。家族も高齢者の生活を支えることが難しくなる。しかし、施設を自ら志望する高齢者は意外と少なく、多くの高齢者はできる限り永く自宅に留まって生活をしたいと思っている。

でも、住み続けることは難しい？

　しかし、現実には自宅に留まって生活を継続することが難しく、施設に入所せざるを得ない高齢者が多く存在する。そのひとつの原因は住宅構造にある。それは、健康な成人を対象としてきたこれまでの住宅構造が多くの問題点を抱えているからである。

　これまでの住宅[*1]は、例えば、柔らかな畳があって木の温もりが伝わり、一見高齢者に優しいと思われがちだが、段差が多いこと、尺貫法の影響がきわめて強いために常識的に決められる廊下・階段・開口部等の幅員が高齢者の室内移動に適していないこと、室面積が狭いことなどに加えて、いわゆる和式の生活様式が高齢者には不向きであること、などが指摘されている。具体的にいうと、畳に布団を敷いて寝起きしている高齢者がトイレに行こうとして立ち上がるのは大変なことであるし、和式便器にしゃがみ込む姿勢は足腰の弱くなっている高齢者には厳しい姿勢といえる。また、わが国には寝たきり高齢者やおむつ使用者が多いとも言われている。寝室から便所まで遠いうえに段差が多かったり、廊下が狭かったりすることで自由に移動できず介護者が面倒を見るのが大変、という理由からである。

　このような状況を見ると、高齢者や障害者が安全・安心して生活できる住宅バリアフリーの推進は不可欠といえる。

*1　わが国の旧来から建てられている木造在来工法の住宅を指す。

住宅構造に起因する家庭内事故

　もうひとつ大きな問題がある。それは、家庭内事故[*2]である。
　家庭内事故による死者数は、近年、漸減傾向にあるといわれているが、それでも相当数の事故が発生し、多くの尊い人命が奪われている。そのうち、高齢者がなんと全体の約7割を占めている。これは、現在の住宅構造が高齢者に適していないひとつの証左といえる。家庭内事故の原因は本人の不注意によるとされているが、高齢者が不注意にならない環境づくり、

*2　家庭内事故については P.111「COLUMN ❾、❿」を参照。

不注意になっても大きな事故につながらない住宅づくりが重要である。

　安全・安心に生活できる住宅の存在は、高齢者自身の自立と意欲の拡大、生き甲斐につながり、家族の介護力・量の軽減、解放となり、家族関係の円滑化にもつながると考えられている。ここに、住宅バリアフリーのもうひとつの目的がある。

まだまだ少ないバリアフリー住宅

　住宅バリアフリー化の要望は、高齢者や障害者の増加に伴ってますます高くなってきている。国や地方自治体も対策を急いでいる。例えば、国は、公的賃貸住宅のバリアフリー化の推進、サービス付き高齢者向け住宅の建設など住宅施策の中でバリアフリー住宅の普及を進めているし、介護保険制度においても住宅改修費の支給、福祉用具の支給・貸与等の名のもとに住宅バリアフリー化を進めている。これ以外にも多くの政策*3が実施され、以前より相当に住宅バリアフリーは進展している。しかし、まだ十分に社会全体に浸透しているとはいえない。

住宅バリアフリー、ユニバーサルデザインがめざすもの

　住宅バリアフリーの目標は何か。それは、加齢や障害によって困難になった排泄・入浴・食事・調理などの生活動作を、住宅環境を整備することで、できる限り自立して行えるようにすることと個人の尊厳を守ることにある。仮に自立できなくとも、介助者の労力を軽減できるようにすることである。

　しかし、もっと長い目で見ることも忘れてはならない。わが国の福祉政策の基本的な考え方は、高齢者であっても、障害者であっても地域社会の中で障害のない人とともに生活を営み、社会参加・参画をすることをめざしている。これを実現するには、わが国のできる限り多くの住宅で高齢者や障害者が生活できるようにすることが前提条件となる。そのために、既存住宅はバリアフリーな住宅とし、これから新築される住宅はユニバーサルデザイン*4を基本とした住宅を提供していかねばならないことになる。しかし、それも最終的なゴールではなくてひとつの手段である。

地域での生活を支える福祉サービスや施設・病院との連携

　住宅バリアフリーの推進が非常に重要であることは十分に理解できた。しかし、これだけでは不十分である。なぜなら、個人住宅をバリアフリーに整備しようと思ってもさまざまな事情で整備できず、他の住宅への転居を余儀なくされることもあるし、高齢者や障害者を対象にした集合住宅や居住系施設に入居をしなければならないこともある。ということは、社会全体で高齢者や障害者の居住環境を整備することが必要となってきていることを意味している。

　一方、個人の住宅をバリアフリーな環境に整備できてもホームヘルパー*5などの福祉サービスを必要とする場合もあるし、さらに、地域包括支援センター*6、デイサービスセンター*7、ショートステイ*8といった地域に密着した福祉サービスを受けながら自宅での生活を継続している高齢者も多い。さらに医療が必要になったときには医療施設との連絡*9もあらかじめ考えておかなければならない。要は、地域で生活を継続するには医療・保健・福祉との連携がどうしても必要である。

---

*3 高齢者、障害者に対する住施策についてはP.119～121「COLUMN⓫～⓯」を参照。

*4 P.28「COLUMN❸」を参照。

*5 ホームヘルパー (Home Helper)
訪問介護員のこと。自治体の福祉事務所や社会福祉協議会、民間事業者から派遣され、高齢者や障害者に、炊事・洗濯・掃除・買物などの家事援助、排泄・入浴・摂食などの身体介助を行う。

*6 地域包括支援センター
在宅介護の拠点として、①在宅介護に関する相談、助言、②必要な福祉サービスが受けられるよう市町村等との連絡、調整、③福祉用具の展示および使用方法の指導等、④地域住民に対する公的サービスの周知、利用についての啓発等の事業を行う施設。24時間サービスを原則としている。

*7 デイサービスセンター
おおむね65歳以上で、在宅で虚弱または寝たきりの状態にある高齢者を対象に、健康チェック、日常生活訓練、入浴サービス、機能訓練、給食サービスなどの通所事業、訪問事業を提供する施設。

*8 ショートステイ
介護者に代わって高齢者を介護老人福祉施設などで短期間預かり、世話をすることによって、家庭介護に対し負担の軽減を図ること。介護保険法では「短期入所生活介護」という。

*9 最近は在宅医療といって、病院や診療所の医師や看護師が住宅を訪問して医療行為を実施することも行われている。

2 住宅バリアフリーを検討するときのポイント

　若年者は生活環境への適応力と順応性に富んでいるが、高齢者は、心身の機能が低下してくるために、十分に配慮された環境のもとでなければ生活が維持しにくくなる。これに疾病による障害が発生すると、日常生活にさらに制限が加わることになる。しかし、その根源となる心身機能の低下には個人差があり、また、障害の原因となる疾病はさまざまであり、障害の内容や程度は千差万別である。

　このような個別性の高い高齢者や障害者の住宅バリアフリーを的確に行うためには、少なくとも「心身状況」「住宅状況」「家族状況」「経済状況」の4つの側面から検討を加えることが必要と考えられてきたが、最近はこれに加えて「福祉用具の活用」が新たに重要視されるようになっている。しかもこれらの項目が相互に深く関連している（**表1参照**[*10]）。

　以下、これらのことについて、詳細に述べる。

表1　住環境整備に必要な視点

	心身	住宅（建築）	家族	経済
心身	・生活動作能力 ・心身機能評価[*] ・障害に関する今後の予測	・移動方法と補装具 ・駐車スペース	・世帯上の地位 ・介助の必要性	・職業の有無
住宅 （建築）		・敷地からの検討 ・構造からの検討 ・設備からの検討 ・法規からの検討	・介助スペース ・専用室の確保 ・衛生設備空間の専用・共用など	・検討案の規模および内容（新築、増築、改築、模様替えなど） ・使用材・使用器具の質 ・維持費（電力、ガスなど） ・施工業者の選定
家族			・家族人員 ・家族構成 ・誰が介助するか	・収入（改修に対する支払能力）
経済				・改修費用

[*] モチベーション、精神面からみた生活継続性を含む

■心身状況についての検討[*11]

〈心身状況の把握〉

　住宅の設計条件に大きな影響を与えるのは下肢機能の低下である。健康であれば両下肢で歩行するが、高齢者になると家具や手すりにつかまって歩く伝い歩き、車いす、床上を手膝を使っての移動、横座りで移動など、さまざまな移動方法がとられる。なかには移動動作ができずに寝たきりになる場合もある。また、上肢機能の低下により、高い位置に手を伸ばしての動作が難しくなるし、巧緻性を伴う細かい作業は苦手となる。このようなことから、高齢者が居住する住宅の設計では、身体状況をよく把握して、住宅内で行われるさまざまな生活動作をどのようにして行うか、困難な動作は何か、どのような環境条件ならばできるか、といった「日常生活動作能力[*12]」を整理する必要がある。

　最近は以上に述べた身体機能面のみではなく、主体性、意欲、モチベーション、認知症状、記憶力、といった精神面の把握も重要とされる。

〈介助スペースへの配慮〉

　加齢にともない、あるいは障害があることで、日常的な生活動作が一人でできなくなることがある。例えば、階段の昇降ができなくなる、浴室で浴槽をまたげなくなる、身体を一人で洗えない、便所で便器に座れない、あるいは後始末ができない、といったようにである。

　これらの問題を解決するには福祉用具の活用（**2章参照**）とマンパワーを活用した介助による2つの方法が考えられる。マンパワーによる介助を必要

[*10] 横軸と縦軸が同じ用語、例えば、双方とも「心身」欄であれば、心身状況のみから住環境を検討すべき項目が表示されている。一方、横軸と縦軸が異なる場合、例えば「心身」と「住宅」の項目がクロスしている欄には、「移動方法と補装具」「駐車スペース」と記されている。これは、心身の条件（車いす使用・介助歩行・伝い歩き、補装具の使用状況）と「廊下や戸の幅員」といった住宅構造とは大きく関係すること意味している。また、駐車スペースを決めるときには、車いす・介助歩行・伝い歩きといった心身の状況と住宅の敷地条件といった双方から検討すべき、ということを意味している。

[*11] 心身状況に関する項目
・身長、体重
・健康状態
・身体障害の状況（障害名、等級、障害部位、障害程度等）
・視覚機能、聴覚機能、意思伝達、理解力
・補装具の使用状況
・福祉用具の使用状況
・室内の移動方法および介助の有無
・日常生活動作（ADL）
・精神面の安定

[*12] 日常生活動作能力（ADL: Activities of Daily Living）
ADLは日常生活動作と訳される。人間が毎日の生活を送るための基本的な動作、例えば、食事、排泄、着替え、入浴、就寝、伝達などの身の回りの動作や、洗濯、調理、買い物、掃除、交通機関の利用などの生活動作をいう。これらの生活動作を自分でできる、一部分介助が必要、全介助といった身体状況を的確に把握することを生活動作能力評価という。医学的側面から理学療法士（PT: Physical Therapist）の主な業務である。

とする場合には介助スペースの確保が必要となるが、いざ介助をといったときにスペースがなくて介助が困難な場合が多い。特に介助が必要な動作は浴室とトイレで多く発生しがちであるが、プライベートな生活動作であるために、もともと十分なスペースが確保されていない。しかし、バリアフリーを検討する場所の上位に位置づけられているので、介助スペースが必要と判断されれば、慎重な対応が求められる。

■**住宅状況についての検討**[*13]

心身状況は個別性が非常に高いことが理解できたが、住宅状況も同様であることは経験上よくわかっている。当然、住宅バリアフリーに関連する敷地や住宅構造について、できる限りの広範な、しかも正確な情報の把握が必要となる。

■**家族状況についての検討**[*14]

最近は一人暮らしの高齢者が多くなっているし、たとえ夫婦二人暮らしであっても高齢であるがゆえに介助ができない、といった場合が多い。このことから見ても、高齢者あるいは障害者は家族と一緒に生活するのか、一人で生活をするのか、といった家族構成や、介助が必要なときは誰が介助を行うのかは重要なポイントとなる。また、住宅バリアフリーを進める際の方針を誰が決めるのかも重要なポイントとなる。

■**経済状況についての検討**[*15]

心身状況、住宅状況、家族状況からの検討を行い、住宅バリアフリー案を作成しても、実現するにはそれなりの費用が必要となる。すなわち、経費を誰がどのように負担するか、ということである。この問題を解決せずには住宅バリアフリー工事に進めないので、関係者が連携しあって問題解決に当たることが必要になる。すなわち、高齢者や障害者自身は自費の支払いによる制限額の算定、行政・福祉関係者は制度の活用[*16]、工事関係者は工事費の削減方策等を検討する。

■**福祉用具についての検討**

高齢者や障害者の生活上の不便・不自由に対して、かつては介助という方法が採られていたが、この他にも道具類を使用する方法が存在している。この道具類を、現在、福祉用具と呼んでいる。例えば、トイレに行くことができない場合にポータブルトイレを使用することが、これに該当するが、最近は、住宅内の移動を支援するための福祉用具が多く開発されている。例えば、アプローチ・玄関の敷居段差を解消するために段差解消機[*17]を設置したり、階層間の移動には階段昇降機[*18]や住宅用エレベーター[*19]を設置することもある。最近はこの他にも良質の福祉用具が多く開発され、これらを生活の中に上手に活かすことによって高齢者の生活を自立させ、生活意欲を盛り立て、一方で介助者の負担を軽減、あるいは介助から解放しうるものとして大いに評価されている。ただし、福祉用具には電気・給排水設備への配慮が必要であったり、設置に建築基準法上の配慮が必要なものなど多種多様であるので慎重な対応が必要となる。

いずれにせよ、設計者は福祉用具についての情報を多く確保しておかねばならないし、さらに、それぞれの仕様を十分に理解したうえで、高齢者等の心身機能に適合するか、本人がそれを操作できるかあるいは介助者が取り扱えるか、福祉用具の機能を発揮できる住環境が整備されているか、といった点を十分にチェックして活用することが求められる。

[*13] 住宅状況に関連した検討項目
・法的規則(用途、建ぺい率、容積率、高度地区、防火地域等)
・設備関連供給状況
・住宅の形態(所持状況、戸建て、集合の別)
・住宅の構造
・居住階数
・住宅図面の有無
・隣地境界線との位置関係

[*14] 家族状況に関連した検討項目
・家族人数
・家族構成
・介助者は誰か
・バリアフリー工事に対する責任者は誰か

[*15] 経済状況に関連した検討項目
・工事費用の支払いは誰か
・公的制度の活用の有無およびその内容

[*16] 特に介護保険制度については熟知する必要がある。介護保険制度による住宅改修についてはP.45「COLUMN ❹」を参照のこと。

[*17] P.46、2章「5 段差解消機」参照

[*18] P.50、2章「6 階段昇降機」参照

[*19] P.52、2章「7 住宅用エレベーター」参照

COLUMN ❶ 高齢者とは、障害者とは

本書が対象としている高齢者、障害者はどのように定義されているのか、その人口は？ さらに社会問題としての対応についても概略をまとめる。

高齢者	
定義	国連・世界保健機関（WHO）は65歳以上を高齢者、80歳以上を後期高齢者としているが、わが国では、65歳以上を高齢者とし、65歳から74歳までを前期高齢者、75歳以上を後期高齢者とするのが一般的である。しかし、「老年学」という学問の世界では、65歳から74歳までを前期高齢者、75歳から84歳までを中期高齢者、85歳以上を後期高齢者としている。本書にもっとも関係の深い老人保健福祉法や介護保険法では65歳以上を高齢者としている。
高齢者人口の推移	図1に示すように、平均寿命が延びることによってわが国の高齢者人口は急速に増加し、しかも人口に占める高齢者人口の比率は世界有数である。特に、あと数年で、75歳以上の後期高齢者が65～74歳の前期高齢者より多くなることが社会的に注目されている。
高齢者に伴う社会問題	人口構成の中で高齢者の占める割合が高くなることは、社会全体に大きな影響を与える。例えば、医療費の増加、福祉施策と年金制度の充実、雇用機会の拡大などの社会保障費の充実をさらに必要とするにもかかわらず、わが国では少子化が加速していることから、その財源を含めて社会全体でどのようにバランスよく仕組み全体を維持していくかが大きな課題である。もちろん、その中で高齢者の生活にふさわしい住環境の整備が必要なことは言うまでもない。
障害者	
定義	国連では「『障害者』という言葉は、先天的であるか否かにかかわらず、身体的または精神的能力の不全のために、通常の個人または社会生活に必要なことを確保することが、自分自身では完全にまたは部分的にできない人のことを意味する」（障害者権利宣言、1975年）としている。わが国では「障害者とは、身体障害、知的障害または精神障害があるため、長期にわたり日常生活又は社会生活に相当な制限を受ける者」（障害者基本法、1995年）と定義している。
障害者人口の推移	国際的には、障害者の人数は人口の約1割、といわれている。一方、わが国の障害者人口は、図2に示すように漸次増加傾向を示し、この傾向は人口の高齢化に伴いさらに顕著になっている。障害は身体障害、知的障害、精神障害が中心となるが、最近は発達障害（自閉症、アスペルガー症候群、注意欠陥多動性障害）や難病者も福祉施策の対象として議論される場合が多い。
障害者に伴う社会問題	高齢者と同じように社会問題であることは事実であるが、それと同レベルで重要視されているのは、社会に存在する障害者に対する差別や偏見が障害者の地域活動や社会参加の大きな妨げになっていることである。本書に関係する部分では、社会の中にあるいわゆる障壁（バリア）が多い住環境および都市環境が障害者の生活圏域を著しく狭めていることに留意すべきである。障害に適した環境を整備することが社会参加を助長するとするICF（P.12参照）の考え方を理解したい。

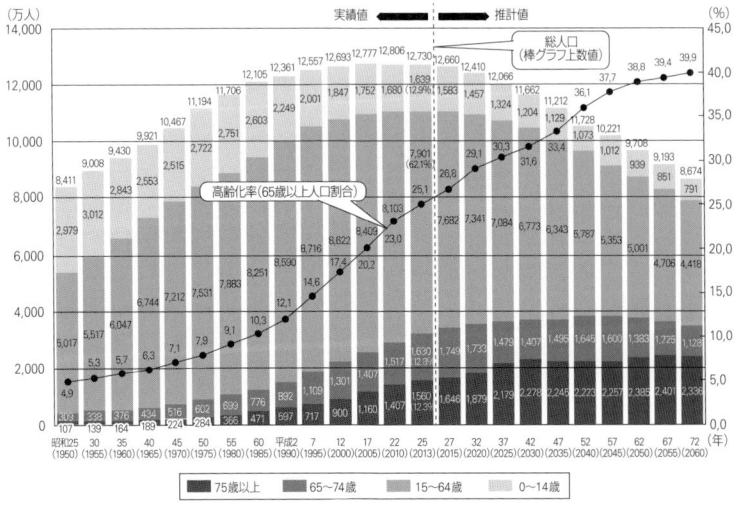

図1 高齢化の推移と将来推計（「平成26年度版 高齢社会白書」）

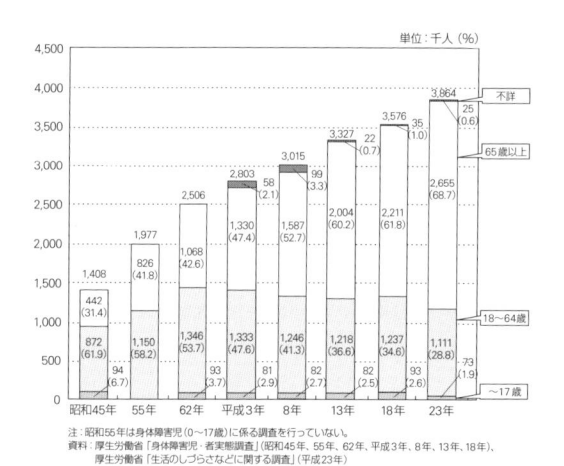

その1 年齢階層別障害者数の推移（「平成26年度版 障害者白書」）

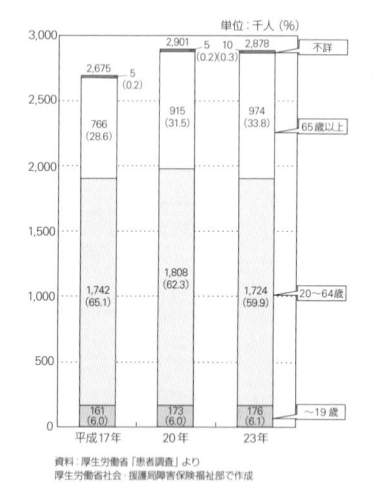

その2 年齢階層別障害者の推移（精神障害者・外来）

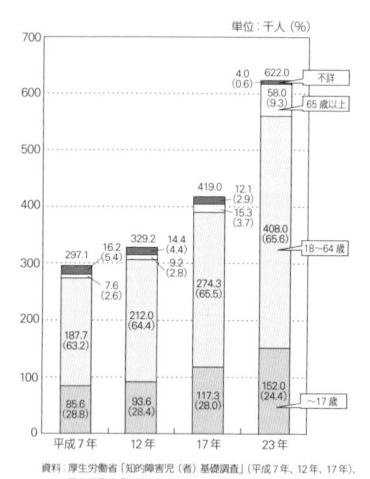

その3 年齢階層別障害者の推移（知的障害者・在宅）

図2 障害者人口の推移

COLUMN ❷

国際生活機能分類（ICF：International Classification of Functioning, Disability and Health）

　WHO（世界保健機関）は、1980年に「国際障害分類」を発表し、身体、個人、社会という3つの次元から障害を「機能障害（病気や心身機能の変調が永続化した状態）」、「能力低下（そのために諸活動の遂行が制限または欠如すること）」、「社会的不利（社会の理解の欠如により、結果として個人に生じた不利益）」として捉えた。しかし、視点が医学的すぎる、障害の定義が一方向すぎる、環境要因に言及していない、といった批判を受け、WHOは2001年に新たに「ICF（国際生活機能分類）」を採択した。

　ICFは、心身機能に変調がある個人と多様な要因（環境因子と個人因子）との相互関係としてとらえている。すなわち、人間が持つ障害と生活機能との関係を「心身機能・身体構造」「活動」「参加」の3次元、および環境因子等の影響を及ぼす要因の交錯関係から解明しようとしている。また、3つの次元が問題を抱えた状態を「障害」とする考え方に立ち、個々の障害を「機能障害」「活動制限」「参加制約」と呼んでいる。要因としては個人因子と環境因子との関係が根源にあるとしている。

　ここでいう「環境因子」には多くの要素が含まれるが、特に重要な因子は人的環境、物的環境が挙げられ、物的環境には「福祉用具」「住環境」「都市環境」が位置づけられている。

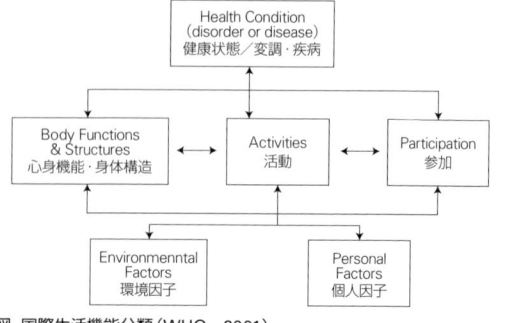

図 国際生活機能分類（WHO、2001）

1章 高齢者・障害者の特性を知る

本章は、加齢に伴って表出する身体機能の状態や疾病・事故による身体機能の状態、日常生活の不便・不自由、住環境上の配慮、さらに福祉用具についてその関連性を重視して整理している。

左欄の横軸には、加齢による身体各部の機能変化をはじめ、廃用症候群、脳血管障害、心筋梗塞といった主に高齢者が罹患しやすい疾患名および障害の原因となる各疾患や事故による障害の種類を挙げている。

上欄の縦軸には、各障害の原因や主症状、その障害があるとどのような不便・不自由が生じるのか、住環境を整備するときの主な配慮点、さらに、日常生活に利便性をもたらす福祉用具を示している。

ここで留意したいことは、いずれの疾患においても個人差があり、しかも、ここに記したことがすべてではなく、別の症状が表出することもある。逆に、ここに記されている事象が表出されないこともあることを念頭に置き、住環境の整備に取り組む姿勢が必要である。

1　高齢者の加齢による機能変化

機能		内容
《身体的特性》	神経・筋機能	● 筋繊維が細くなるための筋力低下 ● 平衡感覚機能の低下 ● 運動神経の刺激伝達速度が低下
	視覚機能	● 視力の低下、視野の異常 ● 水晶体の混濁、白内障 ● 縮瞳傾向 ● 瞳孔の対光反射と調節機能の低下 ● 老人環（角膜に脂肪が沈着し、環状の混濁が表出）
	聴覚機能	● 難聴、語音の弁別能力の低下 ● 話の理解力の低下
	骨格系	● 骨粗鬆症、脊髄圧迫骨折、橈（とう）骨遠位端骨折、大腿骨頸部骨折
	心・血管機能	● 血管の弾力低下による動脈硬化、狭心症、心筋梗塞、高血圧
	呼吸機能	● 胸郭運動の低下、肺活量・最大換気量の低下 ● 粘膜繊毛運動の低下
	腎臓・泌尿器系	● 濾過・排泄機能の低下 ● 膀胱頸部の拘縮、膀胱括約筋の硬化 ● 残尿、頻尿、尿失禁、尿路感染
	消化機能	● 唾液分泌機能の低下 ● 咀嚼機能の低下、誤嚥 ● 腸のぜん動運動の低下
	その他	● 内分泌各器官の機能低下（下垂体、甲状腺、副腎、膵臓、脾臓、性腺） ● 造血機能の低下
《心理的特性》	老いの 自覚と受容	● 記憶力の低下、計算力の低下 ● 想像力・洞察力・総合的な判断力は高い機能を維持

どのような不便・不自由が表出するか	住環境上の配慮	有効な福祉用具
● 身体のバランスが悪くなる ● 足・手指等の力が弱くなる ● 手指の巧緻性が低下する	● 手すりの取付け ● 段差の解消 ● 指先の力を必要としない器具の使用 ● 引き戸の採用 ● 腰掛けベンチの配置 ● 滑りにくい床材 ● 洋式便器の採用	● 昇降式便座　など
● 物が見えにくい ● 色のコントラストがわかりにくい ● 明るくないと見えにくい ● まぶしく感じる ● 階段の段差が見えにくい	● 適切な照明環境 ● 色のコントラストを明確に ● 大きな表示 ● 緩勾配の階段 ● 足元灯の設置	● 拡大鏡
● 高い音が聞こえにくくなる	● 明瞭度の高い音環境	● 補聴器　など
● 転びやすい	● 転倒などを起こさない安全な環境 （段差解消、手すりの取付け等）	
● 激しい運動がしにくい	● 暖房設備 ● 緩勾配の階段	● 住宅用エレベーター ● 階段昇降機　など
● 激しい運動がしにくい ● 乾燥した空気・汚れた空気がよくない	● 緩勾配の階段 ● 空気清浄機	● 住宅用エレベーター ● 階段昇降機 ● 空気清浄機　など
● 排泄の調節機能が低下する ● 頻尿となりトイレの回数が増える	● 寝室の近くにトイレ	● 温水洗浄便座 ● ポータブルトイレ など
● 消化機能の低下	● トイレの配置	
● 音・冷熱に鈍くなる ● においに鈍感になる	● ガスの消し忘れ、不完全な閉めをなくす ● 適切な温熱環境	● ガス漏れ警報機 ● ガス漏れ防止機器 など
● 新しい環境になじみにくい ● 過去への愛着が強い ● 思考の柔軟性が低下 ● 感情のコントロールがしにくい ● 興味は身近な物に限定される ● 近隣との交流が少なくなる	● これまでの日常生活になじみのある環境を維持する ● 整理しやすい収納棚 ● 飾り棚等の設置 ● 近隣住民と交流しやすい部屋の配置	

2　高齢者に多い疾患・障害

機能	内容
高齢者	
a. 廃用症候群	原因▶長期臥床やギプス等による関節固定により、身体の活動性が制限されて起きた症状をいう 症状▶全身に起こり、拘縮、筋力低下、筋萎縮、骨粗鬆症などの筋・骨格系症状、起立性低血圧、心予備能力減退などの心・血管系症状、肺換気量の減少、沈下性肺炎などの呼吸器系症状、食欲減退、便秘などの消化器系症状、不安・鬱状態などの神経系症状などが見られる
b. 脳血管障害	原因▶脳血管障害は大きく脳梗塞（虚血群）と頭蓋内出血（出血群）に分かれる。脳梗塞は脳血栓症と脳塞栓症に分かれる。前者は動脈硬化のある脳の血管が血栓で塞がれ、血液の循環障害が起こり、後者は主に心臓などにできた血栓が脳に運ばれて血管が塞がれ循環障害が起こる。頭蓋内出血は主に脳内出血およびクモ膜下出血を指す。出血した血液は血腫となって脳を圧迫する 症状▶●片まひによる運動障害 ●しびれや感覚の鈍さなどの感覚障害 ●言語障害 ●呼びかけても反応が鈍いなどの意識障害 ●過度の安静（寝たきり、寝かせきり）が続くと、関節の拘縮・変形、筋力低下、褥そう、起立性低血圧などの廃用症候群を引き起こす
c. 心筋梗塞	原因▶心臓の筋肉に栄養分を送っている冠動脈が閉塞したために起こる 症状▶激しい胸痛発作（30分以上続く）、呼吸困難、息苦しさ、顔面蒼白、冷や汗、脂汗
d. 糖尿病	原因▶代謝異常疾患の一つでインスリンの分泌が不足するか、インスリンの作用が十分に発揮できないため、高血糖が持続する疾患である 症状▶口渇、多飲、多尿、夜間頻尿、倦怠感、手足のしびれ、視力障害、下肢切断、感覚障害、神経痛、めまい、起立性低血圧

どのような不便・不自由が表出するか	住環境上の配慮	有効な福祉用具
●高齢者の一般的な不便・不自由 ・身体のバランスが低下する ・歩行が困難 ・階段を昇降しにくい ・立ち座りが困難、等々	●段差の解消 ●手すりの取付け ●洋式便器 ●引き戸の使用 ●住宅内の移動を容易にする工夫 ●いす、ベッドの使用	●段差解消機 ●階段昇降機 ●住宅用エレベーター ●各種車いす ●各種自助具　など
●下肢装具を付けて歩行可能となるが、重度の場合は車いす使用となる ●平坦な場所では歩行が可能であるが、段差がある住宅では歩行や移動が困難、転倒の危険性が高い ●片側の上下肢での動作となる ●場合によっては寝たきりの状態になる	●手すりの取付け ●段差の解消 ●引き戸の使用 ●洋式便器 ●レバーハンドルの採用 ●浴槽の縁の高さ	●片まひ用車いす ●介助用車いす ●下肢装具 ●段差解消機 ●各種移動用リフト ●補高便座 ●昇降式便座（器） など
●再発作を防ぐため、次のことを心がける（行為上の制約） ・重い荷物を持たない ・急に立ち上がらない ・高いところの物をとらない ・階段を連続して上がらない（ゆっくり上がればよい）	●心臓に負担がかかる過度の動きを避ける ●各室の暖房 ●緩勾配の階段	●階段昇降機 ●住宅用エレベーター など
●視力障害により、段差の見分けが困難 ●とっさの動作が間に合わず転倒しやすい ●夜間頻尿による移動時の転倒 ●切断による歩行困難、歩行不能 ●局所暖房（湯タンポ、こたつ、火ばち、石油・電気ストーブ等）による火傷	●義足を付けた生活 ●車いすの生活 ●手すりの取付け ●段差の解消 ●暖房の設備	●義足、車いす　など

機能	内容
e.関節リウマチ	原因▶ 体内の免疫グロブリンGという物質に対して特異的に反応する抗体であるリウマトイド因子の関与が考えられている 症状▶ ●関節のこわばり、疼痛、腫脹 ●進行によって関節が破壊される
f.パーキンソン病	原因▶ 中脳にある黒質の神経細胞の変性によりドーパミンが減少する慢性進行性疾患。40～50歳以降に発症する 症状▶ ●手足が規則的に震える振戦 ●関節を他動的に動かすと抵抗感を示す固縮 ●動きが鈍くなり、動作開始に時間がかかる無動 ●転倒防止が困難となる ●立ち直り反応の低下 ●関節の変形・拘縮 ●すくみ足 ●逆説動作（すくみ足状態でも目の前に目標物があると、急にそれを超える動作が起こる） ●加速歩行（だんだん速くなり、止まろうと思っても止まれない） ●オンオフ現象（動作をしているときに急にスイッチを切ったように動けなくなる） 　この他に書字障害、自律神経障害（便秘、多汗、起立性低血圧）、精神症状（抑うつ傾向、自発性欠如）
g.骨折	原因▶ 尻もちをつく（背椎圧迫骨折や恥骨骨折）、つまずいて手をつく（橈（とう）骨遠位端骨折）、横に転がる（大腿骨頸部骨折）ときなどに生じる
h.認知症	原因▶ 主にアルツハイマー症または脳血管障害（特に多発性脳梗塞）による 症状▶ ●知能障害（特に記憶障害、忘れっぽい、怒りっぽい） ●見当識障害（日時、場所がわからなくなる） ●注意力、集中力の低下 ●人格の崩壊 ●作話、多弁、幻覚、精神障害 ●夜間せん妄 ●徘徊

※左端に「高齢者」

どのような不便・不自由が表出するか	住環境上の配慮	有効な福祉用具
● 歩行や階段の昇降が困難 ● 低いいすは座りにくい ● 手指をひねる、回すといった動作はしにくい ● 指先の巧緻性が低下 ● 握力の低下	● 平型手すりの取付け ● 段差の解消 ● 床暖房 ● 暖房設備、日当たり ● 除湿器、レバーハンドル	● 昇降便座 ● 補高便座 ● 各種自助具の活用　など
● 動作がスムーズにできない ● 自分で動きがコントロールできない ● 階段の昇降が困難 ● 身体の方向転換が困難 ● 日常の活動性が低下 ● 転倒しやすい	● 同一階での生活 ● 動線を短くする、単純にする ● 身体の位置、向きの変更を少なくする ● 歩行レベルでは段差の解消、転倒防止のための手すりの取付け ● 車いすレベルでは介助スペースの確保	● ポータブルトイレ ● バスボード ● 段差解消機 ● 住宅用エレベーター　など
● 骨折箇所によって不便・不自由が異なる	● 手すりの取付け ● 段差の解消	
● 新しいことが覚えられない ● 日時、場所がわからなくなる、徘徊 ● 注意力、集中力の低下 ● ろう便などの不潔行為 ● 夜間せん妄 ● 幻想と妄想	● 徘徊時のつまずきや転落を防止する環境づくり ● 転倒予防（手すりの取付け、段差の解消） ● 汚れにくい床、拭き取り可能な床 ● 安全な機器類の使用（誤作動、後始末の忘れに対して）	● 徘徊防止装置 ● 汚物流し　など

3　障害者に多い疾患・障害

機能		内容
肢体不自由	a. 脊髄損傷	原因▶外傷・疾患などで脊髄・脊椎が損傷され、中枢神経である脊髄神経が損傷されることに起因する運動機能障害 症状▶損傷レベルにより症状が異なる。損傷レベルが高位(脊椎の上部)であるほど脊髄神経が受け持っている範囲が広いため、障害は重度になる。頸髄損傷では四肢まひや呼吸障害が起こる。胸髄以下の損傷では上肢は損傷されず、両下肢まひとなる。ただし、胸髄の損傷では体幹がまひしているので、座位は不安定 このほか、感覚障害、膀胱・直腸障害、自律神経機能障害、性機能障害
	進行性疾患[*1]　b. 筋ジストロフィー	原因▶原因不明の遺伝性疾患。代表的なタイプとして、デュシェンヌ型、肢体型、顔面肩甲上腕型などがある 症状▶進行性の筋力低下を示し、筋肉がやせてくる
	c. 脊髄小脳変性症	原因▶原因不明の疾患 症状▶● 細かい動作が困難 ● 歩くときに身体が左右に振れる ● 重症のときには寝たきりとなる ● コミュニケーション障害 ● 嚥下障害、膀胱・直腸機能障害
	d. 筋萎縮性側索硬化症(ALS)	原因▶筋肉を動かす命令を伝える神経である運動ニューロンが徐々に変性する、原因不明の疾患。40〜50歳代に発病する 症状▶手指の脱力・こわばり・手内筋の萎縮、足首が上がらなくなり垂れ足(尖足)となる、言葉がしゃべりづらくなったり、食物や水の飲み込みがしづらくなる。最後には、目の筋肉と膀胱筋の他、すべての運動機能が障害され、多くの人は呼吸困難になって人工呼吸器を使用する

[*1] 進行性の疾患の場合は、身体状況が変化することから、住環境整備は医師の指導のもとに将来の状況を予測しつつ、それぞれの状況に応じた対応を行うことが重要である。
[*2] 膀胱・尿道・気管・食道・胃などに挿入して液体や内容の排出ないし薬液等の注入をはかるための管状の医療器具

どのような不便・不自由が表出するか	住環境上の配慮	有効な福祉用具
●脊髄損傷者の一部を除き、車いすを使用しなければ動作・移動が困難 ●高位頸髄損傷は上肢も障害を受けることから、日常生活のかなりの部分で介助が必要となる ●知覚障害があるので、褥そう（床ずれ）となりやすい	●車いすで生活できる環境 ●本人に合った便器、浴槽、ベッドの導入 ●便座高を車いす座高面に合わせる ●浴室洗い場と浴槽の高さを車いす座面高に合わせる ●カテーテル洗浄設備 ●冷暖房設備	●エアーマット、エアークッション ●カテーテル[*2] ●環境制御装置 ●車いす、電動車いす ●各種自助具 ●バスボード（移乗台） ●各種リフト　など
●動作がゆっくりとなる ●階段の昇降が困難となる	●手すりの取付け ●同一階での生活 ●段差の解消 ●シャワー浴 ●車いすで生活できる環境 （脊髄損傷の欄参照）	●車いす ●段差解消機 ●階段昇降機 ●住宅用エレベーター ●各種リフト ●ギャッチベッド ●バスボード（移乗台） ●補高便座、昇降便座　など
●身体のバランスが悪い	●段差の解消 ●手すりの取付け ●車いすで生活できる環境 （脊髄損傷の欄参照）	●車いす使用の場合は脊髄損傷の欄参照
●初期は自立している ●中期は主に上肢に症状が現れる型、主に下肢に症状が現れる型、コミュニケーション・呼吸に症状が現れる型とがある ●重度になると寝たきり状態となり全介助	〈初期・中期〉 ●手すりの取付け、家具の配置 ●段差の解消 ●ベッド、いすを高めに 〈後期〉 ●寝た姿勢で入れる浴槽 ●暖房設備	〈中期〉 ●携帯用会話補助装置 〈後期〉 ●リクライニングいす ●ギャッチベッド ●人工呼吸器 ●吸引器 ●採尿器 ●環境制御装置　など

機能		内容
肢体不自由	e. 脳性まひ	原因▶ 受胎期から新生児期（生後4週間以内）に起こった非進行性の脳の病変による運動機能障害 症状▶ 筋の緊張の異常により四肢や体幹の筋肉を上手に働かすことができない状態が生じる。運動機能障害のほかに言語、聴覚、視覚、知的機能にも障害が合併していることが多い。けいれん発作がある人もいる 病型は一般的に、けい直型、アテトーゼ型、混合型、失調型に分類される 〈けい直型〉 手足が突っ張って動きにくくなる。そのため、動きはゆっくりで、ぎこちなく、自分の思ったとおりに動きにくい。姿勢がくずれると、元に戻れないこともある 〈アテトーゼ型〉 何かしようとすると、意図しない動き（不随意運動）が生じる。筋肉の緊張は大きく変動し、極端に早い動きが見られ、突然くずれる 〈混合型〉 けい直型、アテトーゼ型の両者が混ざり合っている。四肢まひのことが多い 〈失調型〉 通常は筋肉の緊張が低く、ふらふらした動きとなる。物を取ろうとすると、手が揺れてうまく取れない。歩行はふらふらしている
	f. 切断	原因▶ 外傷や疾病、先天性奇形等の原因で四肢の一部または全部が切断、欠損したために運動機能障害のある人をいう。上肢の切断では事故による切断が多いが、下肢では事故による切断に加え、糖尿病等による下腿部の切断が増えている
視覚	g. 視力障害	原因▶ 白内障、網膜色素変性症、視神経萎縮、糖尿病網膜症、緑内障などによる視力低下 症状▶ ●低視力（適正な眼鏡をかけても大きな物は見えるが、小さな物はぼんやりしてくっきり見えない状態）、かすみはこの一症状 ●羞明（まぶしくて見にくい状態） ●夜盲（光覚が弱くなったり、暗順応が低下）
	h. 視野障害	原因▶ 白内障、網膜色素変性症、視神経萎縮、加齢黄斑変性症、球後視神経炎、脳下垂体腫瘍、脳梗塞、脳出血などによる視野の狭窄や欠損 症状▶ ●狭窄（きょうさく）（求心狭窄、物の中心しか見えない） ●暗転（あんてん）（中心暗転、見ようとする部分は見えないが、その周辺は見える） ●半盲（はんもう）（物の形が半分しか見えないなど見える範囲が狭められる）

どのような不便・不自由が表出するか	住環境上の配慮	有効な福祉用具
●正確な動作、確実な動作がしにくい ●細かい動作が苦手である ●活動性が低い ●立位であっても転倒しやすい ●身体のバランスがよくない	●多様な症状を呈するので、床上移動、車いす移動等の移動方法にあった環境整備 〈例〉 床上移動は畳、カーペット、車いす移動はフローリングなど	●杖、車いす、電動車いす ●コミュニケーション機器 ●各種リフト ●段差解消機 ●階段昇降機　など
●切断箇所によって不便・不自由が異なる ●身体のバランスがよくない（特に下肢切断の場合） ●座位バランスがよくない	●手すりの取付け ●段差の解消 ●スイッチの形状 ●水栓の形状 ●補装具の付替え場所の工夫（いすの設置、床面の高さなど）	●義手（能動、電動、肩、上腕、肘、前腕）、義足（股、大腿、膝、下腿） ●バスボード（移乗台）、いすなど
●照明が暗いと見えない、見にくい ●半開きドアや段差に気づきにくい ●小さな文字が見えない	●照度を上げる ●色のコントラストを明確に ●庇を長く（直射日光が室内に入らないように）する ●カーテン・ブラインドによる光量調節 ●遮光フィルムの張付け ●移動箇所の明るさを一定にする	●電磁調理器、視覚障害者用テープレコーダー、カナタイプライター、点字タイプライター、音声式体温計、視覚障害者用はかり、視覚障害者用時計、視覚障害者用電卓、音響案内装置など
●周囲の状況が把握しにくい ●半開きのドアや段差に気づきにくい ●遠近感や立体感がないので段差が認識しにくい	●階段・廊下に手すりの取付け	●電磁調理器、視覚障害者用テープレコーダー、カナタイプライター、点字タイプライター、音声式体温計、視覚障害者用はかり、視覚障害者用時計、視覚障害者用電卓、音響案内装置など

	機能	内容
聴覚	i. 聴覚障害	原因▶老人性難聴のほか、先天性または疾患による 症状▶●聴力レベルの低下 ●可聴音域（特に高音域）が狭くなる ●語音明瞭度の低下
	j. 言語障害	原因▶脳血管障害、咽頭ガン、高次脳機能障害などによるほか、先天性または疾患による 症状▶失語症（単語が思い出せない喚語困難、意図した単語とは別の単語が出てきてしまう錯語）は、言葉の聞き分けが困難、文字の読み書きが困難 ●構音障害（明確に発音することが困難） ●音声障害（声帯の異常による） ●吃音（なめらかに話せない）
内部障害	k. 心臓機能障害	原因▶心臓疾患や心臓・血管系の変化により、心臓のポンプとしての機能が低下し、身体に必要な血液を十分に送り出せなくなった状態をいう。この機能低下のために急性あるいは慢性心不全や狭心症、アダムス・ストークス症候群（発作）などを起こす 症状▶動悸、息切れ、胸痛、チアノーゼ、呼吸困難、下肢や顔のむくみまた、むかつき、嘔吐や便秘、下痢、食欲不振などもある
	l. 呼吸機能障害	原因▶各種の肺疾患（気管支炎、気管支喘息、肺気腫）や呼吸筋が障害される神経や筋肉の疾患（多発性硬化症、進行性筋ジストロフィー症）などで脳の呼吸中枢が障害され、身体に必要な酸素を体内に取り入れる能力が低くなった状態 症状▶息切れ、チアノーゼ、咳と痰の増加、呼吸困難、喘鳴
	m. 腎臓機能障害	原因▶急性腎不全、慢性腎不全等により、不要になった老廃物などを血液中から排出する腎臓の機能が低下し、身体の体液の恒常性が保てなくなった状態 症状▶高血圧、多尿、乏尿、貧血、尿毒症
	n. 小腸・膀胱・直腸機能障害	原因▶便の通過障害が起きたり、小腸および大腸の切除を必要とする疾患（先天性小腸閉鎖症、炎症性大腸炎、直腸炎、大腸癌等）や、脳の疾患（パーキンソン病、脳梗塞等）、脊髄の疾患（脊髄損傷、二分脊椎等）によって、小腸での栄養の吸収が低下し、栄養を維持することができなくなる状態（小腸機能障害）、肛門や尿道から普通に便や尿を排泄できなくなる状態（膀胱・直腸障害）をいう 症状▶腹痛、頭痛、食欲不振

3_障害者に多い疾患・障害

どのような不便・不自由が表出するか	住環境上の配慮	有効な福祉用具
● 玄関のベルが聞こえにくい ● テレビ、ラジオの音声が聞こえにくい ● 会話が聞き取れない、聞き取りにくい ● コミュニケーションがとりにくい ● その他、音による情報を入手しにくい	● 雑音や残響音の少ない環境、雑音の発生防止 ● 部屋全体を明るく ● ドアチャイムの音量、音質 ● 光や振動などの代替手段の活用 ● 部屋の吸音性を高める ● 非常照明、非常灯	● 補聴器、屋内信号装置、文字放送デコーダー、フラッシュベル ● 音声を光で知らせる装置（パトライト） ● 聴覚障害者用電話、FAX ● 文字放送、字幕放送（文字多重放送、対応FMラジオ） ● ペーシャ（振動ブザー）など
● コミュニケーションがとりにくい ● 情報を発信しにくい		● コミュニケーションエイド ● 携帯用会話補助装置 ● 文字メール、Eメール　など
● 息切れがする ● 階段昇降などに時間がかかる	● 室内の暖冷房の調整 ● 身体の負担の大きい排便時、入浴時の姿勢を楽に ● 感染症の予防 ● 医療管理の維持 ● 清浄な空気を保つ ● 容易な移動方法 ● 冷たすぎる空気を避ける ● 緊急時の対応 ● 心理的負担の軽減 ● ストーマ対応トイレ ● 換気 ● 電磁調理器	● 階段昇降機 ● 住宅用エレベーター ● 電動ギャッチベッド ● 室内の空気を正常に保つ（空気清浄機） ● 酸素吸入装置 ● ネブライザー ● 痰吸引器　など
● 排泄がしにくい	（上記、心臓機能障害、呼吸機能障害と共通）	● 人工透析 ● コミュニケーション機器 ● 留置カテーテル　など ● ストーマ ● ストーマ対応トイレ　など

機能		内容
その他	o. 高次脳機能障害	原因▶ 脳血管障害や交通事故などの外傷性脳損傷、脳腫瘍、低酸素脳症などの疾患によって、日常生活を営むために日々行っている思考・言語・記憶・学習・注意などの脳の高次な働きに障害が起きた状態をいう 症状▶ ●半側空間無視（片側、多くの場合は左側を見落とす） ●失語症 ●失行症（意図した動作や指示された動作が行えない） ●失認症（視力があるのに物の形や用途、名前がわからなかったり、絵を見て全体のまとまりがわからない） ●記憶障害（新しいことを覚えられない）、注意障害 ●さまざまな事柄を遂行するスピードが遅い、疲れやすい、行う量が少ない ●行動と情緒の障害（些細なことでも興奮して衝動的になったり、著しい不安を感じる）
	p. 知的障害	原因▶ 染色体異常、ウイルス感染、代謝異常、薬物や放射線の影響、高熱やけがなどにより胎児の脳の発達途上に受けた影響で先天性の、あるいは、出産時の低酸素状態、乳児期のウイルス感染、事故による頭蓋内出血などの後天性の原因によって、6歳ごろまでに大脳の発達障害を来たしたために生じる障害 症状▶ 知的機能の低下に伴うさまざまな行動に特徴が見られる
	q. 精神障害	原因▶ 統合失調症や躁鬱病のほか、外傷で脳そのものに変化が起きる器質性精神病や身体的な疾患（感染症、膠原病など）によって起こる症状性精神病、薬物やアルコールなどによる中毒、心理的な要因による心因反応や神経症などが含まれる 症状▶ 幻聴、思考奪取（自分の考えが抜き取られてしまうという考え）、被害妄想

どのような不便・不自由が表出するか	住環境上の配慮	有効な福祉用具
	● 症状により異なるが、けがをしない安全な環境 ● 受傷前とできるだけ同じ環境を保つ ● 段差の解消 ● わかりやすい平面計画、配置 ● 落ち着いた静かな環境	● 症状により異なる
● 複雑な操作をしにくい	● 慣れた環境 ● わかりやすい操作 ● 介護負担の軽減	
● 作業遂行の障害（時間がかかるなど） ● 対人関係を築きにくい ● 長期入院による社会経験不足 ● 新しい環境に慣れるのに時間がかかる	● 安全な環境（電磁調理器、煙感知器など） ● 静かで落ち着いた環境 ● 騒音が室内に入らないようにする	

（野村歡）（資料：東京商工会議所「福祉住環境コーディネーター検定試験　2級テキスト」をもとに作成）

COLUMN ❸ バリアフリー(BF)とユニバーサルデザイン(UD)

　建築物や交通機関は、かつて、平均的な人体寸法や運動能力を持つ市民の利用を想定して設計され、つくられてきた。このような市民は人口の大多数を占めるが、一方で、想定外の人たち、例えば、高齢者、心身障害者、子ども、妊産婦、乳母車を押した母親たちは、大多数の市民には何ら問題がない階段・段差、幅の狭い入口等が物理的な障壁（バリアー：barrier）となって、建築物等を利用することが困難であったり、時として利用できず生活に大きな支障が生じていた。そこで、物理的な障壁を除去（バリアフリー：barrier free）することで、できる限り多くの市民がより便利に利用できるように、手すりの取付け、エレベーターの設置、車いす用トイレの設置を整備する必要性が訴えられてきた。これを受けて、障壁除去を建築基準として初めてまとめたのはアメリカ合衆国（1961年）であり、以後、世界各国でバリアフリーが進められてきた。

　一方、バリアフリー化を推進するあまり、高齢者や障害者には利用しやすいが大多数の市民には使用しにくい状況が現れるようになった。たとえば、トイレや浴室の手すりが邪魔であったり、車いす用のキッチンは一般市民にとっては使いにくい、といったようなことである。そこで、重度障害者であるロナルド・メイス（Mace R.Lonald）は、多様な人々が建築物等を等しく利用できることが重要だと考え、1985年に「ユニバーサルデザイン7原則」を提唱した。初めから誰にでもバリアのないように考えよう、ということである。

　要約すれば、「バリアフリーは、すでに存在する物理的障壁を除去することで、主として高齢者や障害者が生活できるようにする」ことであるのに対し、「ユニバーサルデザインは、すべての市民が利用できるように初めからバリアのないものをつくる」ことといえる。

■UDの7原則
原則1　だれにでも使用でき、入手できること
原則2　柔軟に使えること
原則3　使い方が容易にわかること
原則4　使い手に必要な情報が容易にわかること
原則5　間違えても重大な結果にならないこと
原則6　少ない労力で効率的に、楽に使えること
原則7　アプローチし、使用するのに適切な広さがあること

参照文献　東京商工会議所『改訂2版 福祉住環境コーディネーター検定試験 3級テキスト』p.66〜69

2章 福祉用具を知る

福祉用具には、実にさまざまな種類の機器類が含まれる。かつての医学的リハビリテーションでの治療・訓練用機器をはじめ、日常的に利便性をもたらすさまざまな福祉機器、介護機器、自立支援機器、自助具、補助具等々、さらには、高齢者や障害者の自立生活を支援するための、あるいは介護者が使用する機器類までもが含まれるが、法的には1993（平成5）年に制定された福祉用具法で「福祉用具」という統一した名称で整理された。

現在、わが国で市販されている福祉用具は約9000品目[*1]といわれており、年々その数は増加している。これらの福祉用具は公益財団法人テクノエイド協会によって分類化、コード化されて、関係者の便宜を図っている。また、福祉用具のJIS規格化も進んでいる。

本書では、数多くの福祉用具の中から、高齢者や障害者の移動を支援する用具類、特に本人の身体機能を補う機器類（杖・歩行器・車いす）と、建築物に設置するためにあらかじめ設計上さまざまな配慮を必要とする機器類（リフト類、段差解消機、いす式階段昇降機）の代表的なものについて解説を行う。また、高齢者や障害者が日常生活でしばしば使用する生活用具で住宅設計と何らかの関わりのある福祉用具についても理解を深められるように配慮した。

なお、福祉用具は、種類も製品数も多いうえに次々と新製品も市販されるので、カタログや実物等で確認し、できれば試用して、使用環境と身体機能に適したものを選択してほしい。

*1 正確には8715品目（653社）、公益財団法人テクノエイド協会調べ、2014年10月

総論　福祉用具とは

　福祉用具法[*1]では「福祉用具とは、心身の機能が低下し日常生活を営むのに支障のある老人、または心身障害者の日常生活上の便宜を図るための用具およびこれらの者の機能訓練のための用具並びに補装具[*2]をいう」と定義している。

　介護保険法では「福祉用具」と総称しているが、身体障害者福祉法・児童福祉法では目的に応じて「補装具」ないし「日常生活用具」と呼称している。また、法律での位置づけにはなっていないが、作業療法の世界では日常生活の身の回りの生活動作を補助する道具類を「自助具」と呼び、学術的には「自立支援機器」「福祉機器」と呼ぶことも多い。この他にも「補助機器」「補助具」「リハビリテーション機器」という呼び方もあるが、いずれも「福祉用具」の概念に含まれる。しかし、日常生活の便宜を図るための用具の全部が福祉用具というわけでもない。例えば、通常、われわれが使用している眼鏡は福祉用具とは言わないし、ましてや健康増進機器は福祉用具の範疇に含まれない。

*1 正式名称は「福祉用具の研究開発と普及の促進に関する法律」(平成5年)

*2 補装具とは、四肢の切断などの身体の部分的欠損を補う義肢、身体のまひなどの機能の損傷を直接的に補う装具や車いすなどを指す(身体障害者福祉法)。

■福祉用具の役割

　高齢者や障害者が日常生活を営むときに、身体機能の低下や障害のために生活動作に不便・不自由が生じることがある。これを解決するために、住宅ではバリアフリー工事が実施されるが、住宅のバリアフリー工事には限界があったり、あるいはバリアフリー工事が可能であっても多くの面積を必要としたり、高額な工事になってしまうことがある。そのようなときに福祉用具は問題解決の道具として、身体機能と住環境との間を適切に調整・補完する役割を果たす。例えば、車いすで玄関から出かけようと思っても、上がり框部分や玄関たたき部分に大きな段差があって出られない、スロープを設置したいがそれだけの面積が確保できない、といったときに垂直方向に上下する段差解消機を設置すれば、外出が容易になる。

■福祉用具の利用効果

　福祉用具を利用する最大の効果は、高齢者や障害者が自立した生活をできるだけ継続し、また、活動的な生活を行うことによって尊厳ある生活を送れるようにすることにある。また、福祉用具を活用することによって生活動作に必要な時間も短縮できる。その結果、生活動作を安全に実施でき、不慮の事故に遭わないようになるし、また疾患や障害の進行に対して予防的な役割を果たすこともできる。一方、介助者が福祉用具を効率的に利用することによって、少ない労力での介助が可能になり、かつ介助時間を短縮できる。例えば、リフトを使用することによってベッドから車いすへ、車いすから浴槽や便器への移乗などに大きな効果を発揮する。このように、福祉用具の生活面での効果は非常に大きい。

適切な福祉用具を選択するには

　不便で不自由な生活動作に効果的な福祉用具を選択するには、3つの視点からの検討が必要である。最初の視点は身体的条件からの検討である。

もっとも重要なことは福祉用具が使用者に適合しているか、である。特に使用者の日常生活動作能力（残存能力）、およびその福祉用具を使いこなそうとする意欲（モチベーション）、学習能力、疾患に対する将来予測等、幅広い視点から検討することが必要である。2番目の視点は家族および介助者からの検討である。介助者が福祉用具をうまく操作できるかを見極めることが必要となる。また、その福祉用具を使用することによって家族の生活に支障が出てこないか、を検討する。3番目の視点は使用環境からの検討である。多くの場合、住宅は福祉用具の使用をあらかじめ考慮して設計されていないので、福祉用具を使用するための住宅バリアフリー工事がどこまで実施できるか、ということになる。例えば、住宅内で車いすを使用するには、車いす使用者の操作能力に合った住宅バリアフリー工事を実施できるかが重要なポイントである。

■福祉用具の提供方法（個別援助計画）

前述したように、適切な福祉用具を選択するには慎重な検討が必要であり、的確に選択することはかなり困難と言わざるを得ない。また、福祉用具の関係者であっても適切に提供を行うことが難しく、問題を抱えていることも事実である。

そこで、介護保険制度では、高齢者の生活ニーズに合わせて的確な福祉用具を提供するために「個別援助計画」を立てて、福祉用具の貸与・給付を行うことを義務づけている。具体的には、使用者の身体状況、介護環境、介護保険による居宅サービス計画や住環境を踏まえたうえで、生活全般で解決すべき課題、福祉用具の利用目標を立て、福祉用具ごとの選択理由、使用上の留意点等を詳細に記し、家族の同意のもとに提供することになっている。

なお、個別援助計画は介護保険法では適用されているが、今後は、福祉用具の正しい利用方法を確立するためにも、他の障害者も含めて総合的に適用されるべきと考える。

■日常生活動作（ADL）から生活の質（QOL）への支援へ

わが国の福祉用具の供給制度は、心身機能の低下、特に身体機能が低下したことによる日常生活動作（ADL：Activity of Daily Living）の不自由な部分を補うといった、いわば医療サイドの立場に沿った制度となっているが、先進諸国では心身機能の低下による日常生活の不便・不自由を補う立場に立った生活の質（QOL：Quality Of Life）に重点を置いている。そのほうがより多くの高齢者・障害者の生活に役立つといわれている。

■福祉用具の安全性（事故防止）

福祉用具は、当然のことながら十分な安全性を担保したうえで市販されているが、時として予想外の使用方法、誤った使用方法によって事故が発生し、さらに時として死亡事故に陥ることが実際に発生している。このようなことにならないためにも、使用者および家族は福祉用具の使用方法を熟知し、誤りのない操作を心がけることが重要である。

1　杖

杖[*1]は、痛みや筋力低下がみられる下肢への免荷（下肢にかかる荷重を軽減させて負担を軽くすること）や、立位姿勢の安定性の向上（バランスの保持）、歩行リズムの改善、そして心理的支えなどを目的に使用する歩行補助用具である。グリップ（握り部）と支柱部・杖先部を合わせた脚部で構成される。杖には使用する目的別に多様な形状があり、使用者の歩行能力や身体のどの部位で杖を支持するかによって選択する。また、適切に使用するためには使用者の身体に合わせた長さの選定が重要である。

*1 JIS（T 0102:2011）

■杖の種類

主な形状の杖を紹介する。

●ステッキ

ステッキは、1本の脚部と1つのグリップ（握り部）からなる杖の総称である。シンプルな形状であり、免荷の効果はあまりない。グリップと脚部の形状からC字型杖（ステッキと呼ぶこともある）、T字型杖（Tケイン（T-Cane））、L字型杖等に分類される（図1）。T字型杖はもっとも一般に使用される杖で、グリップは荷重しやすいように床面に平行であり、グリップの太さ、重さ、デザインが多様である。

●多脚杖

多脚杖は脚部が3本以上に分岐した形状の杖である。脚部が4本に分岐した形状が一般的であることから四点杖ともいう（図2）。杖の支持面が広く安定性が高いので、手から杖を放しても自立する。ステッキよりも荷重の支持力が高いので体重を掛けやすく免荷に優れる。

多脚杖の安定性は平坦な面で脚部がすべて床面に垂直に突くことで確保されるので、段差や凹凸のある面での使用には適さない。

●ロフストランドクラッチ（前腕固定型杖）

グリップの上部に前腕を支えるカフを備えた杖で、グリップを握ることで前腕でも体重を支えやすい（図3）。T字型杖のグリップを握るだけでは歩行時に上肢の安定が得られにくい場合に使用する。

●松葉杖

グリップの上部に腋（わき）当てを備えた杖で、グリップを支える支柱部が松葉のように二股に分かれていることから松葉杖と呼ばれる（図4）。腋

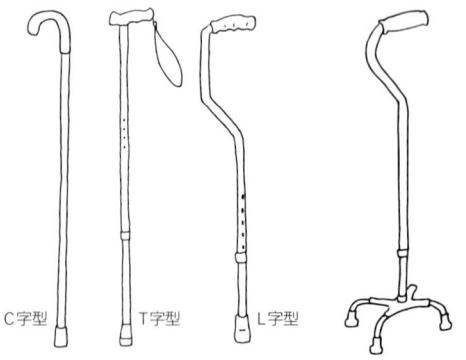

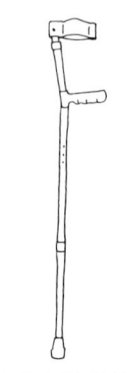

図1　ステッキ 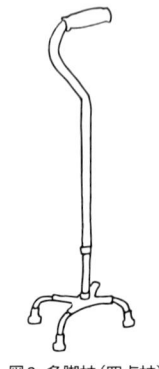　　図2　多脚杖（四点杖）　　図3　ロフストランドクラッチ 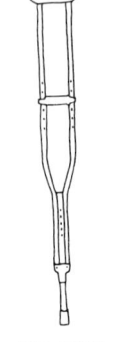　　図4　松葉杖 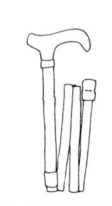　　図5　折りたたみ機能

で挟んでグリップを握り体重を掛ける。グリップを握るとともに腋下で身体を支える。体重を掛けやすいので下肢への負荷が軽減して歩行が安定しやすい。骨折の治療中など下肢に荷重が掛けられない場合に使用する。

杖の安全な使用には杖先が滑りにくいことが重要なため、杖先部には滑り止め効果が高いゴムが用いられる。ゴムを用いることで斜めに突いても滑りにくくなり、消音効果も得られる。

身体に合わせた長さに調節しやすい伸縮機能を備えたもの、収納しやすい折りたたみ機能付きのもの（図5）、倒れやすい杖が手から離れにくいストラップ付きのもの等がある。機能だけでなく脚部の色や図柄のデザインも多様である。

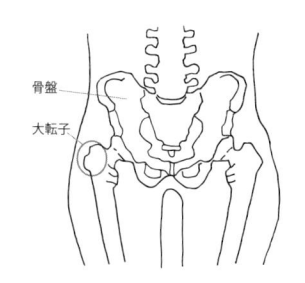

図6 大腿骨大転子

■杖の長さの決め方

杖を適切に使用するには長さの選定が重要である。杖の長さの合わせ方を誤ると、目的に合わせて正しく使用できないだけでなく、免荷やバランス補助の効果が低くなる。杖の長さは、杖先からグリップ上面までの長さで測る。

杖の長さを決める方法として、おおむね次の3通りの手法がとられる。ただし、できる限り専門職に相談することが望ましい。

・立位で腕を垂直に下ろしたときの大腿骨大転子の高さに合わせる（図6）。
・足の小指の外側150mm、前方150mmの位置に杖を突いた状態で、腕を垂直に下ろした状態から肘関節を30度曲げたときの長さに合わせる（図7）。
・立位で腕を垂直に下ろしたときの手首の突起の高さ。手首の尺骨茎状突起または、とう骨茎状突起の突起高さに合わせる（図8）。

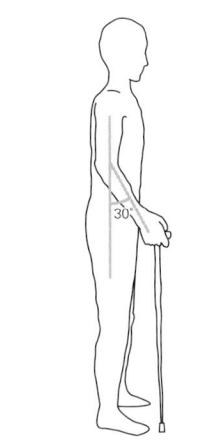

図7 杖を前方に突き肘関節を30度曲げた状態

■杖歩行に必要な幅員

杖の形状のほか、片手で持つか両手で持つか、また使用方法によって、歩行に必要な幅員は異なる（図9）。歩行時の幅員は、立位で静止した状態よりも広く必要とすることが多い。特に、ロフストランドクラッチや松葉杖を両上肢で使用すると、住宅の廊下幅よりも広い通行幅を必要とする。

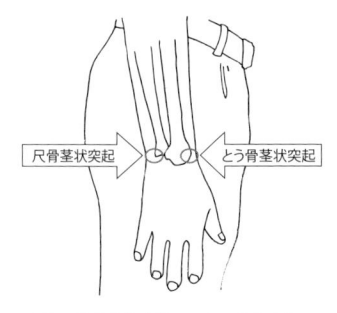

図8 尺骨茎状突起・とう骨茎状突起

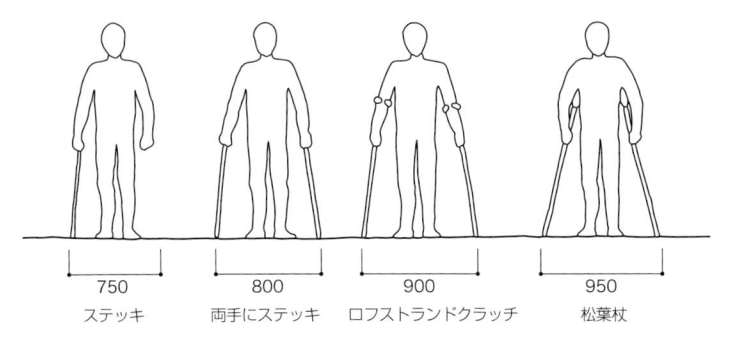

ステッキ	両手にステッキ	ロフストランドクラッチ	松葉杖
750	800	900	950

図9 杖歩行に必要な通路幅員の目安

2　歩行器・歩行車・シルバーカー

　歩行器・歩行車は、立位での持久性が低下して杖歩行では転倒の危険性が高い場合に、高い安定性を得る目的で用いられる歩行支援用具である。歩行器・歩行車はどちらも歩行の安全性・安定性を重視して身体を囲む形状であるため、大型となり、歩行の効率は杖よりも低下する。これに対し、シルバーカーは歩行可能な高齢者の外出を支援する補助車である。

■歩行器

　握り部（支持部）、支柱フレーム、4本の脚部で構成された、両手で操作する歩行支援用具である。フレームの中に立ち両手で側面のグリップを握り、一歩前進するごとに歩行器を歩幅分だけ前進させて使用する。実用的な使用には訓練を必要とするので、ほとんど例外なく医療機関で訓練を受けてから使用を開始する。歩行器のグリップ高さは杖の長さの決め方に準じる。

　歩行器の使用は床面が平坦である場合に限られるため、床面の段差は完全に撤去する必要がある。

■歩行器の種類

●固定型歩行器（ピックアップ型歩行器）

　支柱フレームは固定されているため、歩行器の握り部を両上肢で持ち上げて前進する（図1）。使用には上肢の筋力を必要とするので、両上肢の機能に障害がないことが使用の条件である。いすからの立ち上がりに手すりの代用として使用することもできる。固定型歩行器の使い方は図2のとおり。

●交互型歩行器

　左右のフレームを交互に前方に動かすとともに、左右の足に体重を移動させることで前進する（図3）。グリップを握ってフレームの片方を前方に押し出すと、フレームの左右が平行四辺形に変形して前進する。交互型歩行器の使い方は図4のとおり。

図1　固定型歩行器

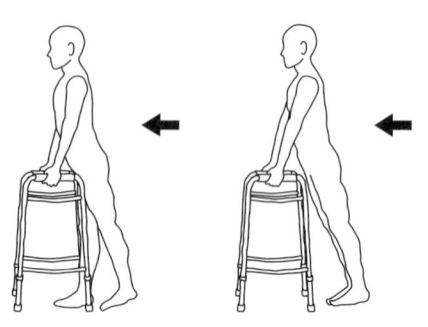

図2　固定型歩行器の使い方

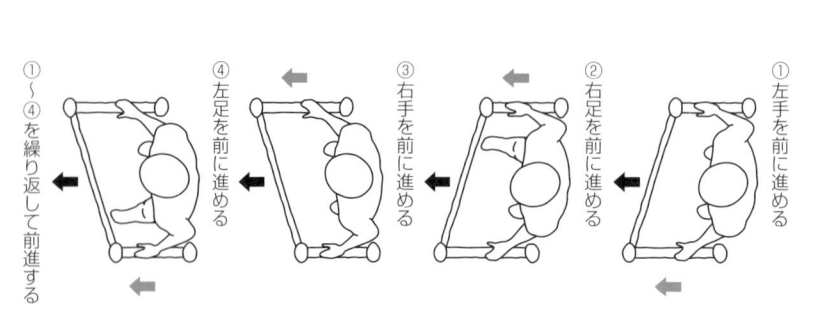

図4　交互型歩行器の使い方

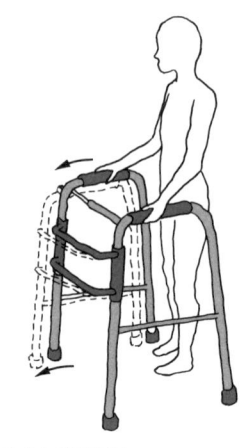

図3　交互型歩行器

■歩行車

歩行器の脚部に2輪以上の車輪を装備したものを歩行車という。両手でグリップを握って操作する。軽く押しながら歩行することができ、歩行器よりも移動しやすい。

●前輪付き歩行器と四輪付き歩行器

前輪付き歩行器には、固定型歩行器の前方2脚に小さな車輪が付いている（図5）。後方の両脚を軽く持ち上げて前輪を前方に滑らせて前進する。グリップに体重を掛けるとストッパーが作用して固定され、安全に身体を前進させることができる。固定型歩行器よりも軽い筋力で使用できるので、歩行器を持ち上げる上肢や体幹の筋力がやや低下した場合に用いる。さらに筋力が低下した場合には、4本の脚部すべてに車輪を取り付けた四輪付き歩行器を用いる（図6）。分類としてはどちらも歩行車であるが、固定型歩行器に近い形状と機能を持つため歩行器として扱われることが多い。

●三輪歩行車と四輪歩行車

三脚または四脚すべての脚部に車輪を装備した歩行車である（図7）。前輪にはキャスター、後輪には固定輪を取り付ける。グリップにブレーキが装備されているので、ブレーキを掛けながら歩行速度を調整することができる。屋外用には休憩のための座面や荷物を載せるかごを備えた歩行車もある。

■シルバーカー

自立して歩行が可能な高齢者が、外出する際に歩行や品物の運搬、休息に用いる四輪以上の車輪を装備した歩行補助車をいう（図8）。シルバーカーは歩行能力が低下した際に免荷やバランスを補助するための歩行支援用具ではなく、自立した外出を補助する補助車で、屋外で使用する。

歩行車とシルバーカーの違いは、用具と人体の位置関係にある。歩行車の場合は、歩行車の四輪の脚部を線で結んでできる四角形の内側に使用者の足部が位置するが、シルバーカーの場合は外側に足部が位置する（図9）。

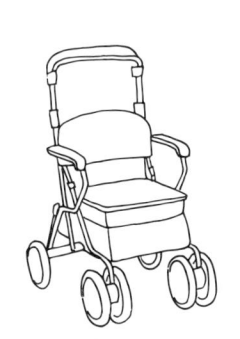

図5 前輪付き歩行器

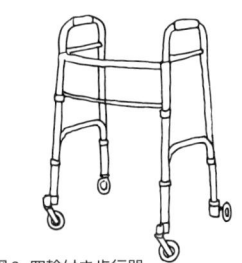

図6 四輪付き歩行器

図7 三輪歩行車（上）、四輪歩行車（下）

図8 シルバーカー

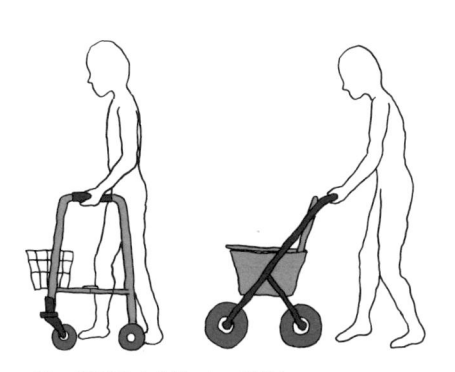

図9 歩行車とシルバーカーの違い

3　車いす

　車いすは、歩行が困難になった場合に用いる代表的な移動用福祉用具である。1台の車いすを屋内と屋外兼用で使用することもできるが、用途に合わせて使い分けることが多い。屋外では長距離や段差の通行に適するものを使用し、住宅内では狭い廊下や室内で小回りがきくものや作業に適するものを使用する。また、入浴用や排泄用の車いすもある。

■車いすの分類

　車いすは、使用者や介助者が駆動・操作する手動車いすと、電動モーターの動力によって駆動する電動車いすの2種類に大別され、それぞれ自走用と介助用に分類される。最近では、ハンドル型電動車いすが別に分類されている。

(1) 手動車いす[1]

● 自走用車いす

　使用者自らが駆動・操作して使用することを主目的とした車いすである（図1）。後輪（駆動輪）に装備したハンドリムを両手で操作する。一般的に用いられる自走用標準型の他に、リクライニング機構のように座位の位置変換や姿勢変換を目的とした座位変換型（図2）、スポーツ型等があり、機能と用途によって分類される。

● 介助用車いす

　使用者自らは駆動・操作せず、介助者が後方からグリップを押して操作することを主目的とした車いすである（図3）。自走用に比べて後輪は小さくてハンドリムはない。一般的に用いられる介助用標準型の他に、自走用と同様に機能と用途によって分類される。

[1] 手動車いすは、JIS（T 9201：2006）によって、さまざまな基準が定められている。

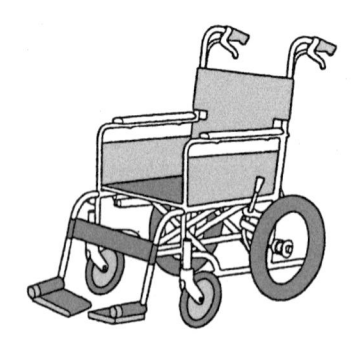

図3　介助用標準型車いす

[2] 電動車いすは、JIS（T 9203：2010）によって、さまざまな基準が定められている。

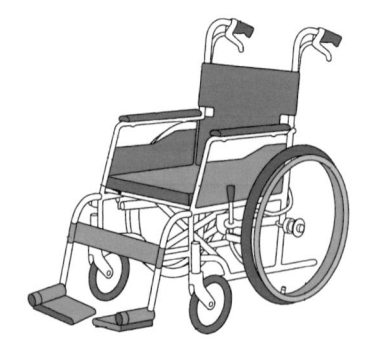

図1　自走用標準型車いす

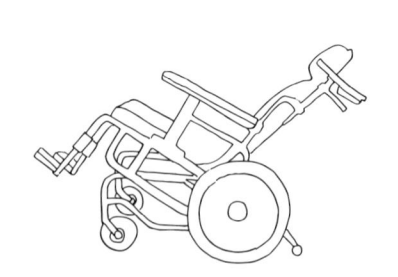

図2　座位変換型車いす（ティルト）
背もたれの角度を変える機能をリクライニングといい、座位姿勢を維持したまま座面ごと角度を変える機能をティルトという

(2) 電動車いす[2]

● 自操用電動車いす

　バッテリーを搭載し、使用者自らがコントロールボックスの操作用レバー（ジョイスティック）を操作して4輪を駆動させる電動車いすで、1回の充電で20～30kmの走行が可能である（図4）。操作用レバーを傾ける方向に進み、前進・後退・回転させることができ、操作用レバーを手から離すと

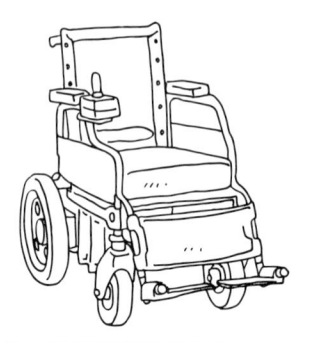

図4　自操用標準型電動車いす

停止する(図5)。車いすの外形寸法や回転に必要なスペースは手動車いすよりも大きい。自走用手動車いすと同様に、機能と用途によって標準型、座位変換型等に分類される。

なお、標準型電動車いすの重量は80〜100kg程度であるが、これとは別に、手動車いすの駆動輪に電動駆動装置や制御装置を取り付けた簡易型電動車いすがある。この重量は30kg程度であり、取り扱いやすさで優れる(図6)。

● 介助用電動車いす

介助者が操作して駆動させる電動車いすである。自操用車いすと同様に、介助用手動車いすの手動駆動輪に電動駆動装置や制御装置を取り付けた簡易型が普及している。操作はグリップに取り付けられたコントロールボックスで行う。介助者が高齢者の場合に、長距離移動の介助負担を軽減することができるので普及している。

(3) ハンドル型電動車いす[3]

使用者自らがハンドルで操縦する三輪または四輪の自操用電動車いすである(図7)。ハンドル操作で前進・後退・回転が可能なことから、シニアカーと呼ばれることもある。ハンドルのアクセルレバーにより速度を調整する。手動ブレーキとともに自動ブレーキが装備されており、アクセルレバーから手を離すと停止する。自操用標準型車いすに比べて全長が長く大型であり広い回転スペースを必要とすることから屋外用として使用される。高齢者が長距離移動の負担を軽減する目的で使用することが多い。

■手動車いすの基本構造(車いすの部位名称)

車いすの各部位の名称は以下の通りである[4](図8)。(図は自走用標準型車いす)

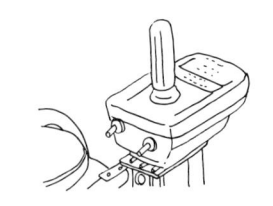

図5 操作用レバーの例

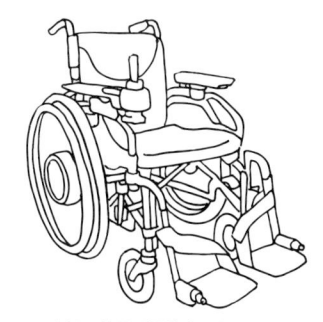

図6 自操用簡易型電動車いす

[3] ハンドル型電動車いすはJIS (CT 9208：2009)によってさまざまな基準が定められている

図7 ハンドル型電動車いす

[4] 車いすは、ほとんどが四輪であるが、なかには六輪を有するものもある。六輪車いすは、段差の乗り越えと回転半径が小さいことが特徴である。

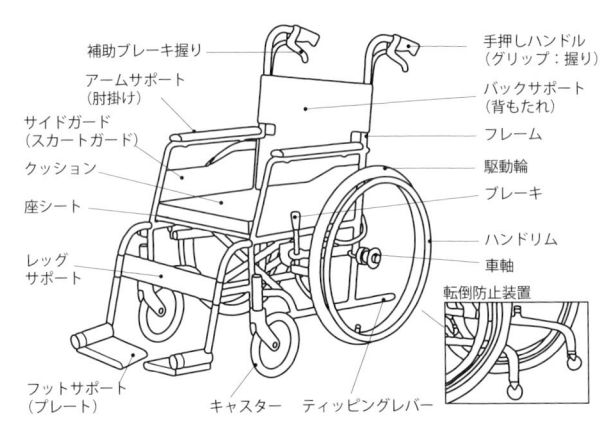

図8 手動車いすの部位名称

(補助ブレーキ握り、アームサポート(肘掛け)、サイドガード(スカートガード)、クッション、座シート、レッグサポート、フットサポート(プレート)、キャスター、ティッピングレバー、手押しハンドル(グリップ：握り)、バックサポート(背もたれ)、フレーム、駆動輪、ブレーキ、ハンドリム、車軸、転倒防止装置)

■車いすの寸法

不特定多数の人が利用する公共建築物ではJISに定められた規格寸法を目安として用いるが、住宅の設計では特定の個人のための生活空間を設計するので、ここでは実用的な標準寸法を併記する。ただし、設計に必要な正確な寸法は、対象者が使用する車いすから以下の寸法を測って確認することが望ましい。

(1) 手動車いす

●車いすの幅員（全幅）

車いすの幅員は、座面の幅やハンドリムの有無によって異なる（図9）。JIS規格では幅員の最大寸法（700mm）のみが規定されている。片まひ者が自走用として使用する片手片足駆動型車いすでは健側（健常な側の半身、利き手側のこと）のみにハンドリムを取り付ける（図10）。

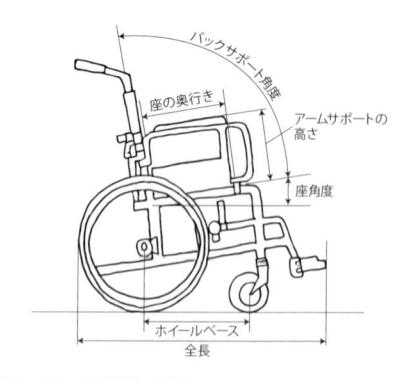

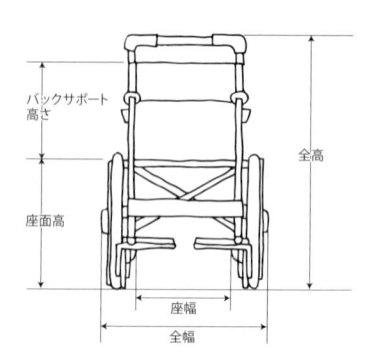

図9 車いす各部位の寸法

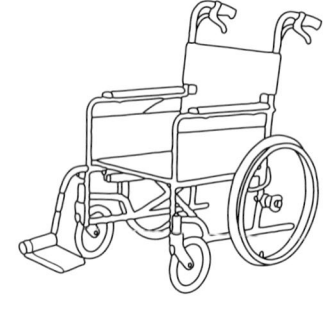

図10 片まひ者用の片手片足駆動型車いす
健側（図では左半身）を用いて操作する。足は床に下ろし、床面を蹴って前進させる

車いす幅員はおおむね以下のとおり。
・JIS規格　700mm以下
・自走用車いす（両輪ハンドリムあり）600～650mm程度
・介助用車いす（両輪ハンドリムなし）530～580mm程度

なお、介助用車いすにはハンドリムは取り付けられていないので、車いすの全幅は駆動輪の外側寸法または最大寸法となる。

●車いすの全長

車いすの全長は、前後方向の最大寸法である。リクライニング式の場合は、背もたれの角度により全長が異なる。JIS規格では全長の最大寸法（1,200mm）のみが規定されている。

・JIS規格（手動・電動とも）　1,200mm以下
・自走用車いす　1,000～1,100mm程度
・介助用車いす　950～1,050mm程度
・自走用リクライニング型車いす　1,200～1,400mm程度

●全幅および後輪車軸の高さ（後輪の円の中心かつ円の半径。ハンドリムの円の中心位置も一致）

全幅の外端は、ハンドリム部分となる。壁面への接触はハンドリム、後輪ゴムタイヤ部分、車輪の突出部分が考えられるが、いずれも車輪の中央高さ部分が当たるので、接触高さはおおむね同一である。

・手動自走用車いすの後輪車軸の高さ　200～350mm
・手動介助用車いすの後輪車軸の高さ　100～150mm
（介助用車いすでは、後輪が小さいので後輪車軸高さは低くなる）

●アームサポート高さ

アームサポート高さは、床面からアームサポート上面までの高さを指す。
・座面高さ＋220～250mm

●車いす座面（座シート）高さとクッション厚

車いす座面（座シート）高さは、床面から座シート先端（膝裏が当たる部

図11 車いす用クッション

分)を指す。しかし、実際には車いす座面の上にクッションを置いて座るので、車いす座面高さは、座シート高とともに、クッション上面までの使用高さ両方を測定する。クッションは体重の重みで使用時には圧縮される素材もあるので、実際の使用時の高さを測定することが望ましい(**図11**)。
・手動車いす座面高さ　400 mm程度
・クッション厚　20〜100mm程度

● **フットサポート先端からアームサポートフレーム先端までの水平距離**

　この距離は、キッチンカウンターや洗面台を車いすで使用する場合に必要な最低限の奥行き寸法を指す。車いす使用者が体幹を前傾させ、アームサポートフレーム先端よりも前方に両肘を出すことが可能であれば、この寸法の奥行きを確保してカウンター高さを下げてよい。

　なお、アームサポート先端まで体幹を前傾させることが困難な場合は、キッチンカウンターでの実用的な調理は難しい。

・フットサポート先端からアームサポートフレーム先端までの水平距離
　300〜350mm程度

(2) 電動車いす

● **車いすの幅員(全幅)**

　電動車いすの全幅は、左右の駆動輪の外側寸法または片輪の外側とコントロールボックスの外側寸法である。コントロールボックスの有無や取付け位置は個々に異なるので、実測が必要である。

・JIS規格　700mm以下

● **コントロールボックス高さ**

　コントロールボックスの高さは、床面からコントロールボックス上面までの高さである。この高さはテーブルや洗面台等への近づきやすさに関係する。コントロールボックスの上部には操作用レバー(ジョイスティック)が取り付けられている。操作用レバーまでの高さはさらに高くなる。多くの場合、コントロールボックス高さは実用的な使用に適するテーブルやカウンターよりも高いので、コントロールボックスがテーブル下に入ることはない。なお、テーブルに近づきやすくする位置調整装置として、コントロールボックスが外側に回転する、高さを変更する等の機能を備えた電動車いすもある。

● **フットサポート先端からコントロールボックス先端までの水平距離**

　この寸法は手動車いすにおけるフットサポート先端からアームサポート先端までの水平距離に該当する。電動車いすでは、コントロールボックスの取付け位置によってこの距離に個人差が生じやすい。フットサポート先端からコントロールボックス先端までの水平距離と、アームサポート先端までの水平距離の両方を実測して確認する。コントロールボックスの位置調整装置を備える場合には、フットサポート先端からアームサポート先端までの水平距離をカウンターへの近づきやすさの目安とする。

4　リフト

　リフトは、高齢者や障害者が自立してベッドから車いすへの乗り移り（移乗）や移動することが困難であり、かつ介助者の負担が大きい場合に使用される福祉用具である。JISでは「障害者を持ち上げて位置を変えるための機器」と定義している。住宅では固定設置する場合が多いので、ベッドや車いす、便器、浴槽等との位置関係に対する配慮が重要である。

■主なリフトの分類 [*1]

　リフトは、設置方法の違いにより4種類に分類される（図1）。

*1 JIS（T 0102：2011）の分類をもとに主な形状を整理した。これによってさまざまな基準が定められている。

```
           ┌─ 床走行式リフト
           │
           ├─ 住宅設置式リフト ─┬─ 固定設置式リフト
リフト ──┤                    └─ 簡易設置式リフト
           ├─ 機器設置式リフト
           │
           └─ 据置き式リフト
```

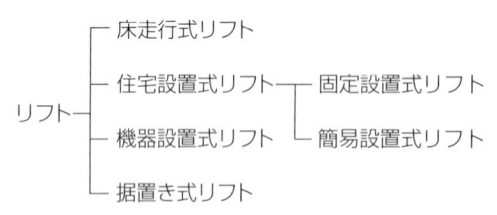

図1　リフトの分類

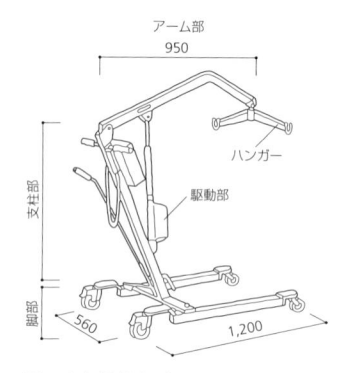

■床走行式リフト

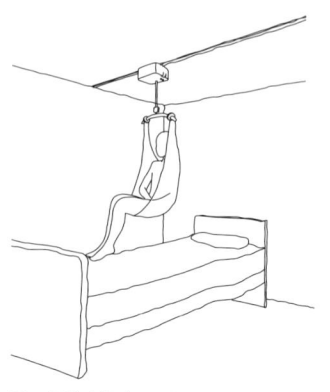

　床走行式リフトは、吊り具を使って高齢者や障害者を座位、臥位（寝た姿勢）などの姿勢で吊り上げ、床を移動し目的の場所に移送または移乗させる（図2）。
　床走行式リフトの機構は、身体を吊り上げるアーム部、それを支える支柱部、アームを昇降させる駆動部、およびキャスターが付いた脚部からなる。アーム先端のハンガーに身体を包んだ吊り具を懸け、アームを上げ下げすることにより身体を懸吊する。脚部には四輪または六輪のキャスターが取り付けられている。介助者はリフトの支柱部を押して移動するが、キャスター径が小さいので床面の段差の影響を強く受けやすい。10mm程度の段差であっても懸吊された身体が大きく揺れ、不安感が増しやすく、移動に支障が生じる。したがって、床面の段差は完全に除去することが必須条件である。また、フローリングなどの固めの床材が適する（カーペットは避ける）、床に延長コードを這わさないなどにも配慮する。脚部の全幅と全長は手動車いす程度の大きさがあり、移動操作は車いすよりも難しい。回転円も大きいので、廊下の移動や出入口部分の通過にはあまり適さず、主に同じ居室内の短距離の移動と移乗に用いられる。

図2　床走行式リフト

■住宅設置式リフト

　住宅設置式リフトは、住宅の壁、床、天井などにリフトを固定設置するが、固定方法の違いにより固定設置式リフトと簡易設置式リフトに分類される。

●固定設置式リフト

　代表的な固定設置式リフトは、天井面に設置する天井走行式リフトである（図3）。天井走行式リフトの機構は、吊り具を用いて身体を上げ下げする懸吊装置と、懸吊装置を水平移動させるレール、天井面に固定する充電器等の装置からなる。懸吊装置は電動、レールの水平移動は手動、電源は

図3　天井走行式リフト

バッテリー充電式が一般的である。

　天井走行式リフトは、距離の離れた場所への移動に適している。環境条件が整えば室間移動も可能であり、車いすを使用せずにベッドからトイレ、浴室などへ移動でき、移動に要する介助を大幅に軽減できる（**図4**）。

　水平レールの形状は直線や曲線の組合せで構成する。レールを間取りやベッド・浴槽・便器の配置に合わせて組み合わせ、移動したい場所間を結ぶ。設置する環境や間取りによっては、レール設置の自由度を広げるために分岐レールやターンテーブル（方向転換機）などの使用も可能である。ただし、移乗位置はレール設置位置の真下に限定されるので、移乗する便器や浴槽などとレールの位置調整は重要である（**図5**）。両者の位置調整が不十分であると、介助を困難にするとともに安全性を確保できない。なお、レール設置後はベッドや設備機器類の位置変更は行いにくい。

　移乗位置の自由度を広げる工夫として、駆動装置を取り付けた水平のレールとこれに直角方向に交差するレールの2段組みとし、2方向への自由自在の移動を可能にする設置方法がある（**図6**）。

　なお、天井走行式リフトは、住宅の天井高さ（おおむね2,400mm）に合わせて懸吊装置の吊上げ高さ等の機器仕様を設計しており、水平レールを設置する各室の天井面は同一の高さにそろえる必要がある。また、これらの装置やレールを天井面に設置するには上部に大掛かりな補強工事が必要となり、設置工事費は高額になりがちである。

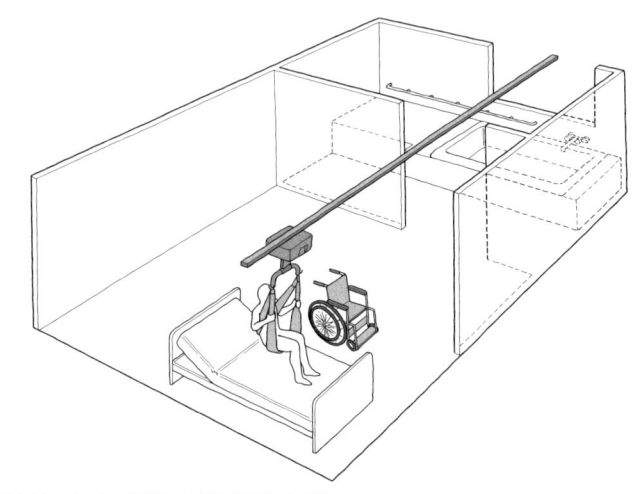

図4　天井走行式リフトを設置した部屋のアクソメ図

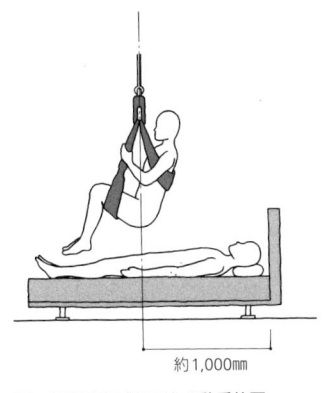

図5　天井走行式リフトの移乗位置

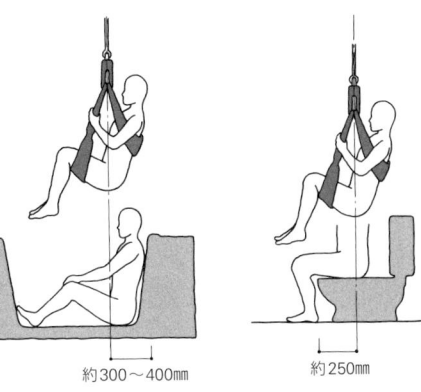

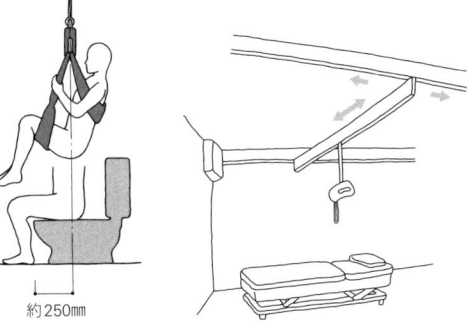

約1,000mm　　約300〜400mm　　約250mm

図6　天井設置2方向自在レール

● **簡易設置式リフト**

　簡易設置式リフトは、床走行式リフトと同様に身体を懸吊するアーム部、支柱部、アームを昇降させる駆動部、脚部に加えて、支柱の転倒予防用装置からなる(図7)。支柱を支える脚部を床面に固定または据置きとし、支柱上部の転倒予防装置を部屋の壁面や天井面に突き当てて支柱を安定させる。

　また、2本のアーム部材をピン(ヒンジ)で接続し1本のアームを構成する機器ではアームを折り曲げて移乗位置の微調整が可能であり機器操作の自由度が高まる(図8)。

　移乗はアームの回転範囲内に限定されるため、特定の場所での移乗用として用いる。例えば、浴室内に設置して浴槽と洗い場や車いすとの移乗用として活用したり、トイレに設置して車いすから便器への移乗に用いる。浴室では最小で内法寸法1,200mm×1,600mm程度の広さがあれば使用可能である。ただし、ユニットバスの浴室では防水パン(床面)の強度や耐久性に不安が残る場合があり設置には検討が必要である。なお、簡易設置式リフトの支柱を床面または壁面に工事を伴う固定を行った場合は固定設置式リフトの分類に該当する。

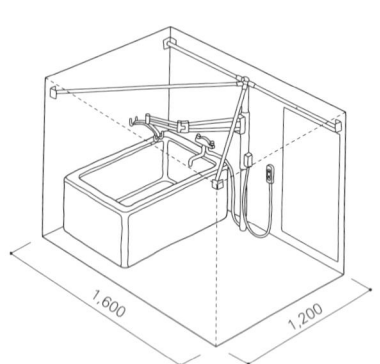

図7　簡易設置式リフト

図8　簡易設置式リフト

■機器設置式リフト

　機器設置式リフトは、ベッド周辺や浴槽など特定の機器に固定し、自力では移乗できない人を移乗させる(図9)。寝室で使用するベッド用リフトとして普及している。

　機器設置式リフトの機構は、床走行式リフトと同様に身体を懸吊するアーム部、支柱部、アームを昇降させる駆動部、脚部からなる。脚部は重量のある機器に固定設置して支柱の転倒を防止する。ベッド用リフトの場合は、ベッドの下にリフト脚部のフレームを敷きベッドの重量を利用して支柱を安定させるか、もしくはベッド脚部の周囲にリフトのフレームを配置してベッド脚部に固定して安定させる。

図9　機器設置式リフト

　機器設置式リフトは、身体を懸吊したアームを水平方向に回転させ移乗に用いる。移乗の範囲は支柱を中心にしたアームの回転範囲内に限定されるので、ベッド用リフトでは主に介護用ベッドから車いす、ポータブルトイレ等への移乗用として使用される。2本のアーム部材をピン(ヒンジ)で接続し1本のアームとする機器ではアームを折り曲げて移乗位置の微調整が可能であり、機器操作の自由度が高まる。

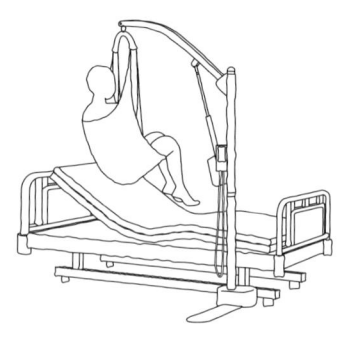

■据置き式リフト

　据置き式リフトは、特定の位置に設置して自力では移乗できない人を移乗させる(図10)。脚部を固定せずに床上に据え置いて固定なしに自立が可能なリフトである。

　据置き式リフトの機構は、天井走行式リフトと同様に、身体の懸吊装置と水平レール、これに加えてレール両端を支える支柱部、床面に据え置く脚部で構成される。レール長さは部屋の壁面距離の範囲内に限定される。移乗位置はレール設置位置の直下に限定され、また水平レールは天井面より低い位置になるので懸吊装置の設置高さは低くなり、したがって身体の持上げ可能な高さが制約される(図6)。

　基本の機構では2本の支柱でレール両端を支えるが、部屋の四隅に支柱を立てて構成するやぐら型架台も活用されている。どちらも水平レールに沿って1方向の往復移動が可能である。移乗位置の自由度を広げる工夫としては、天井走行式リフトのレール2段組み構造を応用する方法がある。天井走行式リフトと同様に、駆動装置を取り付けたレール上部をこのレールと直角方向に交差するレールで吊して2段組みとし、2方向自由自在の移動を可能にしたレール構造をやぐら型架台で支え、据置き式リフトとして設置する。

　他に隣接する2室にそれぞれ架台とレールを組み、リフトの懸吊装置が開口部の鴨居や戸枠をくぐり抜けて隣室のレールに移動する機構を備えた、室間移動が可能な機種もある(図11)。

図10　据置き式リフト

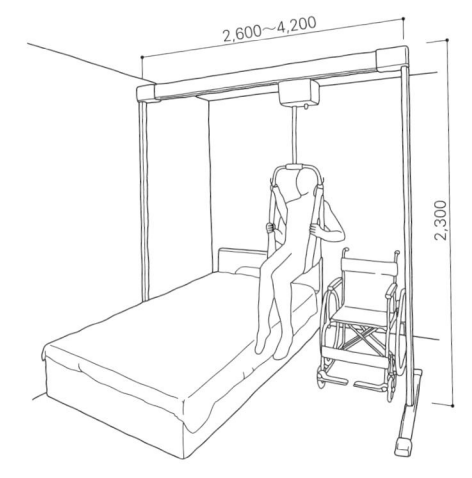

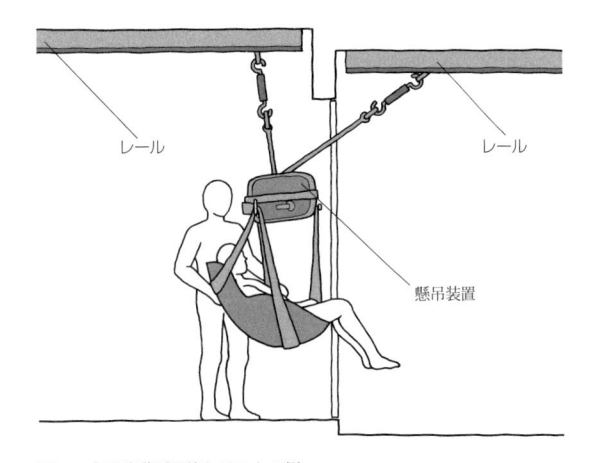

図11　室間移動が可能なリフトの例

■吊り具

　身体を懸吊する際に用いる吊り具には、身体を包むシート型(図12)、さらに安定性が高い脚分離型(図13)、ベルト型(図14)、いす・座面型等の種類があり、身体状況や障害程度、姿勢の安定性、使用場面、装着の容易性等を考慮して形状を選定する。入浴や排泄などの使用場面に応じて使い分ける場合もある。

　シート型吊り具・脚分離型吊り具は、4か所または6か所の部位をリフトのハンガーに掛けて使用する。頭部を包み支持するハイバックと頭部の支

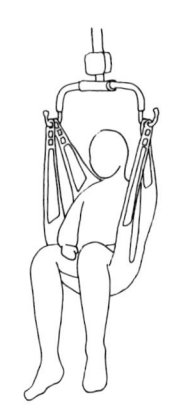

図12 シート型吊り具の使用例 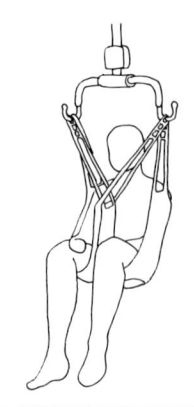　　図13 脚分離型吊り具の使用例 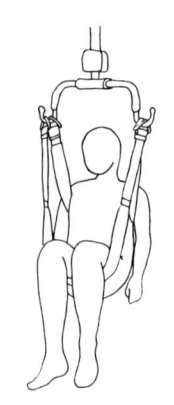　　図14 ベルト型吊り具の使用例

えがないローバックがあり、掛け方の工夫により姿勢を調整でき、姿勢が安定するため使用感がよい。その反面、装着には比較的手間がかかるので介助者は手順を習得する必要がある。吊り具の選定や購入時には、製品を試用して吊り具のサイズや吊り上げた際の姿勢を確認してから選択する。

ベルト型吊り具は、身体への装着がもっとも容易であるが、支持部分が少ないので身体に痛みを与えることが多く、不適合であると落下の恐れがあり選定を慎重に行う必要がある。いす・座面型吊り具は、水回り用車いすの脱着式座面だけを懸吊する入浴用の吊り具である。

■起立・着座支援機能付き座およびいす[*2]

*2 JIS（T 0102 18 09 12：2011）に規定される

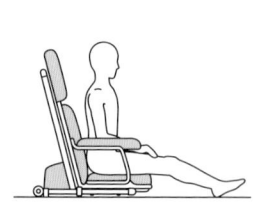

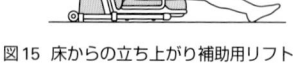

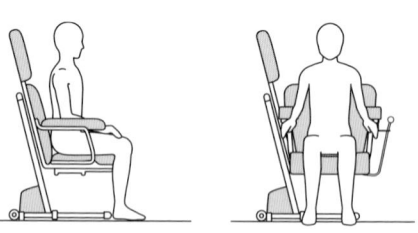

いす座面が昇降し身体（臀部）を持ち上げる機構の据置き式のリフトである。分類としては、①和室の畳床面からの立ち上がり補助用として、座面が床面から椅子座面の高さまで昇降するリフト（図15）、②いす座面からの立ち上がり補助用として座面が斜め上方に身体を持ち上げる機能を有するリフト（図16）に分かれる。前者は畳座位の和式生活継続を支援する場合に活用される。後者には便器からの立ち上がりを補助する昇降機能付き便座も含まれる。これらのリフトは居室やリビングルームに置き日常的な使用が想定されるため、家具として違和感を与えないデザインが求められる。

図15 床からの立ち上がり補助用リフト

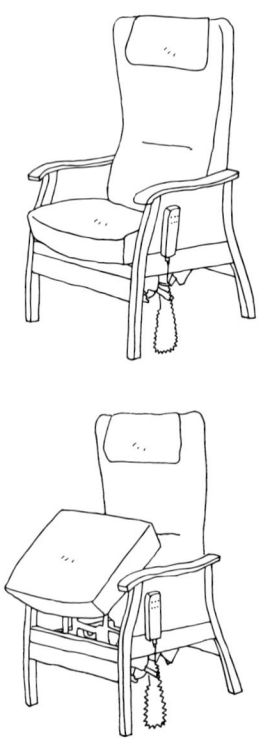

図16 いすからの立ち上がり補助用リフト

COLUMN ❹

介護保険法と住環境

　介護保険法は、加齢に伴って生じる心身の変化に起因する疾病等により要介護状態となり、入浴、排泄、食事等の介護、機能訓練ならびに看護および療養上の管理その他の医療を必要とする者等について、必要な保健医療サービスおよび福祉サービスに係る給付を国民の共同連帯の理念にもとづき、2000年4月から施行されている。

　そのなかで提供される住関連サービスは、大きく施設サービスと在宅サービスに分けられる。施設サービスには介護老人福祉施設(特別養護老人ホーム)および介護老人保健施設(老人保健施設)への入居等が含まれ、在宅サービスには認知症介護居宅介護(いわゆる認知症高齢者グループホーム)、およびケアマネジャーなどのサービス計画書にもとづいて利用する「居宅介護(予防)住宅改修費の支給」(住宅改修費)および「福祉用具の貸与および購入費の支給」が位置づけられている。

　表1は、住宅改修費に関する内容である。この制度にもとづいて住宅を改修する場合には改修費用(上限20万円)の1割を自己負担することになっている。また、表2は、福祉用具の貸与および購入費についてである。貸与サービスは費用の1割を自己負担し、購入の場合は購入費(上限10万円)の1割を自己負担する。

表1 居宅介護住宅改修費などの支給に関わる住宅改修の種別

種類	内容
1.手すりの取付け	廊下・トイレ・浴室・玄関・玄関から道路までの通路などに転倒防止、もしくは移動または移乗動作に資することを目的として設置するもの。
2.段差の解消	居室・廊下・トイレ・浴室・玄関などの各室間の床の段差、および玄関から道路までの通路などの段差を解消するためのもの。敷居を低くする工事、スロープを設置する工事、浴室の床のかさ上げなど。
3.滑り防止および移動の円滑化のための床または通路面の材料変更	居室においては、畳敷きから板床材やビニル系床材などへの変更、浴室においては床材の滑りにくいものへの変更、通路面においては滑りにくい舗装材への変更など。
4.引き戸などへの扉の取替え	開き戸を引き戸、折れ戸、アコーディオンドアなどに取り替えるといった扉全体の取替えのほか、ドアノブの変更、戸車の設置なども含まれる。ただし、自動ドアの動力部分の費用は対象とならない。
5.洋式便器などへの便器の取替え	和式便器を洋式便器に取り替える場合など。ただし、和式便器から暖房便座、洗浄機能などが付加されている洋式便器への取替えは含まれるが、すでに洋式便器である場合はこれらの機能などの付加は含まれない。また、水洗化または簡易水洗化の費用は対象とならない。
6.その他、前各号の住宅改修に付帯して必要となる住宅改修	①手すりの取付けのための下地補強、②浴室の床の段差解消に伴う給排水設備工事、③床材の変更のための下地補修や根太の補強、または通路面の材料の変更のための路盤整備、④扉の取替えに伴う給排水工事、床材の変更。

出典:「厚生労働大臣が定める居宅介護住宅改修費などの支給にかかわる住宅改修の種類」[平成11年3月31日　厚生省(現厚生労働省)告示第95号、一部改正=平成12年11月16日告示第349号、平成12年12月28日告示第481号]、「介護保険の給付対象となる福祉用具および住宅改修の取り扱いについて」[平成12年1月31日老企第34号、一部改正=平成12年11月22日　老振第78号]にもとづき作成

表2 福祉用具類の貸与項目および購入費支給項目

貸与	車いす、車いす付属品、特殊寝台、特殊寝台付属品、褥瘡予防用具、体位交換器、手すり(非固定)、スロープ(非固定)、歩行器、歩行補助杖、認知症老人徘徊感知器、移動用リフト(吊り具を除く)、自動排泄処理装置
購入・支給	腰掛け便器、特殊便器、入浴補助用具、簡易浴槽、移動用リフトの吊り具部分

5　段差解消機

　道路から玄関周辺および玄関までの段差を解消するにはスロープの設置が基本となるが、高低差が大きかったり、スロープを設置するだけの十分なスペースが確保できない場合、あるいは車いすの操作能力に制約があったり、歩行が著しく困難である場合には、段差解消機が使用される。また、住宅内の上がり框の昇降が困難な高齢者には小型の段差解消機が設置されることがある。

■段差解消機の種類

　段差解消機は、車いす使用者を対象とする「車いす対応型」、歩行困難者を対象とする「歩行者対応型」に分類される（図1）。また、「車いす対応型」は、設置に建築工事を伴う「固定式」（図2）、建築工事を伴わない「据置き式」（図3）、さらに場所を移動して使用する「移動式」（図4）がある。介護保険制度による貸与が認められるのは据置き式のみである。「歩行者対応型」（図5）は玄関の上がり框部分に設置されることが多い。いすの部分が単にテーブル（台）になっていて、立位姿勢で使用するタイプもある。

```
段差解消機 ┬ 車いす対応型 ┬ 固定式段差解消機
          │              ├ 据置き式段差解消機
          │              └ 移動式段差解消機
          └ 歩行者対応型 ── 据置き式段差解消機
```

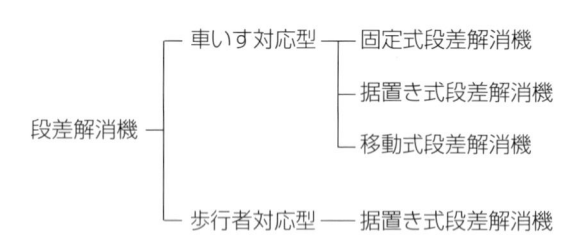

図1　段差解消機の分類

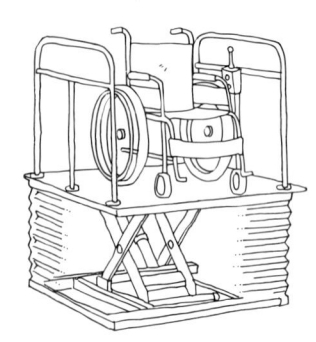

図2　固定式段差解消機

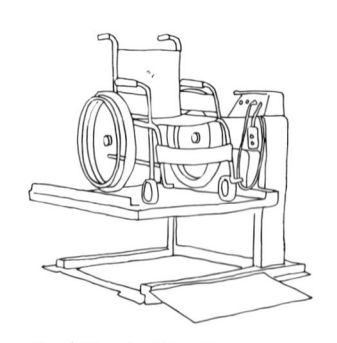

図3　据置き式段差解消機

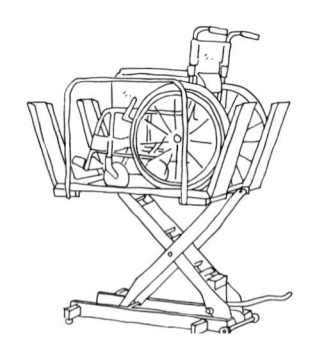

図4　移動式段差解消機

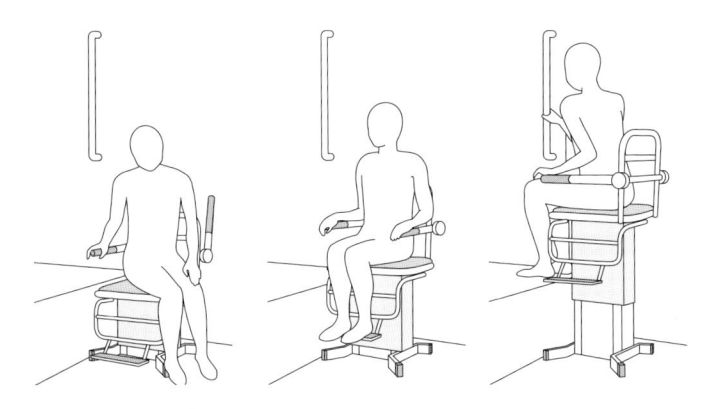

図5　歩行者対応型段差解消機

■車いす対応型段差解消機

　固定式は、主に道路から玄関、玄関から1階床面までの段差を解消するために用いられることから、昇降行程（昇降高さ）は、400〜600mm程度の製品が多く市販されている。なかには1,000mmを超える昇降能力を有する製品もある。

　テーブル（車いす使用者および介助者が乗る床面）は、短辺方向650〜800mm程度、長辺方向850〜1,200mm程度であり、車いす1台のみまたは介助者と一緒に乗る[*1]ことができる寸法となっている。乗降口は直線状に配置されているのが一般的であるが、なかには乗り口と降り口が直角方向に配置されている製品もある[*2]。

　操作方法は、手動（ハンドル操作や足踏みペダルを人力で操作）式と電動式がある。手動式は安価で持運びも比較的容易であるが、操作に時間がかかる。電動式は、テーブル面に乗った状態で、段差解消機に固定されている操作盤、コード付きで手に持って操作できる操作盤、もしくは持運びができるリモコン式のボタンやレバーで操作を行う。また、段差の上下で機器を呼び戻すことができる3路式操作スイッチが付いている。いずれの操作においても操作盤のスイッチから手が離れると、安全面への配慮により段差解消機は停止する。

　昇降機構は、油圧式と機械式がある。油圧式は、テーブル面下にあるパンタグラフ機構を油圧で伸縮させてテーブルを昇降させる。テーブル面下に機構が設置されるので、テーブル面を下げた際に20〜70mm程度の厚みが残る。そのため、テーブル面への乗込みには機器付属品のスロープを使用することになる。このスロープがあることによって重度障害者には使用困難となることもあるので、周囲の床面とテーブル面とが平坦になるようにテーブル面下にピットの造成工事を行う。ただし、この場合は、ピットに排水がたまりやすいので水抜き工事を合わせて行う（図6）。機械式は、テーブル面の片側面または両側面に昇降機構を納めた支柱やボックスを立て、ギアチェーンでテーブル面を昇降させる。テーブル面下に機構がないため、テーブル面が薄くなり、テーブル面への乗込みは容易である。機械式は据置きで使用される。テーブル面の大きさや操作方法は油圧式と同様である。

　移動式は、昇降機構を手動によって操作する形式が多い。持運びが可能

[*1] 建築基準法では建築基準法施行令129条の6にもとづく国土交通省告示478号第一の七等によって、かごの床面積2.25㎡以下、昇降行程最大4m以下、定格速度15m／分以下のほか、最大積載荷重が床面積の規模によって4段階に分けて設定されている。

[*2] JIS（T 9252：2011）では「家庭用段差解消機」として基準が示され、これによると、昇降口は2以下、最大積載量250kg以下と定められている。

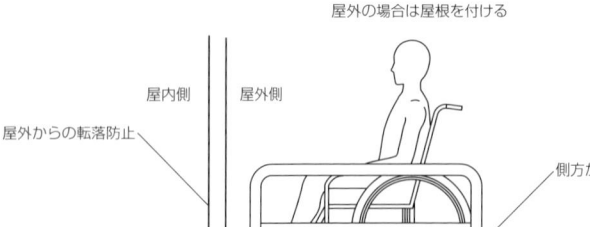

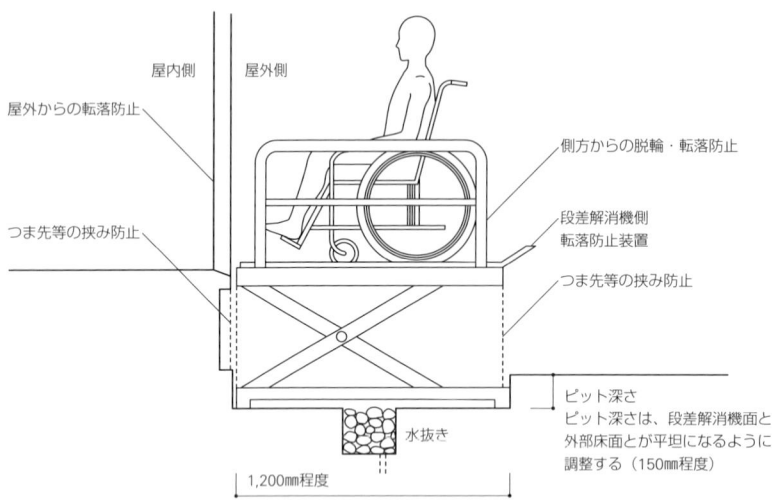

図6 水抜き工事が必要な固定式段差解消機

なことから、自動車に積み込み、訪問先の階段で使用したり、自動車の乗降に使用することが多い。

■歩行者対応型段差解消機

　主として玄関上がり框の段差を通行できない歩行困難者が使用する据置き式の昇降機である（図5）。立位姿勢または座位姿勢で利用するので、テーブル面の大きさは450mm×450mm程度である。操作方法は機器に固定またはコード付きの操作ボタンで使用する。

■段差解消機と住宅計画

・設置式段差解消機は、建築物に固定される昇降機として考えられ、建築確認申請の対象となる。
・段差解消機は玄関周辺や玄関上がり框部分のほか、庭に出るときや緊急時の屋外への脱出を考慮し、寝室・居間の掃出し窓部分に設置されることも多い。
・電動式の段差解消機は電源が必要となる。
・子どものいたずら等による事故を防止するために、また、テーブル面の下部に物や動物などが入り込まないために、昇降機の下部には蛇腹やロールスクリーンを付ける。
・使用時の転落防止に配慮して、柵や手すり、テーブル部分の立ち上がりなどの形状に配慮する。
・段差解消機はテーブル面に周辺の床仕上げ材と同じものを張ると、違和感がなくなる。

COLUMN ❺ 福祉用具を入手するには

生活の不便・不自由を解消する手法として、福祉用具を購入することは大いに意義がある。福祉用具は自費で購入することはもちろんできるが、高齢者や障害者の経済的負担を軽減する目的から、行政は、年齢、障害程度、収入などの制約を設定しながらも福祉用具を入手しやすい制度を実施している。

もっともよく知られているのは、介護保険制度による福祉用具の貸与および購入である（**P.45 COLUMN❹参照**）。また、高齢者や障害者に対して日常生活用具の給付制度が市町村の事業として位置づけられている。この制度は自治体によっても異なるが、肢体不自由者には特殊寝台、特殊尿器、移動用リフト、入浴補助用具、火災警報器、T字杖、電磁調理器等が、視覚障害者には盲人用体重計・体温計、点字器、視覚障害者用拡大読書器等が、聴覚障害者にはファックス、聴覚障害者用情報受信装置等が給付される。

COLUMN ❻ その他の福祉用具

本書で取り上げた福祉用具は、全体のほんの一部でしかない。この他にも日常生活に深くかかわる福祉用具はたくさんある。例えば、認知症高齢者の屋外への徘徊を防止するための機器として、離床センサー（就寝しているベッドから離れるとセンサーが働き家族に知らせる）や、住宅の外部に通じる出入口にマットを置いたりセンサーを設置して屋外に出ようとすると家族に知らせる機器等がよく使用されている。また、言語によるコミュニケーションに問題がある高齢者や障害者に対して、文字盤を指しながら会話を行うボードやそれをコンピューター上で行える機器も開発されている。さらに、重度障害者が住宅内のさまざまな機器（例えば、テレビ・ラジオのオン/オフ・チャンネル切替え、冷暖房機器のオン/オフ・調整、電気のオン/オフを手元で操作できるようにした環境制御装置（ECS））も市販されている。ただし、このような機器の性能はしだいに市販のPC上でも行えるようにソフト開発がなされている。さらに今後は、福祉用具のみならず在宅医療用具も視野に入れた住生活環境の整備が必要になると考えられている。

6　階段昇降機

　高齢者や障害者が居住する住宅では、安全上、同一階で生活することが基本であるが、やむを得ず複数階にまたがる場合は階段昇降機もしくは住宅用エレベーターを設置すると移動の安全性が担保される。階段昇降機は住宅用エレベーターと比較して安価で、しかも比較的簡易な工事で設置できることからしばしば利用される。しかし、階段の勾配(傾斜角度)、階段形状などの設置環境上の制約があり、一方で、座面への移乗動作、移動中の座位姿勢の保持、機器操作など使用者の身体的条件もある。

■階段昇降機の種類

　階段昇降機は、固定型と可搬型(自走式)に大別され、さらに固定型は、いす式(図2)と車いす搭載式[*1](図3)とに分けられる。可搬型(自走式)階段昇降機(図4)は、介助者が車いすを搭載した機器を操作することで、キャタピラ部分で階段を昇降する移動用福祉用具である。

*1　車いす搭載式は、幅の広い階段でのみ使用可能であり、一般に公共建築物内や住宅でも屋外で使用されることが多く、住宅内では使用されることはほとんどないので、本稿ではいす式に限定して記述する。

```
階段昇降機 ─┬─ 固定型 ─┬─ いす式階段昇降機
            │          └─ 車いす搭載式階段昇降機
            └─ 可搬型
               (自走式)
```

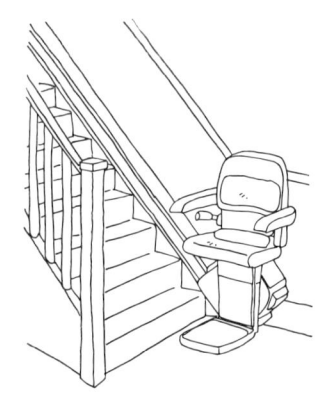

図1　階段昇降機の分類

図2　固定型階段昇降機・いす式

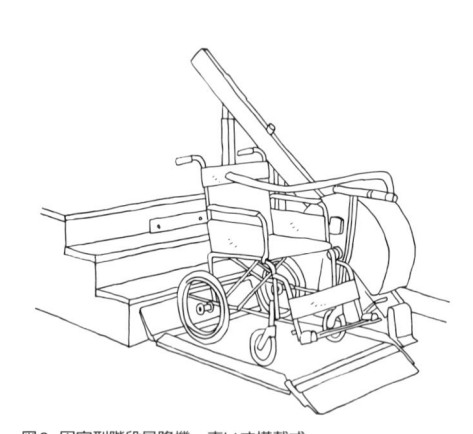

図3　固定型階段昇降機・車いす搭載式

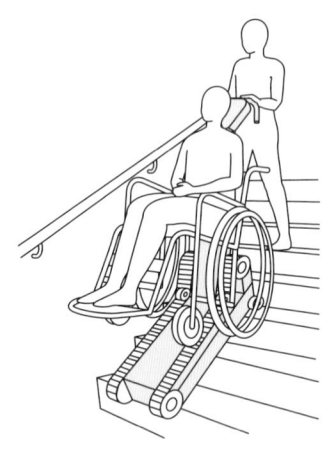

図4　可搬型(自走式)階段昇降機

■固定型(いす式)階段昇降機

●構造基準

・昇降機自体は、使用者1名、定格速度9m/分以下、最大積載荷重900N/m以下[*2]、と定められている。

●階段昇降機と住宅

・昇降機はレール部分を住宅に固定設置することから建築物の付属物とみなされ、建築確認の申請が必要となる。また、同法により、設置したときに機器先端部から壁面まで700mm以上の空き[*3]が必要なことから、レ

*2　建築基準法施行令129条の6にもとづく国土交通省告示478号第一の八等による。

*3　高さが500mm以下の階段昇降機のレールについては幅100mmまでは算定されない(平成12年建住指発682号第3第5)。

ールは、階段の左右どちらかの壁面に沿うように寄せて設置する。
- 設置可能な階段勾配は、おおむね51〜52度程度までである。これ以上の急な勾配の階段には設置できない。
- 住宅環境よっては階段最下部のレールが廊下に突き出て歩行の妨げになる場合があるが、これを避けるためにレールの下部が折り上がる機能を持つレールもある（図5）。
- 階段の中央部が直線状であっても、端部で階段が折れ曲がっている場合は、曲線階段用の階段昇降機を設置しなければならない。
- 曲線階段や折れ曲がり階段では階段形状に合わせてレールを個別に製作する[*4]。レールは外周側に沿って設置する場合と内周側に沿って設置する場合とがある。
- 車いす使用者が使用する場合には、上下階の乗降部周辺に車いすでアプローチできるスペースが必要である。
- 昇降機には電源コンセントが必要である。直線階段で主に使用される機種（チェーンラック式）はおおむねバッテリーを搭載しており、使用しないときにはレール端部の充電器に接続し常に充電する。
- 屋外階段への設置は、屋外対応の機種ならびに防滴仕様の電源コンセントを使用する。

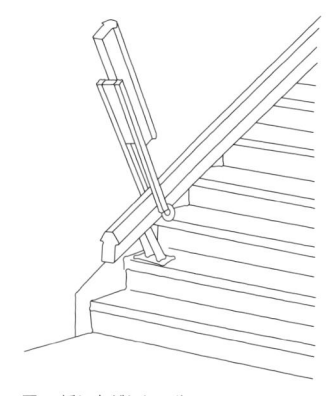

図5 折り上がりレール

● 使用方法と維持管理

固定型（いす式）階段昇降機は、階段に固定設置したレール上を、いす座面が駆動装置[*5]によって昇降し、上下階を移動する。使用者はいす座面[*6]上に座り、肘掛け部に設けられたスイッチを操作する。使用者がスイッチを押し続けることで昇降が可能となり、スイッチから手を離すと停止する。また、昇降部分に物が挟まったり手足部分が接触すると、安全スイッチが作動し停止する。

いす座面は進行方向に対して横向きに設定されているが、階段上部に到達すると、座面を90度回転させてから上階床面に足部を降ろし、またはそこに置いた車いすに移乗できる機種もある（図6）。

維持管理は、年に1回の定期点検契約を代理店（メーカーやディーラー）と結ぶことが法的に義務づけられている。

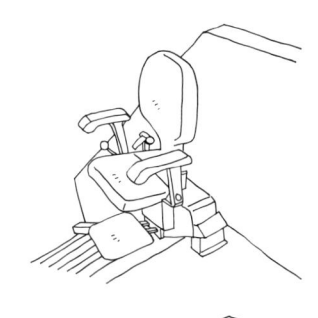

図6 座面が90度回転するいす

■ 可搬型階段昇降機

可搬型階段昇降機は、階段勾配がおおむね35度程度まで、かつ曲がり部分がない階段においてのみ使用が可能である。設置工事を必要としないので階段昇降が困難な高齢者や障害者には利用価値が高いが、もっとも重要な条件は介助者の操作能力である。この昇降機は、昇降中に操作者がハンドルから手を離すと自動的にブレーキがかかり静止するようになっているが、操作には相当な熟練を要する。介護保険制度による福祉用具の貸与対象となっているが、安全性を確保するために、機器を取り扱う福祉用具販売店は然るべき講習を受け、かつ介助者に適切に取扱いの指導を行わなければならないことになっている。また、使用者の慣れ[*7]も必要となる。なお、階段周囲には保管場所が必要である。

[*4] 曲線形状のレールは、曲がり形状に合わせて受注生産をするので、製造工期は2か月程度を要する場合がある。価格はそれぞれ異なる。

[*5] 階段昇降機の駆動方式は、レール内のチェーンを歯車にかませて巻き取ることで動力を伝達する方式（チェーンスプロケットまたはチェーンラック式）と2本のレールを設置し、上下から挟み込んだ駆動部分の歯車が回転してレール上を移動する方式（ラックピニオン式）がある。前者は主として直線状の階段において用いられ、後者は主としてレールに曲がる部分がある階段に用いられる。

[*6] いす座面高さは480〜600mm程度である。

[*7] 階段の下方を向く方向に車いすを装着するので、視界が広く開け、移動中に独特の使用感があり、使用者が不安感を持つ場合がある。

7　住宅用エレベーター

　高齢者人口が増加してきたことや都市部に3階建て住宅が多くなってきたことから、住宅用エレベーターは、個人住宅に限定し、しかも家族だけで利用する2〜3人乗りの小規模エレベーターとして開発された[*1]。公共用エレベーターと比較して設置基準を緩和することで低価格で市販されている。住宅用エレベーターを設置することで住宅内の上下階の移動が容易になり、また生活空間が拡大することから、高齢者や障害者が生活する住宅を中心に、一般の住宅でも普及が進んでいる。ただし、階段を撤去して上下階の移動手段を住宅用エレベーターのみにすることは認められない。

■住宅用エレベーターの種類

　かごの出入口が1か所の標準型と2つある通過型とがある。ただし、通過型といっても、戸が同一階で同時に開閉することは認められていない。

■住宅用エレベーターの構造基準

　住宅用エレベーターは、「かご」の床面積は1.1m²以下、昇降行程（最下階停止位置から最上階停止位置までの垂直移動距離）は10m以下（図1）、定員は最大3人まで、積載荷重は最大200kg以下、などの規定[*2]がある。この基準は、実生活で車いす使用者と介助者が1名ずつ乗って利用することを想定している[*3]。

　また、住宅用エレベーターの設置にあたり、建築基準法によって、昇降路が地震や使用時の振動に対して耐えられるような基準を満たさなければならない。新築住宅はもちろんのこと、既存住宅であっても昇降路が水平荷重、垂直荷重ともに構造的に独立して設けられている場合（自立型）は昇降路単独の強度計算ですむが、既存住宅に水平荷重等を一部（水平方向の力）依存する場合（半自立型）は既存住宅の強度を合わせて計算し、建築確認の申請を行う。

■住宅用エレベーターと住宅計画

・昇降行程が10m以内であれば、停止階数は何か所でも設定可能である。また住宅用エレベーターのかごには前後2か所に出入口を設けることができるので、いろいろな住宅平面に対応できる。例えば、玄関土間床面

*1　現在は小規模居住で利用者が特定されるグループホームでは設置が認められている。

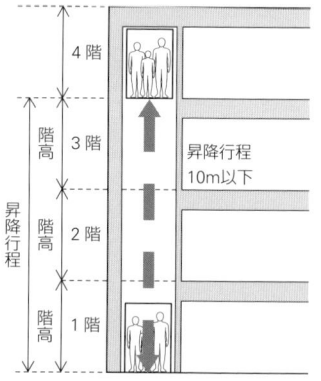

図1　昇降行程

*2　建築基準法施行令129の3にもとづく国土交通省告示478同第一の五等により、床面積、昇降行程、最大積載荷重等が定められている。

*3　製品としては、高齢者1人がいすに腰掛けて利用できるものから、2人用、3人用と機種が選択できるように多くの製品が市販されている。

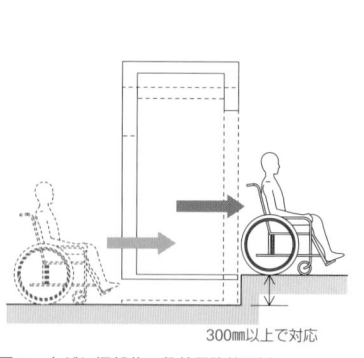

図2a　上がり框部分の段差昇降使用例　　図2b　2方向出入口

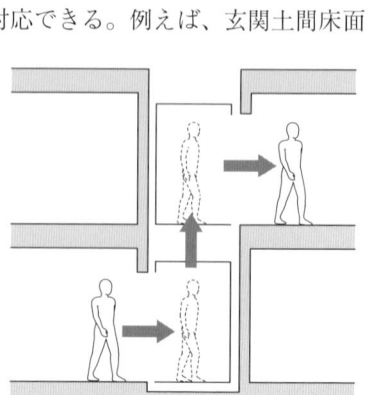

から1階床面までの上がり框の段差部分で使用した後、そのまま前方に進んで、1階の居室を使用することもできるし、2階に直接行くこともできる（**図2**）。ただし、同一階に出口は1か所のみしか設置できないので、通り抜けて使用することは不可能である。

・住宅用エレベーターを設置する場合には、動線上無理のない位置に設置できているか、入口周辺で車いすがうまく操作できるスペースが取れているかを確認する。

・住宅用エレベーターを設置するために必要なスペースは、3人乗りで住宅内に内法寸法で奥行き1,350㎜×幅1,325㎜程度の昇降路 スペース（かご寸法で間口950㎜×奥行き 1,150㎜程度）を各階に確保することが必要である。同様に2人乗り用を設置する場合は（**図3**）、内法寸法で奥行き1,200㎜×幅1,150㎜程度（かご寸法で間口750㎜×奥行き950㎜程度）の昇降路スペースを必要とする。

・車いすがかご内に入ることができても、フットサポートにのせた足部のつま先が、かごの奥壁に接触してしまうことは避ける。また、通常、車いすのリクライニング機構を用いたままでの使用は困難である。

・非常時に備えて、安全装置や外部との連絡方法、停電時の対応などが装備されているかを確認する。装備されていない場合は追加装備できるかどうかを確認する。

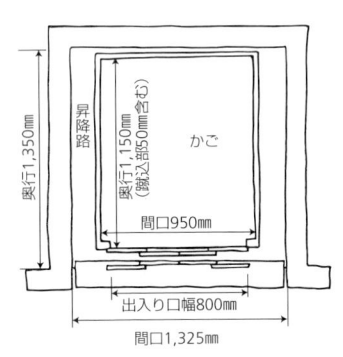

図3a　3人乗り寸法　　　図3b　2人乗り寸法

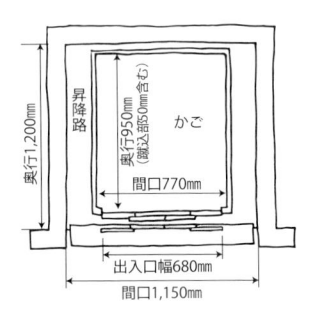

■**維持管理**

・建築基準法上、住宅用エレベーターは少なくとも年1回の保守点検が義務づけられている。また、故障などの緊急時には迅速な対応が必要であるため、メンテナンスサービスの契約を結ぶことを原則とする。費用は使用者の負担となる。メンテナンスの内容や経費については契約時に必ず確認する。

8　入浴用具

　入浴行為は準備段階としての衣服の着脱を含め、立ち座りや身体のひねり、洗体時の上肢の細かな動作など、全身を使う複雑な動作が発生する行為であり、身体機能低下のために一人ではできにくい動作も出てくるため、福祉用具の使用や介助者の協力が必要になる。浴室での入浴を考える場合、利用者の身体状況別の入浴行為の流れと浴室空間を考慮して福祉用具の導入を検討する。

■入浴動作の流れ

　身体状況に合った入浴を行うため、一連の入浴動作の流れ（着脱衣、浴室への移動、洗体、浴槽への移動など）を捉え、設備機器のほか、さまざまな用具を利用し、安全で快適な入浴が行えるようにする。**表1**は、入浴行為の流れ[*1]と、そこで必要となる福祉用具の種類を整理したものである。

*1 P.86、3章「3　入浴する」では浴槽に入る前に洗体が記述されているが、なかには浴槽で温まってから洗体する者もいることから、本章では順序を入れ替えている。

表1　入浴行為と福祉用具

〈浴室で入浴の場合〉　※行為全体の流れを考えて、各動作の補助用具の選択を進める

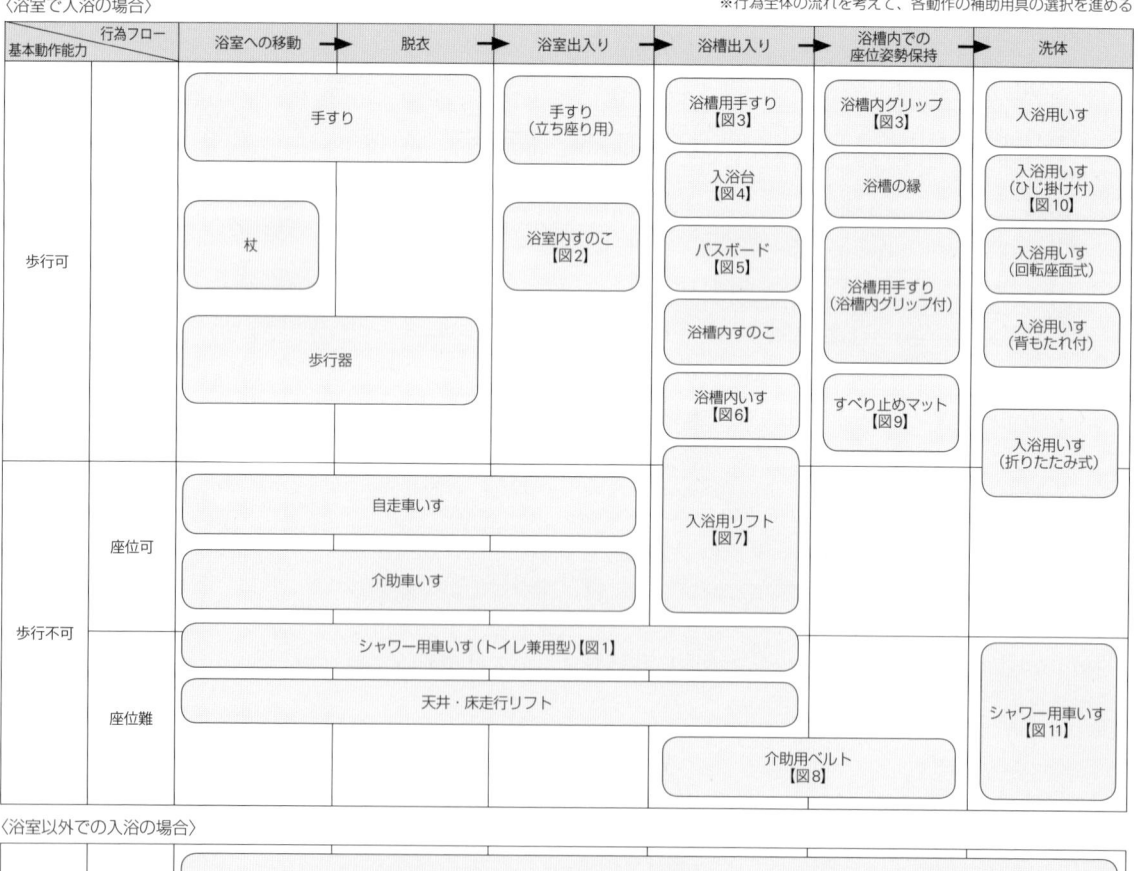

基本動作能力	行為フロー	浴室への移動	脱衣	浴室出入り	浴槽出入り	浴槽内での座位姿勢保持	洗体
歩行可		手すり／杖／歩行器	手すり（立ち座り用）／浴室内すのこ【図2】	手すり（立ち座り用）／浴室内すのこ【図2】	浴槽用手すり【図3】／入浴台【図4】／バスボード【図5】／浴槽内すのこ／浴槽内いす【図6】	浴槽内グリップ【図3】／浴槽の縁／浴槽用手すり（浴槽内グリップ付）／すべり止めマット【図9】	入浴用いす／入浴用いす（ひじ掛け付）【図10】／入浴用いす（回転座面式）／入浴用いす（背もたれ付）／入浴用いす（折りたたみ式）
歩行不可	座位可	自走車いす／介助車いす／シャワー用車いす（トイレ兼用型）【図1】／天井・床走行リフト			入浴用リフト【図7】		シャワー用車いす【図11】
歩行不可	座位難	シャワー用車いす（トイレ兼用型）【図1】／天井・床走行リフト			介助用ベルト【図8】		シャワー用車いす【図11】

〈浴室以外での入浴の場合〉

歩行不可	座位不可	・簡易浴槽【図16】　・部分浴槽（足浴器）

■浴室への移動で使用する福祉用具

浴室への移動には、歩行をはじめ杖、歩行器、車いす、リフト等を使用することのほか、浴室内でも使用できるシャワー用車いす(**図1**)が使用される。シャワー用車いすを使用する場合は、キャスターが小さいので、小さな段差でも支障となって移動ができない、または著しく困難となるので、床面の段差は解消する必要がある。

■浴室の出入りに必要な福祉用具

浴室内に段差がある場合、段差解消の浴室内すのこ(**図2**)を敷き詰める。また、段差が残る場合や浴室内を安全に移動するためには手すりの設置[*2]が必要である。すのこは出入りの際に動かないように敷き詰めて設置することが重要である。

■浴室で使用する福祉用具

❶浴槽の出入りに役立つ福祉用具

●浴槽用手すり

主に浴槽を立ってまたぐときにバランスを保つために用いる手すりで、浴槽縁(リム)を挟み込んで後付け固定する(**図3**)。手すり部分が可動するタイプもある。ただ、挟み固定のために強固な固定性が得られないため、体重をかけすぎると手すりが外れたりずれたりする恐れがある。また、一般の浴槽縁には強度がないので、締め付けすぎると浴槽の破損につながる恐れがある。

●入浴台

浴槽横に設置し、主として浴槽への座りまたぎでの出入りを補助する移乗台で、浴槽横に置くタイプと浴槽縁に引っ掛けるタイプ(**図4**)がある。入浴台を洗体台と兼用する場合は少し大きめの入浴台のほうが洗体動作がしやすい。浴槽縁に引っ掛け、浴槽に固定するタイプの入浴台は、固定が不十分だと腰掛けた際に入浴台が外れて転倒する恐れがある。

●バスボード

浴槽への出入りの際にいったん腰掛けられるようにするもので、浴槽の上に載せて使用する(**図5**)。浴槽内側の形状に合わせて固定部材を調整してガタつきや滑り落ちを防ぐ構造になっている。身体を支えるグリップ付きで、厚みが薄く、取外しが容易なものがよい。

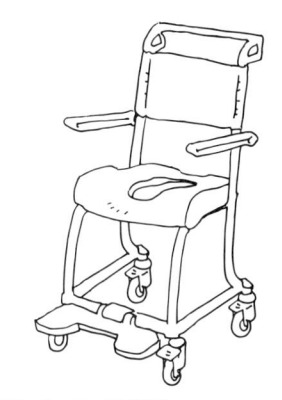

図1　シャワー用車いす

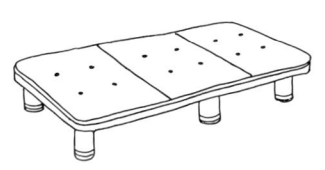

図2　浴室内すのこ

*2 P.130、4章「2　手すりを取り付ける」参照

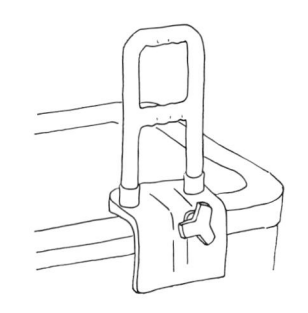

図3　浴槽用手すり

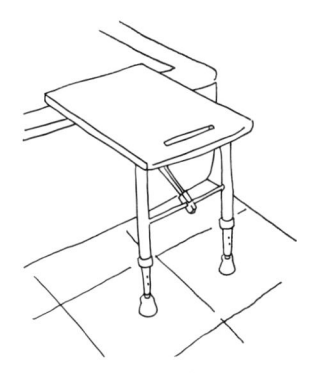

図4　入浴台(引っ掛け式)　　図5　バスボード

●浴槽内すのこ

浴槽が深く出入りが困難な場合、浴槽内に据え置いて浴槽深さを調整し、出入り動作を容易にすることができる。ただし、浴槽が浅くなるので、肩まで湯につからないことがある。

●浴槽内いす

半身浴や関節の屈曲を和らげたり、浴槽底にお尻を置く長座位の入浴姿勢から浴槽を出る動作を補助する目的で浴槽内に沈めて腰掛けて使用する（図6）。吸盤で浴槽底に固定するものと沈めるだけのものがある。ただし、浴槽が浅くなるので、肩まで湯につからないことがある。

●入浴用リフト（浴槽簡易設置型リフト）

浴槽内で立ち座りを補助する簡易設置型の昇降機で、浴槽底面に設置する（図7）。駆動はバッテリー式が一般的である。座面が昇降し浴槽への出入りをサポートするため、座面の厚み分浅くなり肩まで湯につかれない場合がある。また、リフトの設置および取外しをこまめにすればよいが、常置すると浴槽の掃除等がしにくくなる。

なお、これとは別に天井および床走行リフト、固定式を使用することもある[*3]。

●介助用ベルト

入浴時の身体を保持することを目的にした介助用のベルトである（図8）。ベルトには握り部分がついており、浴槽への出入りや浴槽内での立ち座りをはじめ、滑りやすい浴室内の移動の際にも、介助者がこれを握って動作を介助する。

●浴槽内での座位姿勢保持用具

入浴中の身体が浴槽内に滑り込まないよう、座位姿勢を保持するための方法として、何かを握って滑り込まないようにするか、滑り込み防止の用具等の採用を考える。最近の浴槽は、浴槽内にグリップを有するものや浴槽縁が最初から握りやすい形状のものも販売されている。また、滑り込み防止のための用具として代表的なものに、滑り止めマット（図9）がある。滑り止めマットはマットの裏側に多数の吸盤が付いており、浴槽底に多数の吸盤で固定するタイプが一般的である。なお、最初から浴槽床に滑り止め加工が施してある浴槽にはマット吸盤がうまく浴槽底に付かないことがある。

❷洗体時に使用する福祉用具

●入浴用いす（シャワーチェア）

一般に使用されている入浴用のいすより座面が高く、立ち座りや座位姿勢の保持を容易にし、洗体や洗髪動作を支援する。最近はさまざまな機能を有したもの（ひじ掛け付き（図10）、回転座面式、背もたれ付き、折りたたみ式など）がある。

●シャワー用車いす（シャワーキャリー）

車輪が付いていて移動できるシャワー用車いすは一般にはシャワーキャリーと呼ばれているが、こちらのシャワー用車いすも住宅での使用を考え、小回りの利く4輪キャスタータイプもあれば（図11）、小段差を越えやすい後輪が固定輪のタイプもある。最近は、両者の長所を併せ持った6輪タイプも開発されている。

図6 浴槽内いす

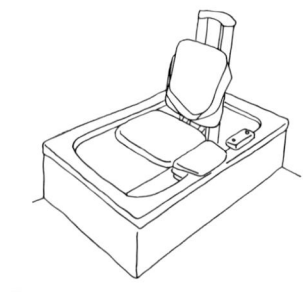

図7 入浴用リフト

*3 P.40、本章「4 リフト」参照

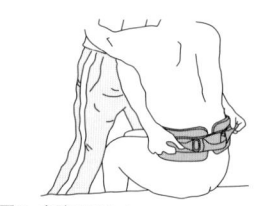

図8 介助用ベルト

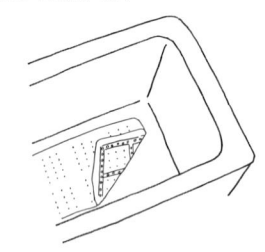

図9 滑り止めマット

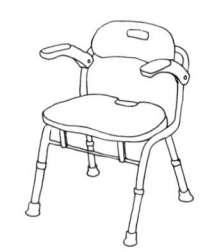

図10 入浴用いす（ひじ掛け付き）

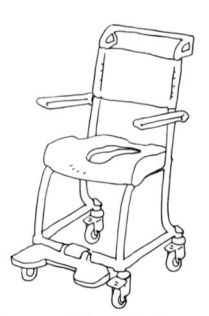

図11 シャワー用車いす（4輪キャスタータイプ）

●洗体用具

　洗体用具は、身体機能の低下により片手しか使えない場合や可動域制限があり、背中や足先などを洗うときに手が届かない場合等に活用する用具をいう。例えば、ブラシに柄を付けた長柄付きブラシ(図12)や、壁面にブラシを固定するために吸盤を取り付けた吸盤付きブラシ(図13)、タオルの両端にループを付けたループ付きタオル(図14)、タオルを手袋上にして細かなところまで洗いやすくした洗体手袋(図15)・バスミットなどがある。

図12　長柄付きブラシ

図13　吸盤付きブラシ

■浴室以外で入浴する場合の福祉用具

　身体機能が低下して浴室での入浴ができなくなった場合、簡易型の浴槽を使用するのが一般的である(図16)。簡易浴槽は、ベッド横またはベッド上で使用するもので、空気で膨らませたり、組み立てるものが一般的だが、分解できないものもある。また、最近は髪や足など部分浴できる簡易浴槽も開発されている。

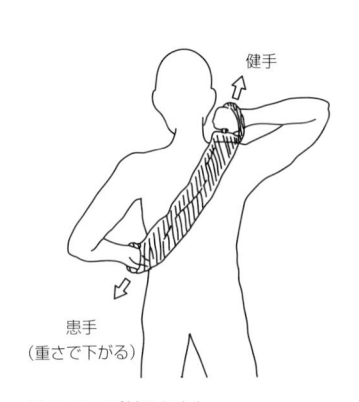

図14　ループ付きタオル
（健手／患手（重さで下がる））

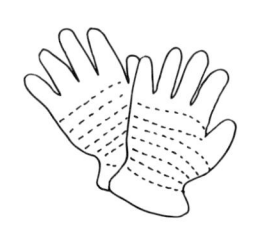

図15　洗体手袋

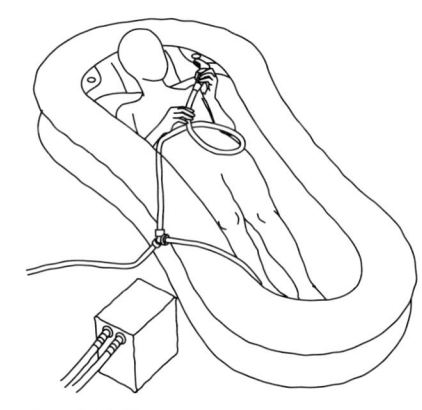

図16　簡易浴槽

9　排泄用具

　排泄行為は、排泄場所への移動、衣服の上げ下ろしに始まり、立ち座りや車いすからの移乗、排泄後の後始末等に至るまで多くの動作で構成される。できる限り自立度の高い排泄を行うため、身体状況に適した設備機器を使用するほか、さまざまな福祉用具等を活用する。一方で、移動や起き上がりが困難な場合、居室（ベッド周辺ベッド上）での排泄も視野に入れ、福祉用具を検討する。

■排泄動作の流れ

　排泄行為に関わる動作の流れを捉え、それぞれの動作ごとに、使用者の身体状況に適した福祉用具を選択する（**表1**）。

表1　排泄行為と福祉用具

〈トイレで排泄する場合〉

※行為全体の流れを考えて、各動作の補助用具の選択を進める

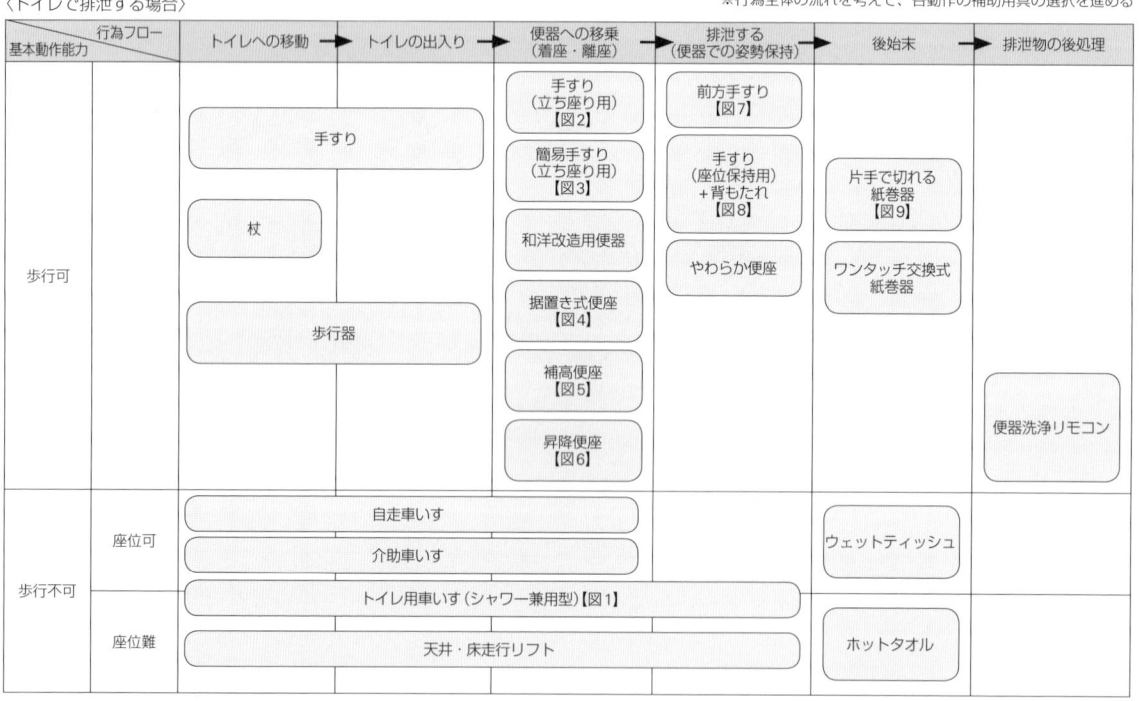

基本動作能力	行為フロー	トイレへの移動	トイレの出入り	便器への移乗（着座・離座）	排泄する（便器での姿勢保持）	後始末	排泄物の後処理
歩行可		手すり／杖／歩行器	手すり	手すり（立ち座り用）【図2】／簡易手すり（立ち座り用）【図3】／和洋改造用便器／据置き式便座【図4】／補高便座【図5】／昇降便座【図6】	前方手すり【図7】／手すり（座位保持用）＋背もたれ【図8】／やわらか便座	片手で切れる紙巻器【図9】／ワンタッチ交換式紙巻器	便器洗浄リモコン
歩行不可	座位可	自走車いす／介助車いす／トイレ用車いす（シャワー兼用型）【図1】				ウェットティッシュ	
	座位難	天井・床走行リフト				ホットタオル	

〈居室（ベッド周辺）またはベッド上で排泄の場合〉

基本動作能力							
歩行可	立位可			ポータブルトイレ【図10】／移動バー	尿器	ポータブルトイレ（便器洗浄便座付）	ベッドサイド水洗トイレ【図15】
	座位可			スライディングボード【図11】	特殊尿器【図12】／差込み便器【図13】		しびん洗浄水栓
歩行不可	座位難			天井・床走行リフト	自動排泄処理機【図14】	おしり洗浄器	汚物流し
	座位不可						

■トイレ移動で使用する福祉用具

トイレへの移動には、入浴と同じように、手すり、杖、歩行器、車いす、リフト（床・天井）等を使用するほか、トイレチェア（シャワー兼用型）（図1）の使用が考えられる。トイレチェアは、キャスターの径が小さいのでわずかな段差でも支障となって移動ができなくなったり、または著しく移動が困難となるので、床面の段差は解消する必要がある。

■トイレで使用する福祉用具

❶便器への移乗時に使用する福祉用具

●手すり

便器への立ち座りにもっとも重要な立ち座り用の手すりは、壁や柱に固定する手すりのほかに、床に固定する手すり（図2）が一般的である。最近は便器に挟んで固定する手すり（図3）、金具をトイレの壁に突っ張り固定する手すりなど、工事を伴わずに設置できる手すりも数多く販売されているが、体重のかけ方によっては手すりが外れる恐れがあるので、安全に使用できるかの確認が必要である。

●便器

和風便器を残したまま、工事を行わずに洋風便器を使用するときと同じ姿勢で排泄できる据置き式便座を導入し（図4）、便器への移乗をしやすくすることもできる。さらに、洋風便器の便座高さが低くて立ち座りしにくい場合、便座高さを補うための補高便座を検討したり（図5）、立ち座り動作の時だけ電動で便座高さを変え、立ち座り動作を補助してくれる昇降便座も開発されている（図6）。

❷姿勢保持に使用する福祉用具

座った姿勢を安定させる福祉用具として、手すり、背もたれおよび便座面の3つを検討する。

●手すり

壁に設置された手すりは、座位姿勢の安定が保ちにくい場合は身体から遠くなりすぎ不十分なことが多く、できれば身体の近くでひじ掛けとしても使用でき、不要なときは跳ね上げられる手すりのほうが有効である。さらに、最近は、腹圧が掛かりやすく、排便作用が促進される前傾姿勢を保持する前方手すり（ボード）も開発されている（図7）。

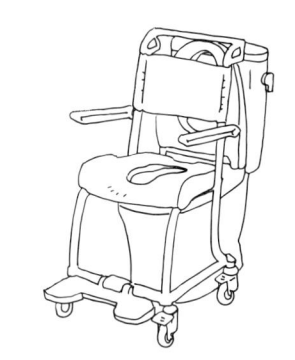

図1 トイレ用車いす

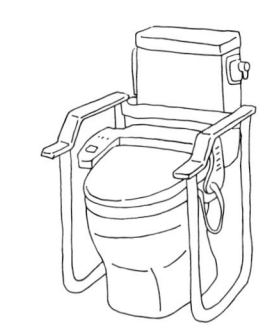

図2 立ち座り用手すり（床固定）

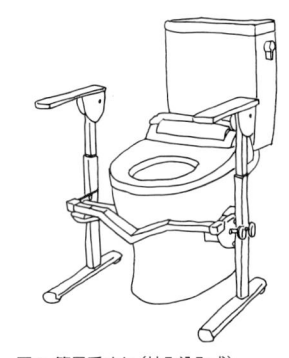

図3 簡易手すり（挟み込み式）

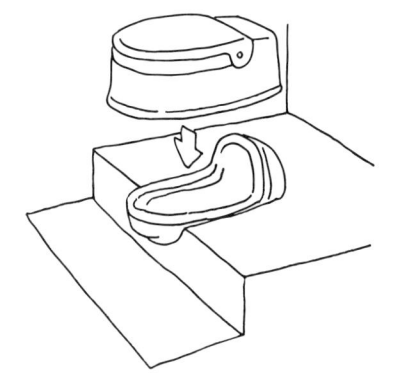

図4 据置き式便座

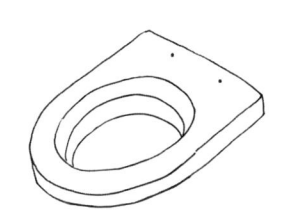

図5 補高便座

図6 昇降便座

●背もたれ

　排泄に時間がかかる場合には背もたれを設置すると、安心して座ることができる（図8）。

●便座

　臀部の筋肉が落ちた小柄な人の場合や、便座穴に臀部がはまり込んでしまい痛みを訴える場合は、ソフトタイプの後乗せ便座を使用する。便座穴を小さくすることに加え、便座面が柔らかいので、問題を解決することができる。ただし、暖房便座を使用しても暖房効果はない。

❸ 後始末に使用する福祉用具

　上肢に可動域制限があったり、手指に障害があってトイレットペーパーの使用や交換が両手では難しい場合は、片手のみで切れる紙巻器（図9）やワンタッチでペーパー交換ができる紙器を使用する。さらに、ペーパーでの排泄後の後始末が不自由な場合には、温水洗浄便座の使用が効果的である。ただし、座る位置によっては温水がおしりにあたっていないことがあるので、おしり周辺の感覚が鈍い場合は注意が必要である。後始末が一人でできない場合は後始末を介助者に委ねることになる。その場合、おしりの汚れが取りやすく、おしりに優しいウェットティッシュやホットタオル等の採用を検討する。

❹ 排泄後に使用する福祉用具

　排泄後に使用する便器洗浄レバーは便器後方にあり、一度立ち上がってから身体の向きを変え、手を伸ばして操作することになる。この操作が行いにくい場合、便器に座ったまま手元（あるいは前方）で操作できるリモコンを採用する。最近は、温水洗浄便座の操作リモコンに便器洗浄機能を持つ機種も開発されている。

■居室（ベッド周辺またはベッド上）で排泄するときに使用する福祉用具

❶ ベッド周辺で排泄するための福祉用具

●ポータブル便器

　身体機能の低下により移動が困難なために居室内のベッド周辺で排泄する場合には、ポータブル便器（図10）やしびんなどの尿器を使用する。ポータブル便器は、ベッドからの移乗のしやすさと安定性を重視して選択するが、最近はさまざまな機能を有したポータブル便器が販売されている。

　ポータブル便器を使用する際には、ベッドから便器まで安全に移動できるように、移動バー*1等の手すりがあるとよい。便器は座面高さの調整ができること、座面下に足を引く蹴込みがあることが重要である。また、ポータブル便器のベッド側の手すりが外せると移乗や介助が楽であるし、便器移乗に介助が必要な場合にはスライディングボード（図11）を利用すると介助が容易となって腰痛対策にもなる。

❷ ベッド上で排泄するための福祉用具（ポータブルトイレ）

●尿集器

　ベッド上で排泄せざるを得ない場合、以前からしびんが多用されてきたが、3回の使用ごとに尿を捨てなければ、次の排尿ができなかった。そのような場合には特殊尿器を使用すればタンク内に尿を溜めこんで何度でも使用可能となるばかりか、尿臭の防止にも効果が高い（図12）。また、特殊

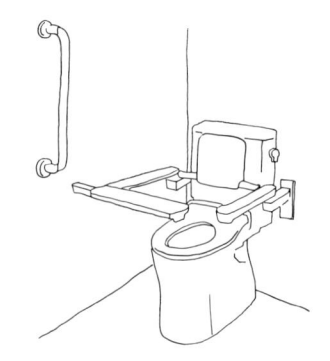

図7　前方手すり

図8　トイレ用手すり（背もたれ付き）

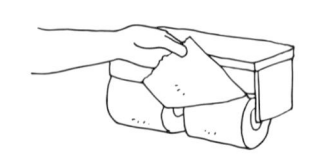

図9　片手で切れる紙巻器

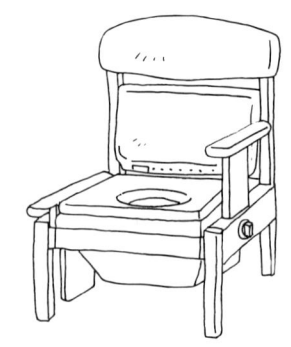

図10　ポータブル便器（トイレ）

*1　P.62、2章「10　就寝用具」参照

尿器は尿を受けるレシーバーや管の中に尿が残らないよう吸引するためベッド面を汚すことも少ない。

便については差込み便器が一般的であるが(図13)、最近は尿だけでなく、便もセンサーで感知し、真空方式で吸引するものも開発されている(図14)。ただし、夜間の使用時に吸引モーター音が気になるという声もある。

● 排泄後に使用する福祉用具

温水洗浄便座組込みのポータブル便器を使用する場合は、おしりの清潔が保たれるが、感覚が鈍化していたり座位姿勢の保持が不安定な人には温水が当たらない場合がある。また、ベッド上で排泄を行った後は、おしり洗浄器の使用が一般的である。おしりに温水を当てやすい首振りタイプが便利である。

● 排泄物の後処理

かつてポータブル便器の大半は、便器に組み込まれたバケツに便や尿を溜め、一定時間後に便器等に捨てるタイプがほとんどであった。そのため、夜間等で複数回使用する場合、尿や便が溜まった便器内に排泄することへの抵抗感や臭いの問題等で本人はもとより介助者にとっても溜まった尿や便の後始末はストレスが大きい作業であった。しかし、最近はベッド脇に設置可能な水洗式便器も開発されている(図15)。

また、汚物を捨てた後のバケツや便器、尿器等の洗浄をどこで行うかが問題になることが多い。便器横にシャワータイプの水栓を設置しておくと、その場で洗浄することができるため便利である。また、汚物処理の頻度が高ければ、専用の汚物流し等を設置することも一考である。

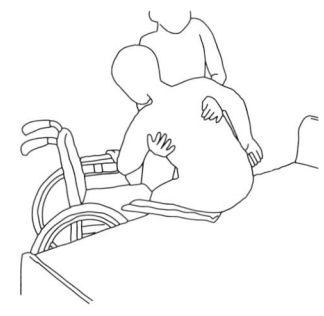

図11 スライディングボード

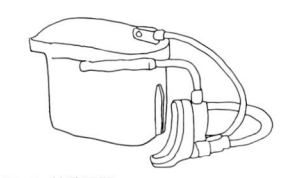

図12 特殊尿器

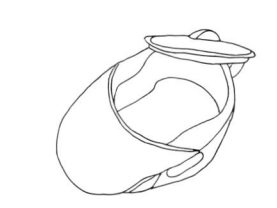

図13 差込み便器

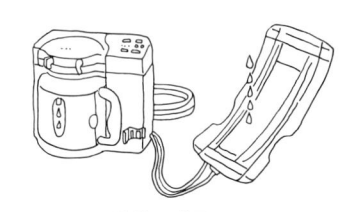

図14 自動排泄処理装置

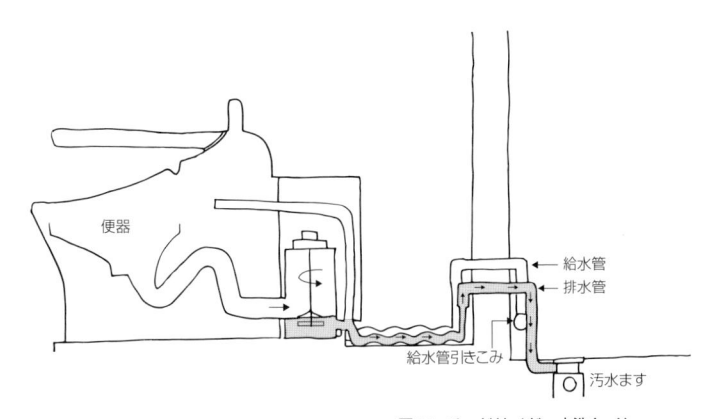

図15 ベッドサイド 水洗トイレ

10　就寝用具

　代表的な就寝用具は介護用ベッドである。その他の就寝用具は、介護用ベッドの機能と組み合わせて、マットレスからの起き上がりや、座位姿勢の保持、立ち上がり、車いすへの移乗、体位変換などの離床をうながす基本的な動作を補う目的で使用される。

■電動介護用ベッド（特殊寝台）[1]（図1）

　電動介護用ベッドは、ベッドからの起き上がりや座位姿勢の保持、立ち上がり、車いすへの移乗動作等を補助し介助を容易にする目的で、分割されたボトム（マットレスを支持する床板）が傾斜する角度調節機能とベッドの昇降機能を持つ。

　背部が起き上がる背上げ機能[2]、膝が立ち上がる膝上げ機能[3]を併せ持つベッドをギャッチ式介護用ベッドといい、ギャッチ式と昇降機能[4]を組み合わせた電動介護用ベッドが普及している。

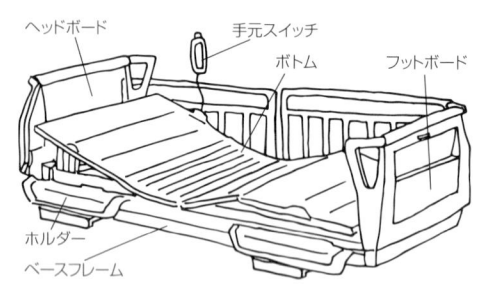

図1　電動介護用ベッドの部位名称

●手元スイッチ
　電動介護用ベッドの操作スイッチは、ベッドの使用者が容易に操作できるようにベッドからコードで延長したスイッチ。臥位（寝た）姿勢でも操作が可能である。

ベッド付属品の就寝用具
●マットレス
　ボトムの上に置いて身体を支える寝具であるが、寝返りや起き上がり動作には身体を動かしやすい適度な硬さが求められる。さらに、使用者が好む柔らかさ、床ずれ予防に応えるには柔らかさや体圧分散の性能、介護用ベッド用の背上げ機能や膝上げ機能に対応する必要がある。

●床ずれ防止用具
　床ずれを予防するために身体の下に敷いて用いる、体圧分散や除圧の性能を備えた用具で、代表的なものとしてエアマットレスがある。エアマットレスはマット内に空気を通すチューブを内包し電動モーターで送風する。空気圧の周期的な変動によって体圧分散と除圧、血流の促進を図る。

●サイドレール（ベッド柵）
　サイドレールは、ベッドからの転落防止や、寝具のずれ落ちを防止するためのベッド柵である。介護用ベッドのフレームに必要に応じて取り付ける。扱いやすい差込み式が用いられるが、ベッドから外れやすいので、起

---

[1] 電動介護用ベッドは、JIS（T 0102：2011）にて基準が定められている。

[2] 背上げ機能
体幹背部のボトムが傾斜して持ち上がり、臥位（寝た姿勢）から頭部と体幹を起こす機能をいう。起き上がり動作を補助するとともに、座位姿勢が不安定な場合に体幹を起こして座位に近い姿勢を保つことができる。

[3] 膝上げ機能
膝裏のボトムが持ち上がり膝を立たせる機能をいう。背上げ機能を使用して起き上がり姿勢を長時間保つと、徐々に身体がずり落ちて座位姿勢が崩れやすい。これを防止し座位姿勢の安定を図るために用いる。

[4] 昇降機能
ベッドのマット面を昇降させて、高さを調節する機能をいう。ベッドから立ち上がりやすい高さにして動作を容易にする、または介護者の腰痛予防のために介助や作業が容易な高さにするために用いる。

き上がり動作などの補助として使用するのは危険である。

● ベッド用手すり（ベッド用グリップ）

　ベッド用手すりは、寝返り、起き上がり、座位姿勢の保持、立ち上がり、立位姿勢の保持、車いすやポータブルトイレへの移動などの動作を補助するために、介護用ベッドのフレームに固定して使用する（図2）。ベッド外部方向へ水平に90度回転した位置で固定し、横手すり（グリップ）として使用する。使用者の立ち上がりや車いすへの移乗動作を考慮して、ベッドの左右どちら側に取り付けるかを選択する。

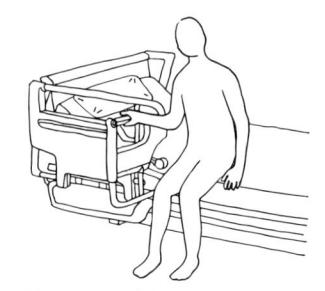

図2　ベッド用手すり

● ベッド用テーブル

　介護用ベッド上またはベッドに腰掛けて、食事などの動作に使用するテーブルである。高さ調整機能を備え脚部のキャスターで移動できる可動式（ベッドサイドテーブル）と、サイドレールに掛け渡してベッドに取り付ける掛け渡し式がある（図3）。

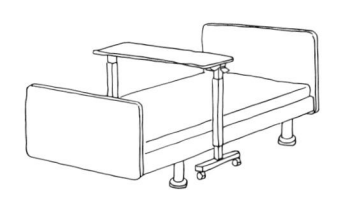

図3　可動式ベッド用テーブル

● 介助用ベルト

　起き上がりや立ち上がり、車いすへの移乗動作の介助を容易にする目的で対象者の腰に装着する介助用のベルトである。介助者はベルトの取っ手を握ると身体を持ち上げやすくなる。

● 体位変換器

　体位変換器は、介護ベッドのマットレス上で寝たきり状態の人の体位の変換や車いすへの移乗動作を、介助者が安全かつ容易に行うための用具である。主なものとして、スライディングマット、スライディングボードがある。

(1) スライディングマット

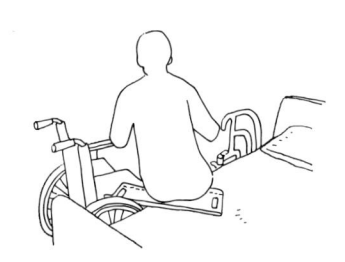

　スライディングマットは、ベッドのマットレス上で体位交換や身体の位置を動かすために用いる、滑りやすく柔らかい素材でつくられた筒状のマットである（図4）。身体とマットレスの間に敷くことで、身体を持ち上げることなく滑らせて身体の位置や向きを変えることができる。

図4　スライディングマット

(2) スライディングボード

　スライディングボードは、ベッドと車いすの移乗動作に用いる板状の用具である（図5）。主にプラスチック製で表面は滑りやすく、裏面は滑りにくく加工されている。ベッドと車いすの間に橋渡しして、座位姿勢のまま臀部をボード上で滑らせて用いる。褥そうがある場合には適さない。スライディングボードの使用には、マットレス高さを車いすの座面に揃えるために昇降機能を持つ介護用ベッドや、ボードを載せやすくするためにアームサポートが脱着可能な車いすを用いるなどについて検討する必要がある。転落防止にも配慮した用具の選定と使用環境の確保も重要である。

図5　スライディングボード

11 　調理・食事用具

　自分で調理をすることや、自分で食事をとることは、とても大切な生活行為である。一般的な調理・食事用具が使用できなくても、少しの工夫や、使う人の身体機能と目的に合わせることで、負担なく安全に調理行為や食事行為を行えるようになる。近年は軽量で取扱いやすい鍋や、右利きでも左利きでも利用できる調理バサミなど、ユニバーサルデザインにもとづき製品化された調理用具や食事用具も多く、必要に応じて障害に配慮した福祉用具を活用すると選択の幅が広がる。

■調理用具

●切る、むく、刻む、開ける

　食材を安全に切るためには、食材の固定と包丁の正しい上げ下ろしが重要になる。片まひ者など上肢に障害がある人が片手で使用できるように、包丁の固定装置が付いたまな板(図1)や食材を固定するための枠やピンが付いているまな板などがある。反対に、道具類を固定して食材を持って皮をむく固定式皮むき器もある。また、筋力が低下した高齢者等が軽い力で切ることができる調理バサミや柄の角度が変えられる包丁(図2)などもある。つくりたい料理の内容や身体機能に合わせて調理用具を選ぶとよい。

　手、指の力が弱い高齢者やリウマチ患者の場合は、柄が付いているボトルオープナーを利用する。食材の入った缶やボトルの蓋にかぶせて使用し、柄が付いているので、指先に力を入れなくても開けることができる。さらに、缶やボトルを押さえる力がない場合は万力を併せて利用する(図3)。

　嚥下機能や咀嚼機能が低下した高齢者には、刻み食や流動食をつくる必要がある。フードプロセッサーやミキサーは、台に置きケースに食材を入れて操作する機種と、手で持って操作する軽量型の機種がある。いずれも、組立てや洗浄がしやすいか、充電式か電源コードが邪魔にならないか、ボタン等の操作がしやすいかなど介護者の視点で検討を行う。

●加熱する

　鍋は軽量で持運びがしやすいものがよい。重たい鍋が持てない、または持ちにくい場合は、両手で不安なく持運びができる大きめの取っ手付きの鍋(図4)を利用する。また、手首をひねらず、自然な角度で握ることができる片手鍋は立った姿勢でも、座った姿勢でも利用しやすい。

　食材を炒めたり盛り付ける際に、握りやすいフライ返しや握力が弱くてもつかみやすいトングなどもあるため、調理の姿勢や調理動作も考慮しながら利用しやすい用具を選ぶ。

　また、真空保温調理器は、一度加熱してから保温器に移し加熱後の余熱を利用し調理ができる。省エネであるとともに調理時間を短縮でき、認知症高齢者の介護や乳幼児の育児などで本人から目が離せないときには、火のそばにずっとついている必要がない。

●洗う

　食器を洗う場合は、スポンジやブラシを流しに固定し、洗い物を持って、回すことで、片手でも利用しやすい。ブラシの裏に吸盤等が付いていてシンクに固定することができる。

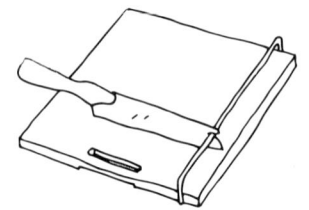

図1　包丁付きまな板

図2　柄の角度が変えられる包丁

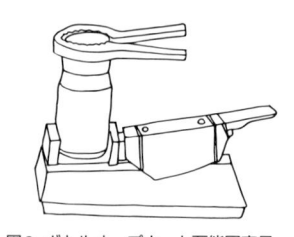

図3　ボトルオープナーと万能固定具

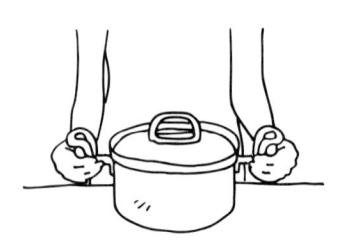

図4　持ちやすい取っ手の鍋類

■食事用具

●スプーン・フォーク・箸

日本の文化では、主に箸を使用するが、指先の巧緻性が低下している場合や箸をうまく握れない場合などは、利用が難しい。このことから、ピンセットタイプの箸や取外し式のクリップを付けてつまむ動作を安定させた箸（図5）、握りやすいグリップのスプーンやフォークといった用具がある。さらにスプーンやフォークの角度が変えられる製品やグリップにベルト等が付いている製品があり（図6）、握るもしくは手にはめるなど本人に合わせて選ぶ。また、衛生面から洗いやすさも考慮する。

●食器・コップ

食べ物を最後まで残さずスプーン等ですくいやすくするため、皿の縁が一部立ち上がっている食器がある（図7）。また、上肢機能に障害があり箸やスプーンを操作できる可動域が狭い場合は、個別の器より1枚の仕切皿のほうが利用しやすい場合もある。さらに、食器は落としても割れない材質が好まれるが、盛付けや味わいを楽しむ食事としては、陶磁器などを利用するといった配慮も必要である。

高齢者や障害者の食事で忘れられがちなのが水分補給である。1日に適切な水分量を摂取[*1]しないと、便秘や脱水症状などの問題を引き起こす。コップから水を飲むには、首を後ろに傾ける必要がある。首を後傾できない場合はコップだけを傾けても鼻が当たらないよう、反対側がくぼんでいるコップが飲みやすい（図8）。コップが持ちにくい場合は、大きな持ち手を取り付けるなど、持ちやすい形状となるよう工夫する。吸い込むことやコップに口を付けて飲むことができない場合は、スプーンや先の細い容器を利用したり、ノズルに付いたクリップで水量が調節できる容器等を利用する（図9）。

■その他の用具

上肢の筋力が弱く、食べ物を口に運ぶまでに腕を十分に上げることや近づけることができなければ、上肢機能を補助する福祉用具を利用する（図10）。さらに、両上肢を上げることができない場合は、顎で機械を操作して食事を選んで口元まで運ぶといった福祉用具（食事支援ロボット）を利用する方法もある。いずれも、自分の意志で食べる順番や食べるスピード等を選び、食べる喜びを感じることができるよう用具類を工夫する。

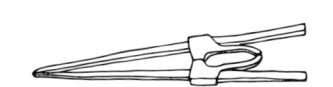

図5 安定した箸

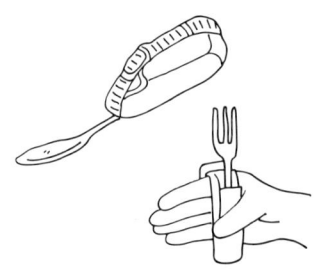

図6 グリップにベルト等が付いたスプーンやフォーク

*1 人間が1日に必要な水分は一般に体重の2～2.5％といわれている

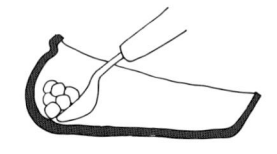

図7 食器類

図8 飲みやすいコップ

図9 水量調節付き容器

図10 上肢機能を補助するスプリングバランサー

12　整容・更衣用具、その他の福祉用具

　身だしなみを整えることは、身体の清潔を保つだけでなく生活のリズムを整え日々の生活を自律的に送るうえで重要な意味を持つ。整容動作には洗顔・歯磨き・整髪・爪切り・耳かき・ひげ剃り等があり、更衣動作にはボタンかけや靴下をはくなどがある。ともに主として上肢および手指の機能を用いて行う。これらを補助する福祉用具は自助具*1という。

＊1　P.72「COLUMN❼」参照

■整容用具

●長柄ブラシ
　主に肩関節や肘関節の可動域に制限があり、手指が頭部まで届かない場合に使用する、柄の部分を長くしたヘアブラシである（図1）。ヘアブラシや櫛を用いた整髪を容易にする。手指の筋力が低下して柄を握りにくい場合は、改良を加え柄を太くする。

図1　長柄ブラシ

●台付き爪切り（固定式爪切り）
　手指の筋力低下や巧緻性の低下により、爪切りの使用が難しい場合に用いる、吸盤付きの安定性が高い台に固定された爪切りである（図2）。手指以外の他の部位を押し付けて操作することも可能である。

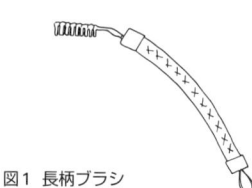

図2　台付き爪切り

●ホルダー付き歯ブラシ
　手指の筋力が低下し、歯ブラシをしっかり握ることが難しい場合に使用する、歯ブラシの柄の部分を握りやすく改良したホルダー付き歯ブラシである（図3）。さまざまな形状のホルダーがあり、使用者の手指の機能に合わせて選択する。また、グリップ部分を自由な角度に曲げる、形状を変えるなどの個別調整が可能な製品もある。

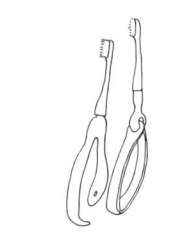

図3　ホルダー付き歯ブラシ

■更衣用具

●ドレッシングエイド
　上肢の可動域に制限がある、関節に痛みがある、片手では動作が難しいなどの場合に衣服の脱ぎ着に用いる（図4）。長柄先端部のフックに衣服を引っ掛けて引き上げる、背面のファスナーを上げ下げする、はきかけの靴下を上げ下げするなどの用途に用いる。衣類を傷つけないように、長柄先端部のフックは、樹脂でコーティングされている。次項で触れるリーチャーの一種である。

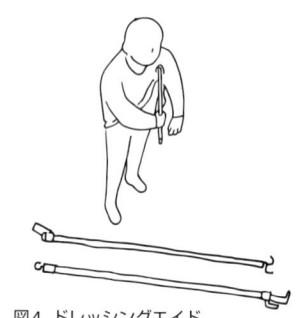

図4　ドレッシングエイド

●ボタンエイド
　手指の機能低下により細かい動作が困難である、片手での動作が難しいといった場合に、ボタンをつまむ、ボタン穴に通す動作を補助する道具である（図5）。ボタンエイドの柄をしっかり握ることが難しい場合には、使用者の機能に合う形状の柄のものを選択する。柄の反対側の端部にフックが取り付けられ、ファスナーエイドと兼用の製品が普及している。

図5　ボタンエイド

●ソックスエイド（靴下エイド・ストッキングエイド）
　股関節や膝関節に痛みがある、上肢の可動域に制限があるなどの理由で前傾姿勢をとりにくく足部に手指が届きにくい場合に、靴下やストッキングの着用を補助する用具である（図6）。筒状に丸めたプラスチック板に靴下を被せて足部のつま先に当て、筒の内側に足部を入れた後に紐を引いて

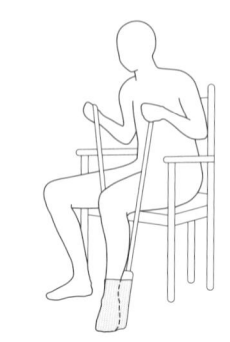

図6　ソックスエイド

プラスチック板を抜き、靴下をはく。ソックスエイドは、紐を引く手指の筋力が低下すると扱いにくくなり、ドレッシングエイドと併用することが多い。

■その他の福祉用具

●リーチャー

関節可動域の制限や関節の痛みが原因で手が届きにくい場合に、物を取る、引き寄せる、押す、引っ掛ける、拾うなどの動作を補助するために用いる棒状の道具の総称である（図7）。長柄の先端部は、物をつかむためのマジックハンド付き、物を引っ掛けるためのフック付き等、さまざまな形状がある。棒状の柄をしっかり握ることが難しい場合には、柄を太くする、ホルダーを取り付けるなどの改良を加えて使用する。

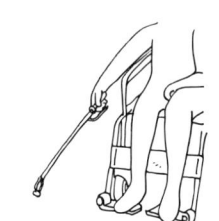

図7 リーチャー

●吸盤手すり

手指機能が低下して、指を小さな取っ手に掛けて戸を開閉する動作が困難な場合に、吸盤を戸のガラス面に吸着させて取り付け、使用する（図8）。この部分を把持する、または手首や前腕を当てて、押したり引いたりすることで、アルミサッシのように重量のある戸の開閉を容易にする。ガラス戸棚の浅い掘り込み等に用いる小型のものもある。

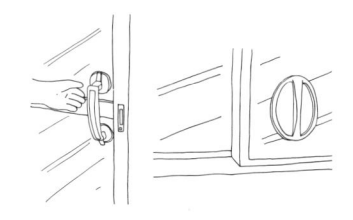

図8 吸盤手すり

●レバーハンドル

手指機能の低下により、ドアノブを把持して手首をひねる動作が困難な場合に、円筒状のドアノブに被せて取り付け、レバーハンドルに改良する用具である（図9）。レバー部分を把持、または手のひらを当てて押し下げる動作で戸の開閉を可能にする。取付け方法は、レバー部分をネジで挟んで固定する、ゴム製の滑り止めを挟むなどがあり、取付け、取外し共に容易である。安価であり、ドアノブの交換が困難な賃貸住宅でも活用できる。

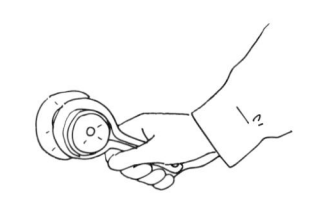

図9 レバーハンドル

●万能ハンドル

手指機能が低下した場合に、対象物に押し当てて、ハンドルを把持して押し回し、対象物を直接つまむことなく回転させる用具である（図10）。対象物に押し当てると細かい突起が対象物の形状に合わせて窪み、密着する。固定せずに手に持って使用し、さまざまな形状の対象物に用いる。水栓金具、ガスのスイッチ、ドアノブ等を小さな力で操作できる。

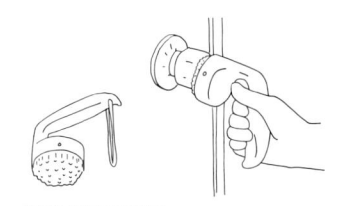

図10 万能ハンドル

■福祉用具を改良するための用具

●装着用ホルダー

手指機能の低下によりものをしっかり握る、持ち続けることが困難な場合に、このホルダーを装着して手指の筋力を使わずに手部で用具を支え持つ。スプーンホルダー、ペンホルダー等が市販されているが、使用者の機能に合わせてホルダーを自作する場合もある。

●カフ

手指の機能が低下して自助具を握る・つかむことが困難な場合に、手のひらに巻いて使用する。装着用ホルダーの一種で、自助具を手部に固定するためのバンドである（図11）。

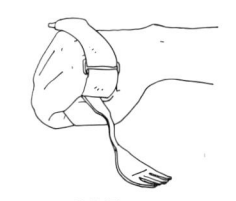

図11 カフの装着例

●太柄用スポンジ

手指の機能が低下して自助具の柄を握りにくい場合に、用具の柄に巻いて太柄にするためや弾力性の持たせるため用いる。筒状スポンジの把持用アタッチメントである（図12）。

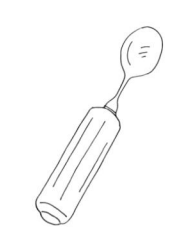

図12 太柄用スポンジの装着例

13　視覚・聴覚障害に関わる福祉用具

　視覚障害とは、視覚による情報収集が困難であり、それによって移動やコミュニケーションに困難を伴う障害である。また、聴覚障害とは、聴覚による情報収集が困難であるために、コミュニケーションに困難を伴う障害である。両者は、いずれも情報獲得に困難さがあることから情報障害として捉えられ、個々の日常生活上の不便・不自由さを解決するために多くの福祉用具が開発され、市販されている。ここでは、その主な福祉用具を紹介する。

■視覚障害[*1]のための福祉用具

　視覚障害のための福祉用具は、移動の困難さを補うことを目的とした移動関連用具、見る・読む・書く・記録する際の困難さを補うコミュニケーション用具、その他の日常生活上の困難さを補う福祉用具に大別される。

(1) 移動関連の福祉用具
●盲人安全杖（白杖：はくじょう）

　全盲およびロービジョン者が歩行の際に使用する杖である（図1）。主な使用目的は、障害物や危険を察知する安全の確保と、歩行に必要な情報の収集、他者への注意喚起（周囲に視覚障害があることを示すために白色であり、その他の杖は白色を使用しない）である。使用方法は、地面をスライドまたは叩いた音で環境情報を得る。身体の位置より先に進行方向の情報を収集するため、長さは1～1.4mである。周囲への注意喚起のみの場合は身体の前方に静止して持つ。収納しやすい折りたたみ式が普及している。

●歩行時間延長信号機用小型送信機

　弱者感応式信号機に電波を発信し、受信した信号機が歩行者用の青信号時間を通常より延長したり、赤信号・青信号の状態を音声案内で知ることができる携帯等の小型送受信機である（図2）。また、施設に設置された音声標識装置から発信される電波を受信すると音声信号で使用者に知らせる。使用者が信号を発信すると音声標識ガイド装置から音声案内が流れる機能も併せ持つ。

(2) コミュニケーション関連の用具
《見る・読むための用具》
●拡大鏡・単眼鏡

　拡大鏡は、近くのものを見るために拡大するルーペである。手持ち式、卓上式、携帯式がある。ライト付きもある。単眼鏡は、遠くを見るために片方の目で使用する筒状の眼鏡で、双眼鏡を単眼用にしたもの。

●遮光眼鏡

　まぶしさ（羞明）を軽減するための医療用の眼鏡である。まぶしさを抑えることで、物体の輪郭がはっきり見え、コントラストが向上する。

●視覚障害者用拡大読書器

　ロービジョン者が文書の文字や画像を拡大して見るための拡大器で、内蔵のビデオカメラで撮影した映像を画面に拡大表示する（図3）。読書に利

[*1] 視覚障害
　視覚障害は、視覚による情報を得ることができないために、生活に困難を生じている状態をいう。盲（全盲）と弱視に分類される。
　盲（全盲）(blindness)：視覚による情報をまったく得ることができない（まったく見えない）状態をいう。
　弱視：ロービジョン（low vision）ともいう。視機能が弱く市販の眼鏡では矯正できない状態をいう。視覚に著しい不自由はあるが、視覚補助具等を用いて視覚情報を活用することができる状態である。
　なお、視覚障害者に対して、正常な視覚を有する人を、晴眼者（せいがんしゃ）という。

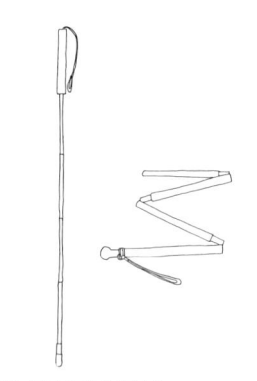

図1　盲人安全杖（白杖）

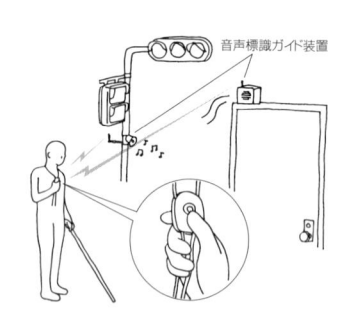

図2　歩行時間延長信号機用小型送信機

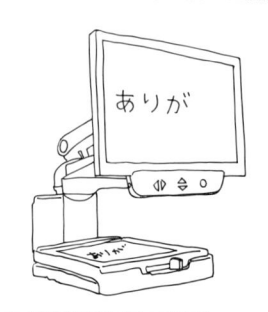

図3　視覚障害者用拡大読書器

用することが多いので拡大読書器とも呼ばれる。携帯用や音声読み上げ機能を併用する機器もある。

● 点字ディスプレイ（点字ピンディスプレイ）

　パーソナルコンピューターの画面に表示された文字情報を点字で表示して指で読めるようにする機器で、機器の平坦な表面に小さなピンを持ち上げて点字の凸面を表示する。

● 罫プレート・タイポスコープ（コントラスト活用補助具）

　罫プレートは文字をまっすぐに揃えて書くために使用するガイドプレートであり、タイポスコープは文書を読む際に読んでいる位置や行の把握が難しい場合に使用する読書用ガイドであるが、両者は兼用が可能である（図4）。黒いプレートを短冊状に切り抜いた枠内に文字を書く、あるいは読む。黒い板は光の反射を抑えるのでまぶしさを軽減することができる。

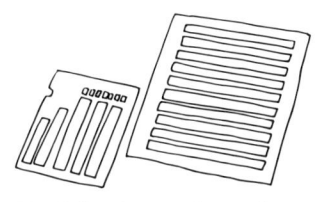

図4　罫プレート・タイポスコープ

● 視覚障害者用音声読上げ装置

　文書の活字情報を音声で読み上げる機器である。

● 携帯電話

　中高年者向けの携帯電話には、大きな文字表示、メニューやメールの音声読上げ機能を備えた機種があり、視覚障害者にも活用されている。

《書く・記録するための用具》

● 点字器

　全盲者が点字を書くために使う道具である（図5）。板（点字盤）、点字定規、点筆の総称で、点字板に点字定規を固定して専用の用紙（点字用紙）を挟み、点筆を押し付けて紙を窪ませ裏側に点を突出させて点字を書く。点字は左端から右端に向かって人差し指の触覚で読むが、点字器で書くときは反対に右端から左端に向かって書く。

図5　点字器

● 点字タイプライター

　点字器より早く点字を書くためのタイプライターである。点字（一文字は6つの点の組合せで表示される）を書くための6つのキーが配置されている。

● 音声ガイド付きICレコーダー

　軽量で音声ガイドによる操作案内の機能がある。携帯してメモ代わりの録音に使用する。

(3) 日常生活に必要なその他の福祉用具

● 触読式腕時計

　蓋を開き、針先と文字盤の目盛りを指で触り、その位置によって時間を確認する時計である。針は、分を示す長針と時を示す短針のみで、秒針はない。文字盤は凸線で表示されている。慣れることでおおむねの時間の確認は可能である。

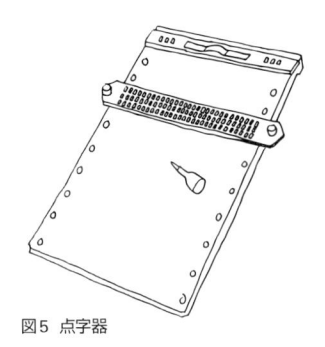

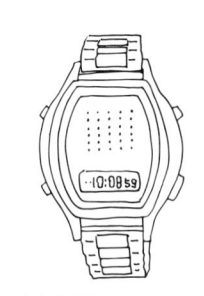

図6　音声腕時計

● 音声腕時計

　ボタン操作で現在時刻を音声で知らせる機能を持つ（図6）。また、音声ガイダンスにより時刻やアラームの設定ができる。雑音が大きい場所では聞き取りにくい。

● 触読式振動時計

　振動で時間を伝える（図7）。3つのボタン操作による1時間単位、10分単位、1分単位の組合せで、正確な現在時間を把握することができる。ポケットにしまい、腕時計の接触による乳幼児のケガを防止することができる。

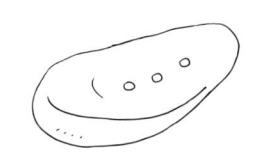

図7　触読式振動時計
3個の突起ボタンを押すと振動で時間を知らせる。各ボタンは1時間単位、10分単位、1分単位を示し、異なる震え方の組合せで時間を表す。

● 電波時計
　標準電波のデジタル信号を受信して、時計に生じる誤差を自動修正し自動的に時刻を合わせる機能を持つ時計。一般に普及している。
● 電磁調理器
　安全性が高い調理器具として電磁調理器は広く普及しているが、視覚障害者向けとして操作部に点字表示があり、調理時間を音声で知らせるなどの機能が備わった機器がある。安全性とともに、利便性が配慮されている。

■聴覚障害[*2]のための福祉用具

　聴覚障害のための福祉用具は、情報収集の困難さを補うことを目的としている。低下した聴力(聞き取る能力)を補助して聞くための用具と、聴力に代えて他の方法で情報収集を行う、または知るための用具に分けられる。聴覚言語障害者向けには、会話を目的として聞く・話す能力を補助する用具もある。

(1) 聞くための用具

　低下した聴力(聞き取る能力)を補うための用具である。
● 補聴器(hearing aid)(制度上は補装具に分類される)
　低下した聴力を補助する音の増幅器である(図8)。補聴器の機構は、マイクロフォン、アンプ、レシーバーで構成され、補聴器専用空気電池を電源とする。音を増幅するだけでなく、騒音の中で言葉を聞き取りやすくする機能、耳を傷める大音量の出力を防止する出力制限、聞き取りにくい周波数に合わせる調整機能等が搭載され、使用者の聴力に合わせて調整できる。耳の中に装着し目立ちにくい耳あな形がもっとも普及している。その他に耳かけ形、ポケット形(本体は衣服のポケットに入れイヤホーンとコードをつないで使用)等がある。
　補聴器は両耳に装着することにより、騒音の中でも会話が聞き取りやすい、音の方向がわかりやすい、より自然に聞こえる、疲れにくい等の効果を得ることができる。また、聴力の低下が原因となって次第に話題に疎くなり、会話に参加しにくくなる、積極性が失われる等の影響が心配されるが、補聴器の活用はこれらの予防にも役立つ。
　集音器・助聴器は、補聴器と同様に聴力を補う音の増幅器であるが、使用者に合わせた調整機能がない製品をいい、一般の電気店で購入できる。
● 福祉電話
　音量調整機能の他に、会話の速度を聞きやすくゆっくりした速さに変換する機能、補聴器装着時に発生しやすいハウリングや周囲の雑音による影響を避けて磁気を用いて明瞭な音を聞き取る機能、耳の周囲の骨に受話器を当てて骨の振動で音声を伝える骨伝導機能、等の機能を備えた電話機である。
● 磁気ループシステム(磁気誘導システム、誘導ループシステム)
　磁気ループシステムとは、微弱な磁界を利用した補聴システムである。ループケーブルで囲った空間の中で、音声信号を磁気に変えて広げ、T-コイル(テレホンコイルやテレコイルともいう)を内蔵した補聴器や受信機で受信すると、音声として直接伝達する装置である。音響装置からの音声を雑音に邪魔されることなく鮮明に聞くことができる。主に会議室や講堂等

[*2] 聴覚障害(医学的には難聴)
　聴覚障害は、聴覚に障害があり音を聞き取ること(聴力)が不自由なために、生活に困難が生じている状態をいう。補聴器により不自由なく会話できる軽度難聴から、わずかな音しか聞こえない高度難聴までさまざまである。
　音声言語を習得する前に聴力を失った最重度難聴者は手話を第一言語としている場合が多い。
　中途失聴は、音声言語を習得した後に聴力を失った状態で、ほとんどの人は話すことができる。
　老人性難聴は、加齢が原因の難聴で、聴覚障害者に占める割合はもっとも多い。
　聴覚言語障害は、聴覚障害により発声の機能が発達せず言語障害が生じた、障害が相互に関係する状態をいう。
　なお、聴覚障がい者に対して、正常な聴覚を有する人を、健聴者(けんちょうしゃ)という。

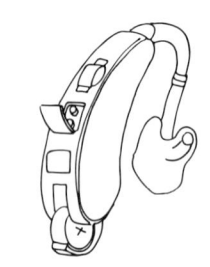

図8　耳かけ形補聴器

で使用されるが、家庭内の会話、テレビ、オーディオ、携帯電話等の音声の伝達も可能である。携帯用の装置もある。

(2) 知る・知らせるための用具
聴力に代えて、他の方法で知るまたは知らせるための用具である。

●聴覚障害者用室内信号装置

音、音声等を視覚、触覚等を用いて知らせる装置である（図9）。送信器の無線信号を受診器が受信すると、フラッシュライトの光、振動、表示ランプ、文字等により知らせる。使用例としては、来客（玄関インターホン音）、赤ちゃんの泣き声、電話の着信、別室の家族からの呼出し等がある。

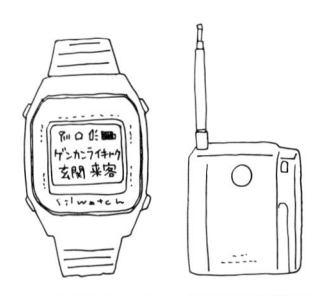

図9 聴覚障害者用室内信号装置（送信機と腕時計型受信器）

●振動時計・振動目覚まし時計

聴覚障害者用室内信号装置の一種で、あらかじめ設定した時間になると強い振動で知らせる機能を持つ時計である。腕に装着して腕時計として使用できるものや、枕の下や布団とシーツの間にセットして強力な振動により知らせる目覚まし時計等がある（図10）。

●聴覚障害者用通信装置

一般の固定電話に接続して、音声に代わる方法で通信を可能にする機能を持つ。使用例としてはFAXによる筆談、テレビ電話による手話等が該当する。

図10 振動目覚まし時計

●聴覚障害者用情報受信装置

テレビ番組の文字放送・手話通訳映像を受信する装置である。字幕および手話通訳付きの聴覚障害者用番組や、多重放送（例：二か国語放送）の技術を応用して音声に字幕および手話通訳の映像を合成した画像を画面に出力する機能を持つ。また、火災時に地域別の聴覚障害者向け緊急信号を受信して光警報機で知らせる機能がある。

●火災警報発信器・火災警報器（火災警報システム）

室内の火災または煙を感知し、無線信号を発信して室内にある受信器に火災発生を連絡、受信器はフラッシュライトの光や振動により火災を知らせる装置である。

(3) 会話のための用具
聴覚言語障害者が行う、発話や文字による情報伝達を補助する用具である。

●携帯用会話補助装置

合成音声や録音音声によって、相手に言葉を伝えコミュニケーションを補助する装置である（図11）。文字盤にある文字を押すキーボード操作により文章を作成して合成音声で伝える機器と、あらかじめ録音した音声や文章を、文字盤のシンボルやキーを押して再生する、または文字表記する機器がある。機種によっては数十件のメッセージを録音できる。

図11 携帯用会話補助装置

COLUMN ❼　自助具（Self-help device）

　上肢・手指の機能障害による関節可動域に制限があり、物に手が届きにくい、まひや筋力低下により物を持ちにくい、片手では動作が難しい、細かい動作のコントロールが難しい、などの困難動作を補うために用いて、自立を助けるために特別に工夫された道具を自助具という。食事、整容、更衣、入浴、排泄、調理、掃除、趣味活動などさまざまな生活場面において活用される、もっとも身近な福祉用具である。

　自助具は市販されているが、使用者の手指の機能に合わせて個別に調整を行う、市販品をさらに改良する、調整で対応できなければ新たに製作する、などの対応もしばしば行われている。施設や病院では作業療法士に製作を依頼することができるが、他に、福祉機器展示場に併設された自助具製作室に依頼する、全国の自助具製作ボランティアグループに依頼するといった方法がある。

COLUMN ❽　視覚・聴覚障害者と情報アクセシビリティ

　人間はさまざまな情報を視覚と聴覚を通じて取得している。したがって、視覚や聴覚に障害がある人は、情報を取得する困難を伴うことから、しばしば「情報障害者」と呼ばれる。一方で、現代社会は情報通信技術（ICT：Information and Communication Technologies）を抜きに語ることはできない。情報通信技術の普及により、インターネットに代表される従来なかったサービスが誕生・普及して、現在の日常生活では電子化された情報を取得・共有・発信するコンピューター（以下、PC）の活用は不可欠である。

　このように考えると、PCによる情報通信技術が情報障害者にもユニバーサルな環境のもとで自由に活用できるように開発することが必要不可欠であり、また、これまで独自に情報障害者向けに製作されてきた機器の使用方法や利用範囲が飛躍的に広がったり、さらに、障害者向けとして使用されていた製品が広く多くの市民に活用されるなど、商品をユニバーサルデザイン化する新たな時代を迎えている。以下、障害別に解説する。

■視覚障害者に対する情報アクセシビリティ

　視覚障害者は、PC操作の基本である画面に表示された情報を見ることや、マウス操作に代表される画面表示を操作することが困難であるが、現在は、PCのOSソフト標準機能の拡充と、ソフトウエアの開発により解決が図られている。

　これは、一般ユーザーを対象として利便性の向上を目的に開発された機能が視覚障害者のPC活用にも貢献した結果である。画面の拡大、文字やアイコン等の大きさ、マウスポインターの見やすさ、色の工夫等のような、一般ユーザーが画面を見やすくするための補助機能は、弱視者の画面表示の読取りを可能にした。この機能を補強するロービジョン用ソフトの開発により、弱視者の画面表示読み取りの利便性は著しく向上している。PC画面の音声読上げソフトの活用により、電子化された文章は音声に変換され、情報検索も容易になり、全盲者が入手する情報量は飛躍的に増大している。

　PDFファイル形式による文書保存の標準化とPDFファイル表示ソフトの無料配布や一般的普及によって、さらに情報取得の利便性は向上し、音声読上げソフトと組み合わせて閲覧できる書籍が増加している。点字への変換も容易になった。

　文字の入力操作についても、パソコンOSソフトの標準機能である音声入力機能（音声認識機能）は、キーボード操作による入力の代替機能となる。点字タイプライターの文字入力方式をキーボード操作で可能にするソフトウエアの活用は、文字入力を容易にしている。

　視覚障害者がPCを活用するには、ある程度の操作技術の習熟を必要とするが、PCの活用は情報アクセシビリティの保障に大きく貢献している。

■聴覚障害者に対する情報アクセシビリティ

　情報通信技術は、聴覚障害者の日常生活に不可欠なコミュニケーション手段となっている。特に携帯電話、スマートフォンやタブレット型端末機器の普及は、外出先でリアルタイムでの文字通信を可能にした。

　インターネットのメール機能やSNSの活用は、FAXでは困難であった複数名への同時送信や会話、手話では難しい健聴者との会話等を可能にし、多様なコミュニケーション形態を実現させている。テレビ電話を使用した遠隔地同士での手話による会話も可能である。さまざまなコミュニケーション方法の獲得と会話の自由度の向上は、他者と意思疎通を図るうえでのバリアを解消し、聴覚障害者の社会参加を支援している。

　インターネットの活用により生活における利便性も向上している。自宅での買い物が可能になり、インターネットやメールによる注文や問合せが容易になった。

　また、緊急時に音声以外の方法で警察への緊急通報も可能になった。警察のホームページ（Webサイト）から、警察本部の通信指令室にメールを送信することで、警察や緊急車両の出動を求めることができる。災害発生時には家族との安否確認にも有効である。

3章 生活行為から考える

本章は、2章および4章とともに、本書の中核をなす部分である。
一般に、設計を行うときには各室間のつながりと、各室内でどのような生活行為が行われるかを想定して詳細に検討する。本章では、この生活行為を基本とした構成で組み立てられている。その理由は、生活行為の一つひとつが高齢者や障害者の心身機能の低下によって異なり、また障害の程度によっても大きく異なっているからであり、このことについては正しい基本的な知識を持たなければ（すなわち、生活行為そのものについてしっかりと把握しなければ）いっさいの設計はできないはずだからである。したがって、本章では、行為そのものの理解を容易にできるようまとめた。生活行為は、「移動する」「排泄する」「入浴する」「掃除・洗濯する」「調理する」「食べる」「寝る」などの基本行為に加え、「生活を楽しむ」「庭に出る、庭を楽しむ」「外出する」の行為についても記述する。

総論　　生活行為を考える

　医学的リハビリテーションの世界では、人が住宅内で日常的に行っている、食事・排泄・更衣・整容（洗面・歯磨き・整髪）・入浴・移動などの基本的な生活活動を「日常生活動作」[*1]としてとらえ、心身に障害のある人々を再び社会生活に戻すための手段として、これらの評価・訓練・技術向上を図ることをリハビリテーションの目的の一つにしている。

　一方、国においても、加齢等により日常生活動作を遂行するための身体機能が低下した高齢者などに対し、起居や歩行をはじめとした日常生活動作や社会参加等の生活行為を改善することに焦点を当てたリハビリテーション等に重点的に取り組むことが重要、との認識を示し、施策を展開している。

　これらを踏まえ、本章では、住宅内で行われる日常生活動作を住環境の面からとらえ、生活活動動作を行うときの状況に適した住環境整備の基本的な考え方を述べる。

*1　日常生活動作は、ADL（Activity of Dairy Living）と称されている。これに対して、日常生活動作動作より複雑な家事動作などは、手段的日常生活動作（IADL）と呼ばれる。

■住宅内での生活活動

　住宅内で行われている日常生活は、起居、整容、排泄、摂食、掃除・洗濯、読書、団らん、テレビ鑑賞、庭いじり、入浴、就寝など、実に多種多様の生活活動から成り立っている。細かく見れば、さらに多くの生活活動が挙げられよう。また、一個人の行う日常的な生活活動の内容、その順番、方法および活動に要する所要時間は、日が異なってもある程度同じように繰り返されるが、別個人となると異なる生活活動が展開され、内容、活動順序、方法も所要時間も異なってくる。このように、個人個人の生活活動の内容は異なっているが、大きな目で見れば、住宅内で行われる生活活動は、ある程度の内容は整理ができよう。具体的には　以下のようになる。

・身の周りの生活活動……起居、更衣、整容（洗顔・歯磨き・整髪）、入浴、排泄、摂食、就寝
・生活維持のための生活活動……調理、清掃・掃除、洗濯、子育て、買い物
・仕事などの生活活動……PC操作、執筆、外出（徒歩、自動車運転、バス・電車利用）、畑仕事
・趣味活動・余暇活動……団らん、読書、庭いじり、新聞・テレビ、散歩、宗教活動、友人との付合い、動物の世話、教室・催し参加、旅行
・地域とかかわる社会活動……ボランティア活動、住民活動、行事参加、外出（徒歩・自転車・自動車・バス・電車）

■生活活動と高齢者・障害者

　このような日常生活活動は、住宅内で、また地域社会で一人の人間として生活していく以上、障害のない人々と同じような生活を営むことができることを保証していくことが基本となる。ということは、高齢者や障害者であっても、障害のない人と同じようにすべての生活内容が実現できるような環境整備を行うことが基本となる。

　ただし、ここに挙げた生活活動であっても、個人によって「する、しない」

ということがある。例えば、現在の高齢男性、特に配偶者が健在であれば「調理はしない」「買い物はしない」場合が多いと思われるし、しないとわかっている生活活動を考慮して住環境整備をする必要もない。しかし、「できる」「できない」といった視点でとらえると、状況が異なってくる。「できる」場合には何ら問題はないが、ある生活活動を「する必要があるのにできない」「したいができない」のは、個人の生活活動を制約し、個人の生活活動の自由を奪っていることになる。このような状況は改善しなければならない。

本書は「**する必要があるのにできない**」「**したくてもできない**」ことに住環境上の理由があれば、これを少しでも改善していくべき、と考えている。そこで、すべての生活活動に関連する「**移動**」、生命維持のためには欠かせない「**摂食**」「**排泄**」をはじめ、身体の清潔を保つための「**入浴**」、生活を維持するために必要な「**調理**」「**掃除・洗濯**」、生活に潤いをもたらす「**生活を楽しむ**（余暇・趣味活動）」「**庭を楽しむ**」、および社会参加に必要な「**外出**」に焦点を当て、これらに必要な住環境整備上の配慮点を整理し、併せて生活活動に必要な福祉用具との関連や住宅設備との関連についても理解できるように努めている。

■生活行為と生活動作

最後に、用語の使い方に若干触れておきたい。

これまで、住宅内で行われている生活内容を「生活活動」と称してきたが、内容をより正確に理解しやすくするために、本書ではこれを「生活行為」と「生活動作」（単に行為、動作と表記していることが多い）とを使い分けて記述していくこととする。すなわち、「生活行為」とは、「明らかな目的観念または動機を指し、思慮・選択・決心を経て意識的に行われる意思活動動作」（広辞苑）を指し、具体的には「調理する」「入浴する」「排泄する」「就寝する」といったようにある目的を持つ生活活動と捉える。これに対して、「生活動作」とは、「ことを行おうとして身体を動かすこと。また、その動き。たちふるまい。動き」（同広辞苑）としている。具体的には、「入浴する」という行為は、「浴室の扉を開ける」（脱衣する）「浴室内を移動する」「浴室内のいすに腰掛ける」「洗体する」「洗髪する」「浴槽をまたぐ」「体をふく」という動作から組み立てられている、と本書は整理している。ただし、この考え方に沿えば、また、「移動する」という活動内容は特定目的を持っているとはいえないが、すべての行為に関連する基本的、共通かつ重要な項目であるので本書では「生活行為」のなかに含めている。

1　移動する

　歩行は、日常生活のすべての行為で求められる基本行為である。歩行の安定は自立生活の基本であり、不安定であればさまざまな方法で安定を図る必要がある。介助であっても歩行が維持できれば、さまざまな行為を継続することができる。また、車いすによる移動も同様であり、車いすの移動に適した環境や移動空間を確保できれば、行為の自立を図ることができる。移動への理解はすべての生活行為の理解につながる。

■歩行する

　加齢に伴い歩行能力が低下する、または疾病による歩行障害が生じると、伝い歩き、介助歩行、杖歩行、歩行器、装具の装着[*1]等、さまざまな歩行形態をとるようになる。いずれの方法であっても、歩行を安定させ転倒を予防することが重要である。

[*1] P.32、2章「1 杖」、P.34「2 歩行器・歩行車・シルバーカー」参照

●平坦な床を歩行する

　成人の正常な歩行では、両足の歩幅、歩行速度はそろっているが、高齢者の歩行では、歩幅はそろっていても、前傾姿勢が強くなり上半身の前後方向の動揺（揺れ）が大きくなる。また、筋力の低下により歩幅は小さくなりやすく、歩行速度は低下する。

　これに対して、身体に障害がある場合や、左右どちらかの足にまひや関節の変形、痛みが生じた状態では、歩行パターンは崩れる。制御できないほどに崩れた状態を異常歩行といい、代表例として片まひ者の歩行がある。このような時には杖や手すりの使用により、下肢にかかる荷重を軽減（免荷）させることで、安定性を高める。

●段差を昇降する

　段差の昇降は、昇降動作の工夫によって安定性の向上を図る。段差を上がるときには健足（痛みや障害のない側の足）から上がり、下るときには、先に患足（痛みや障害のある側の足）から下り、後から健足を下ろす。これは、段差の昇降動作では上段にある足が体重を支える役割を多く担うため、昇段・降段ともに常に健足を上段に位置させるためである。杖歩行、伝い歩き、介助歩行の場合や、連続する段差や階段でも同様である。

●多脚杖・歩行器を使用してミニスロープを通行する

　屋内の小さな段差は歩行の安定性を大きく損なう。この解消方法として、ミニスロープの取付けが手軽であるが、多脚杖や歩行器を使用する場合には慎重な歩行を心がける。

　ミニスロープが進行方向の正面にある場合（ミニスロープに対して直角方向からアプローチする場合）には、多脚杖（ここでは四点杖を想定）の前方脚部と後方脚部はそれぞれ傾斜面上で同一の高さにあり、垂直方向に体重をかけても比較的安定しやすい（図1①）が、スロープが進行方向の斜め前方にある場合、例えば廊下の進行方向に対して側面の部屋の出入口の場合には、多脚杖の脚部をミニスロープに対して斜め方向から載せるため、脚部はすべて異なる角度と高さで傾斜面に接地する（図1②）ことになり、多脚杖は非常に不安定な状態となる。その結果、グリップを握って垂直方向に荷重をかけると対象者は転倒しやすい。多脚杖歩行の安全性は歩行の

①杖の進行方向とミニスロープの傾斜方向が一致する場合

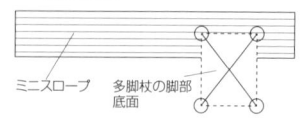

②杖の進行方向とミニスロープの傾斜方向が一致しない場合

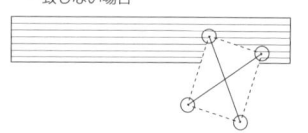

図1　杖の進行方向とミニスロープの傾斜方向

進行方向と出入口の位置関係によって変化するので、ミニスロープは環境条件との適合性に注意して用いる必要がある。歩行器でもほぼ同様の現象が起きやすい。

● **階段を昇降する**

　階段昇降動作が安定していれば、各段に片足ずつ載せて一段一段昇降する（一足一段）。昇降動作が不安定な場合には、安定性を高めるために階段を一段上がるたび、または一段下がるたびに、各段で両足をそろえる（二足一段）。段数が少ない階段では、階段を下りる時にも上がるときと同じ方向を向いて、手すりを使用して、後ろ向きに下りる場合がある。

■ 車いすで移動する

　車いすはさまざまな形状・用途・機能を有する[*2]が、ここではもっとも標準的な形状と移動方法について、基準寸法とされる自走用車いすと介助用車いすを想定して解説する。

*2 P.36、2章「3　車いす」参照。

(1) 自走用車いす

　ここでは、自走用車いすの標準的外形寸法として、以下の寸法を用いる。
　　全幅　620〜650mm　　全長　1,000〜1,100mm

● **駆動方法**

　自走用車いすの駆動方法は、駆動輪（後輪）に装着されたハンドリムを回転させて駆動する。左右の駆動輪に等しい力を与えて同一方向に回転させると直進または後進する。また、左右の駆動輪を逆方向に回転させると車いすは回転する。

　なお、左右の駆動輪を同一方向に回転させる場合であっても左右の回転速度に極端な差が生じた場合には車いすは回転する。

● **通過幅員**

　車いすを前進させて、部屋の出入口を通過する場合に必要な幅員の標準的な寸法は、約800mmとなる（**図2**）。

```
自走用車いすの通過幅員＝車いすの全幅＋駆動操作に必要な肘の突出し幅
　　　　　　　　　　　＝620〜650mm＋150mm
　　　　　　　　　　　＝770〜800mm
```

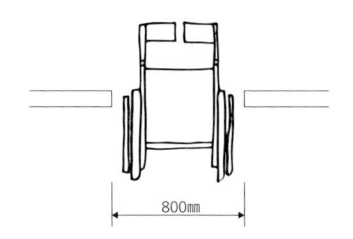

図2　車いすの通過に必要な最小幅員

● **通行幅員**

　車いすを前進させて、一定の距離を直進で通行する場合に必要な幅員の標準的な寸法は、通過の必要幅員に車いすの蛇行幅を加えた、約900mmとなる（**図3**）。

```
自走用車いすの通行幅員＝車いすの全幅＋駆動操作に必要な肘の突出し幅
　　　　　　　　　　　＋蛇行幅（振れ幅）
　　　　　　　　　　　＝620〜650mm＋150mm＋100mm
　　　　　　　　　　　＝870〜900mm
```

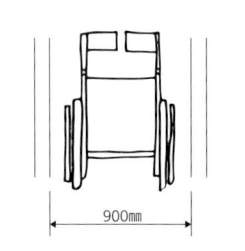

図3　車いすの通行に必要な最小幅員

●回転スペース

車いすの回転スペースを考える場合には、円の中心位置を考える。

●1回転に必要なスペース（室内での1回転）

車いすを最小スペースで1回転させるには、車いすを停止させた状態で左右の駆動輪を逆方向に回転させる。駆動輪に与える力を同一にすると、回転円の中心は左右の駆動輪の中心間を結ぶ車軸の中央となる。また、この回転円の半径は、円の中心からもっとも遠い位置にある部位（フットサポート外側フレームの先端）までの距離であり、650～700mm程度となる（図4）。

なお、実際には円の中心位置は微小の移動を伴い一定位置に定まらない場合が多く、回転円の半径は中心位置の移動（ずれ幅）を加えて考える。

図4 車いすの回転半径（右回りの場合）
●：駆動輪車軸の中心は回転円の中心

```
車いすの回転半径①＝駆動輪の車軸中央（円の中心）から、フットサポート
                外側フレーム先端までの距離＋円の中心がずれる距離
            ＝650～700mm＋50mm程度
            ＝700～750mm
                ※車いすの1回転に必要な円の直径＝1,400～1,500mm
```

●移動場面を想定した回転に必要なスペース

車いすの移動で実用的に回転が必要な場面として、通路の曲がり角や通路に面する部屋の入口を通行する場合が想定される。この場面で行われる回転（方向転換）では、回転円の中心は駆動輪の中心位置となる。

片側の駆動輪を停止させた状態で、もう一方の駆動輪を前進させると車いすは回転する。この回転円の半径は、駆動輪の中心すなわち円の中心からもっとも遠い位置にある部位（外周側のフットサポート外側フレームの先端）までの距離であり、700～750mm程度となる（図5）。

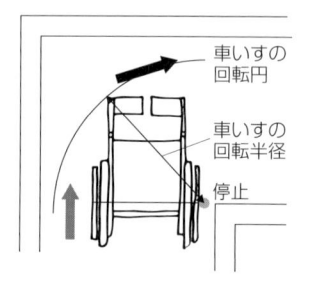

図5 車いすを直角に方向転換する場合の回転半径（右回りの場合）

なお、実際には、円の中心となる駆動輪を完全に停止させて車いすを回転させても、円の中心はわずかに前進しながら回転する。また、駆動輪外側のハンドリムが壁面に接触する恐れがあるので、方向転換に必要な円の半径に50～100mmを加えた長さで円の半径を考える。車いす使用者の操作能力が低い場合には、200mmを超える場合もあり、回転円の半径はさらに大きくなる。さらに、外周側のフットサポートに載せた足部のつま先が壁面、戸枠や扉に当たりやすく、けがをする恐れがあるので、安全性を考慮して余裕を持ったスペースとする。したがって、車いすが直角に方向転換して通行可能な通路の幅員は850mm以上となる（図6）。

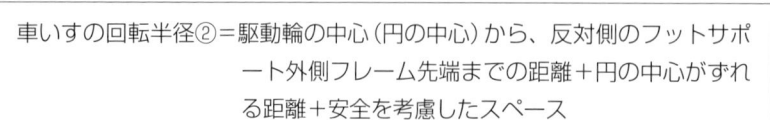

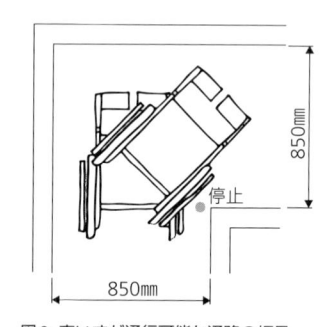

図6 車いすが通行可能な通路の幅員

```
車いすの回転半径②＝駆動輪の中心（円の中心）から、反対側のフットサポ
                ート外側フレーム先端までの距離＋円の中心がずれ
                る距離＋安全を考慮したスペース
            ＝700～750mm＋50～100mm＋100mm
            ＝850～950mm
                ※車いすの1回転に必要な円の直径＝1,700～1,900mm（2,000mmを
                 超える場合もある）
```

●スロープの昇降

高低差が大きい段差の通行にはスロープ[*3]を用いる。スロープ勾配1/12は最低基準であり、これを超える急勾配のスロープでは上肢にかかる負荷

*3 P.122、4章「1　床を仕上げる」参照

が大きく、操作能力や耐久性が低い場合には車いすが落下する危険性がある。なお、屋外ではより緩やかな勾配1/15が推奨されている。

スロープの勾配＝高低差（段差の高さ）／設置されるスロープ水平投影距離
　　　　　　　（水平長さ）
　　　　　　＝1／高低差を1と表現した場合のスロープ水平距離
　　　　　　＝1／12
※屋外ではさらに緩やかな勾配　1／15が推奨されている

ただし、住宅内の30〜50mm程度の段差の場合で、対象者の車いす操作能力が高い場合には、勾配を緩和して水平距離が短いスロープの活用を考えてよい[*4]。

なお、車いす前輪と駆動輪の床面接地間距離は約450〜500mmであるが、スロープの長さがこれを超えると車いすは前輪・駆動輪すべてが傾斜面上に位置する瞬間が生じる（図7）。このとき、スロープ上でハンドリムから手を離すと、車いすは後退するので、傾斜面で他の作業を行うことは困難である。例えば、玄関の上がり框部分の段差解消用に土間奥行きの全体をスロープにして、スロープ上で玄関扉の開閉を行うことはできない。

●段差の昇降

車いすは前輪（キャスター）の径は小さく駆動輪の径は大きいので、段差の大きさによっては、前輪では通行困難であっても駆動輪であれば通行が可能な場合がある。

脊髄損傷による両下肢まひ者のように、車いすを使用するが体幹が安定し高い操作能力とバランス能力を有する場合は、両上肢のハンドリム操作と重心の後方への移動により、前輪（キャスター）を浮かせた状態で車いすを前進させ、前輪を段差の上部に載せて駆動輪のみを段差に当てて通行する（乗り越える）ことができる（図8）。段差を下るときは、後ろ向きで駆動輪から段差を降りる。乗り越え可能な高さは100mm程度までである。

(2) 介助用車いす

ここでは、介助用車いすの標準的外形寸法として、以下の寸法を用いる。
全幅　550〜580mm　　全長　950〜1,000mm

●駆動方法、通過幅員・通行幅員

介助用車いすの駆動は、介助者が後方から車いすの握り（グリップ）を操作して行う。通過幅員・通行幅員の必要寸法は、どちらも介助用車いす全幅にゆとり幅を加えた、約700mmである（図9）。

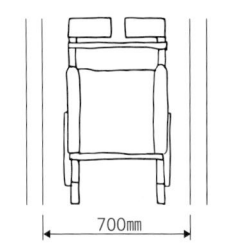

介助用車いすの通過幅員・通行幅員＝介助用車いすの全幅＋ゆとり幅
　　　　　　　　　　　　　　　　＝550〜580mm＋100mm
　　　　　　　　　　　　　　　　＝650〜690mm
---

*4　スロープ勾配は1/12を最低基準とするが、段差50mmに対してこの基準を適用すると水平距離600mmのスロープ設置が必要になり、屋内通路では通行の妨げになりやすい。

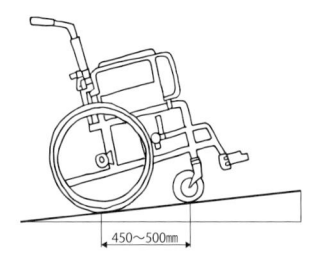

図7　車いすの車輪接地間距離とスロープ長の関係

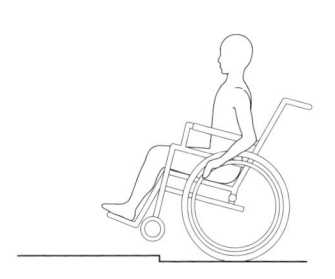

図8　車いすのキャスター上げ動作と段差の乗越え

図9　介助用車いすの通過幅員・通行幅員

●回転スペース

　介助用車いすの回転スペースは、自走用車いすの場合と同様に考えてよい。1回転の半径、直角方向への方向転換に用いる円の半径は、どちらも自走用車いすの回転半径に準じる。ただし、最小寸法でよい。

```
介助用車いすの回転半径①＝後輪の車軸中央（円の中心）から、フットサポ
　　　　　　　　　　　　ート外側フレーム先端までの距離
　　　　　　　　　　　＝650mm
介助用車いすの回転半径②＝停止させた駆動輪の中心（円の中心）から、反
　　　　　　　　　　　　対側のフットサポート外側フレーム先端まで
　　　　　　　　　　　　の距離
　　　　　　　　　　　＝700mm
　　　　　　　　　※介助用車いすの1回転に必要な円の直径＝①の場合1,300
　　　　　　　　　　mm、②の場合1,400mm
```

　また、介助者の操作能力が高い場合には、介助者が車いすのグリップを持ち上げて後輪を浮かし、前輪（キャスター）のみで回転させる方法を用いて、狭いスペースであっても方向転換を行うことが可能である。

●スロープの昇降・段差の昇降

　スロープ勾配の目安は自走用車いすと同様に、1/12である。ただし、介助者の操作能力が高い場合には、これを超える急な勾配であっても昇降は可能である。ただし、勾配が急なスロープでは安全性の高い介助方法を工夫する。具体的には、スロープを降りるときでも車いすの向きを、上がるときと同じ向きにして、介助者が後ずさりしながらスロープを下る。この方法であれば車いすは介助者より常に高い位置にあり、万一後退しても介助者が受け止めることができる。

　住宅内の30～50mm程度の段差の場合には、ミニスロープ（屋内用スロープ）を設置し、介助者が車いすの転倒防止バー（ティッピングレバー）を踏みキャスター上げを行うことで段差の昇降は可能となる。

（3）片手片足駆動による車いす移動

　片手片足駆動は、脳血管障害による片まひ者が用いる車いす駆動方法である。ここでは、片手片足駆動に用いる車いすの標準的外形寸法として、まひ側（まひがある側の半身、患側（かんそく）ともいう）の駆動輪からハンドリムを外した形状を想定し、以下の寸法を用いる。

　　全幅　580～610mm　　全長　1,000～1,100mm

●駆動方法

　車いす操作は健側（けんそく）の上肢と下肢を用いて行う。健側下肢を床面に下ろし、足部で床を蹴って車いすを前進させる。また床を蹴る方向により車いすの進行方向を調整する（図10）。健側上肢はハンドリムを操作して車いすの進行を補助する。バックサポートから体幹を起こして前傾姿勢をとると床面を蹴りやすくなる。健側である半身だけで駆動するので、蛇行による振れ幅が生じやすい。

　また、健足下肢で床面を蹴りやすくするために、座シートが低い車いすを使用し、健側のレッグサポートを取り外す。片まひ者の車いす移動では、

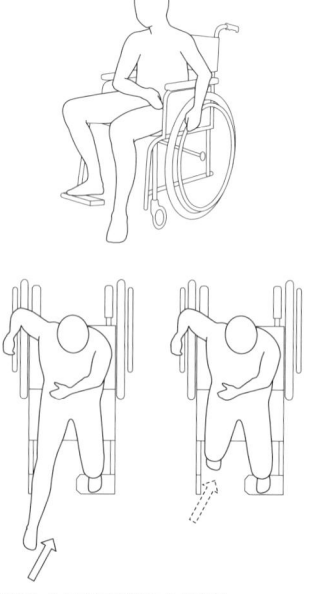

図10　片手片足駆動による移動

床材の適否が駆動効率に影響を与える。
●通過幅員
　車いすを前進させて、部屋の出入口を通過する場合に必要な幅員の標準寸法は、約700mmとなる。

```
片手片足駆動用車いすの通過幅員＝車いすの全幅＋駆動操作に必要な肘の
                                   突出し幅
                           ＝580〜610mm＋100mm
                           ＝680〜710mm
```

●通行幅員
　車いすを前進させて、一定の距離を直進で通行する場合に必要な幅員の最小寸法は、通過の必要幅員に車いすの蛇行幅を加えた、約850mmとなる。

```
片手片足駆動用車いすの通行幅員＝車いすの全幅＋駆動操作に必要な肘の
                                   突出し幅＋蛇行幅（振れ幅）
                           ＝580〜610mm＋100mm＋150mm
                           ＝830〜860mm
```

●回転スペース
　健側方向への回転と、まひ側方向への回転では、回転円の大きさは異なる。まひ側の駆動輪の中心位置を円の中心として回転する場合には、健側のフットサポートは外されており半径は小さく、円の中心位置が動かないようにまひ側の駆動輪にブレーキをかけて回ると回転円は最小となる。これは、自走用車いすで通路の曲がり角や通路側面に位置する部屋の出入口で用いられる回転円に準じたスペースである。
　これに対して、健側の駆動輪の中心位置を円の中心として回転する場合には、もっとも遠い部位であるフットサポート外側フレームまでの距離が円の半径となる（図11）。しかし、円の中心を停止させることは難しく、中心位置も前進しながら円を描く。駆動能力の個人差が大きく、回転円の大きさの目安を示すことは難しい。

●スロープの昇降・段差の昇降
　片手片足駆動時の身体の重心は駆動操作を行う健側半身に偏りやすいので、操作能力にかかわらず傾斜面で直進は難しい。実際には重心の偏りにより車いすは不安定な状態になり、回転して後退しやすい。屋内の小さな段差に取り付けるミニスロープの場合にも、同様の現象が生じるので、段差の昇降は困難である。段差は撤去して床面高さを揃える必要がある。

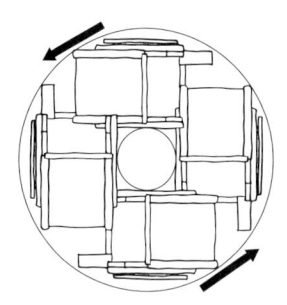

まひ側の駆動輪を
円の中心にした場合（左回り）

健側の駆動輪を
円の中心にした場合（右回り）

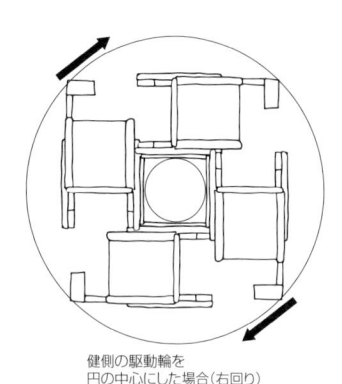

図11　片手片足駆動による回転円

2　排泄する

　排泄環境を検討するには、対象者がどのような動作を行うのか、どのような介助を必要とするのか、また、介助者はどのように介助するのかを理解することから始まる。しかし、排泄行為を実際に目にする機会は限られるので、これを補うために、対象者や介助者に動作や介助方法を確認し、OT・PT等の専門的な意見を聞きながら検討を重ね、排泄環境を整備する。ここでは、排泄行為の留意点を解説する。特に便器への移乗動作とトイレスペースや機器の配置への理解を深めることで、対象者や介助者との相談を有効に進めるとともに設計に反映することができる。なお、ベッド上で行う排泄についてはここではふれない。

■便器へのアプローチと移乗動作

●自立歩行・介助歩行の場合

　歩行が可能な場合には、徒歩にて便器に近づき、便器前で身体を回転させて向きを変える。身体の回転が不安定、あるいは困難な場合には、手すりや介助によって安定を図る。次に立位を保持しながらズボンや下着を下げるが、前傾姿勢をとるとバランスを崩しやすく、脱衣・着衣動作に介助が必要になりやすい。また、便器への着座動作もバランスを崩しやすいので、手すりで補えない場合は、介助者が手を添える。

　なお、片まひ者の場合には、身体を回転させるときには原則として健側を先に動かして回転する。具体的には、右片まひ者は健側の左半身を前進させて右回り（時計回り）に、左片まひ者は健側の右半身を前進させて左回り（反時計回り）に回転することが多い。これらを考慮して、便器の配置と出入口の位置、歩行用の手すりの取付け位置の関係に留意する。便器に直角方向から近づく場合であっても、得手とする回転の向きから便器に近づくことができれば身体を90度回転させるだけでよいが、逆であれば270度回転しなければならない。このように、歩行が可能であっても、便器の向きと身体を回転させる向き、歩行用手すりの取付け位置の組合せは個別性が高いので、対象者や介助者とともに十分に検討する。

●車いすから立ち上がり移乗する場合

　身体機能が低下して歩行が不安定になると、移動距離によっては車いすを用いるようになる。トイレまでの移動は車いすで行い、トイレ内は車いすから立ち上がって歩く、または、便器近くまで車いすで移動し、立ち上がって便器に座るなどの方法に移行する。

　便器まで車いすで移動し、便器前で立ち上がる場合には、起立動作を安定させるために手すりを使用するが、このときには縦手すりが適する。起立動作をより安定させるには、車いすをできるだけ手すりに近づけ十分に上肢が届く位置で停止させることが重要である。したがって、車いすは、壁面の縦手すりの方向に向けて停止させる（図1）。起立動作・身体の回転・着座動作を介助する場合には、介助者は対象者の動作を妨げないよう便器と車いすの間に立ち、介助する。

　便器前で行う立位姿勢での身体の回転は、バランスを崩して不安定になりやすい。車いすと便器を往復するため、身体の回転が難しいパーキンソ

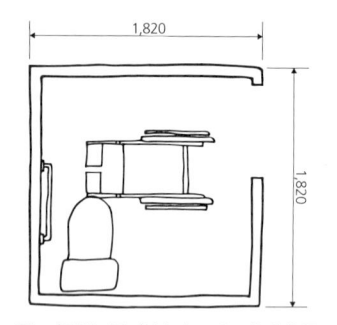

図1　便器に近づけた車いすの停止位置
　　（側方アプローチ）

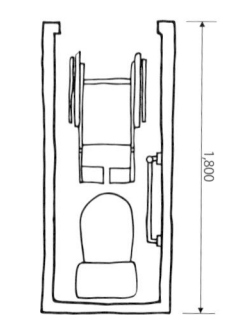

図2　正面アプローチ

ン疾患者や往復が不得手な片まひ者では転倒が危惧される。回転の距離と時間を短くするためには、車いすを便器の正面から近づけ身体を180度回転させる（正面アプローチ（図2））よりも、便器に対して直角方向から車いすを近づけ身体を90度回転させる側方アプローチ（図1）が適している（図3）。このように、トイレ内の便器の配置と出入口の位置関係に配慮した整備は重要である。片まひ者の場合は前項に準じる。

● 車いすの移動と起立動作、移乗動作を全介助で行う場合

　立位姿勢が不安定になると、車いすからの起立動作、身体の回転、着座動作のすべてにおいて介助が必要になる。さらに、立位姿勢の保持が困難な状態では立ち座り用の手すりを使用することはなくなり、介助者が対象者の前方に立ち身体を抱える（図4）。このような場合には、介助動作の負担軽減と安定性および安全性を重視した排泄環境の整備を心がける。

　介助者は車いすと便器の間に立ち、車いすから立ち上がった対象者を抱えながら身体を回転させて便座への着座を促し座らせる。したがって、身体を回転させる距離が短いほど介助者の負担が軽くなるので、車いすは便器に直角方向から近づけること（側方アプローチ）が望ましい。トイレ内の便器と出入口の位置関係にも留意する。また、介助者のスペースを確保するため、手すりを使用した起立動作の空間よりも便器と車いすの前方に広い動作空間を確保する。

● 車いすからプッシュアップで移乗を行う場合

　脊髄損傷による両下肢まひ者のように、両上肢に運動障害はなく、車いす移動と座位の移動が自立する場合は、車いすで便器まで近づきプッシュアップ動作*1で車いすから便器座面へ移乗する。プッシュアップ動作で移乗できる範囲や距離は、両手で床や座面、手すりなどに手を突き身体を持ち上げることが可能な幅（肩幅よりも少し広い距離）である。便器回りで移乗する場合には、左右の手は車いすのフレームと便器側面の横手すりを把持または座面に手を突きプッシュアップする。車いす座面がこの距離まで便器に近づくことができる環境でのみ可能な移乗方法である。実際にプッシュアップが可能な距離に近づくには、便器に対して直角方向または斜め方向から近づき（側方アプローチ（図1）または斜め前方アプローチ（図5））、便座と車いす座面の間にすき間がない、または非常に狭い位置に車いすを停止させる。すき間があると移乗中に床面に転落する恐れがある。移乗動作は往復で同様の動作を行うので、便座座面と車いす座面の高さを揃えることが望ましい。この位置関係を可能にする環境を確保することに留意して、トイレ内の便器配置と出入口位置を検討する。またプッシュアップ動作に適する横手すりの高さは個人差があるので対象者に確認する。

● 車いすから座位移動で移乗を行う場合

　脊髄損傷者のうち両上肢にも何らかのまひがある上位損傷レベルでは、プッシュアップ動作が困難であるため、臀部を床面から持ち上げることはできない。この場合には床面を座位で移動する。移乗動作は同じ高さの座面間でのみ可能であり、すき間があると転落する恐れが高く移乗に適する環境の整備は難しい。トイレでは、車いす座面に敷く褥そう予防用除圧クッションの高さに便座高さをそろえる（便座上にも除圧クッションを敷く場合があるので注意する）。すき間をできる限り狭くするため、車いすは便器に対して平行に近い位置に停止させる（図6）。この位置に車いすで近

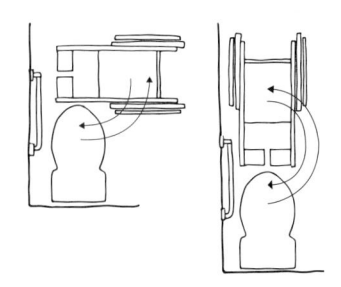

図3　車いすの位置と身体の回転距離

図4　移乗動作の介助例

*1　床や床面、手すりになど両手を突いて押し、身体を持ち上げて臀部を浮かせる動作をいう。P.87図5参照。

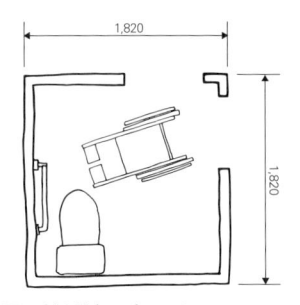

図5　斜め前方アプローチ
このアプローチの場合には、入口の位置は2か所考えられる。

づくには、対象者の車いす駆動能力に左右されるので、トイレ内の便器配置と出入口の位置関係には、慎重な検討が必要である。
　さらに移乗する座面間のすき間を完全になくし移乗しやすくするには、移乗台を設ける。便器周囲の床面をかさ上げし、褥そう予防用のクッションを敷いて、車いす座面、移乗台、便座の高さを揃える（**図7**）。トイレで整備されるこのような環境は、通称「お座敷便座」と呼ばれている。
　移乗台に代えて、特殊な形状の障害者用便器を使用する方法がある。その形状から長型、小判型、ひょうたん型などの通称で呼ばれる[*2]。この便器を使用する場合は、車いすを正面から近づけて停止させ、身体を回転させずにそのまま前方に進んで便器にまたがり座位で移乗する。床面に手を突くのではなく、便器両側に横手すりを設置し、手すりを手繰りながら身体を移動させる。車いすと便器の往復はともにこの姿勢と動作で行う（**図8**）。
　このような移乗台を用いても困難な場合には、移乗にリフト類[*3]を使用する、介助者の負担を軽減するためにベッドから水回り用車いすで移動してトイレや浴室内での移乗動作を回避する、またはベッド上での排泄に移行する、などの排泄方法を検討する。

■便座上での座位安定

　洋式便器で排泄する場合には、座位姿勢の安定が重要である。座位が安定している場合は片側の横手すり1本でよいが、できれば身体の両側に取り付けることが望ましい。排泄時間が長い場合には、さらに身体近くに肘掛け状の横手すりがあると、前腕を乗せて姿勢を楽に保つことができ、左右どちら側にも倒れにくくなる。また、背もたれがあると寄り掛かることができ座位は安定しやすい。前傾姿勢をとり腹圧をかけて排便を促す場合には、前かがみ用テーブル[*4]があると前腕を乗せて姿勢を安定させ、前方への転倒を防止できる。

■起立動作

　起立動作では、座面から臀部が離れる瞬間から、股関節、膝関節に負荷がかかるので、変形性膝関節症のように関節に痛みを持つ対象者は苦痛を伴う。この際の下肢関節の免荷と、起立動作中のバランスの安定のために手すりを取り付ける。この目的の手すりは排泄用福祉用具の簡易手すり[*5]でも一定の効果を得ることができる。ただし、肘掛け部分の横手すりを上から手で押し身体を持ち上げるので、起立動作のバランスがよい対象者には有効であるが、円背のように前傾姿勢をとり重心をつま先方向に移動させながら起立する対象者やバランスが不安定な対象者には、壁面に設置した手すりの使用が適する。形状はL型手すりが一般的で、多様な動作に対応する（**図9**）。特に、便座から離座の瞬間に頭部位置近くの手すりを利き手で強く把持すると、前方への転倒防止に有効である。縦手すりは便器より前方に200～300mm離れた位置で、利き手側の壁面に取り付けることが重要である。片まひ者の場合には、利き手側（健側）に取り付ける。右片まひ者と左片まひ者では適する手すり位置は左右対称となる（**図10**）。

■下衣（ズボンや下着）の脱衣・着衣動作

　歩行で便器に近づく場合には、立位姿勢のままで脱衣・着衣動作を行う。

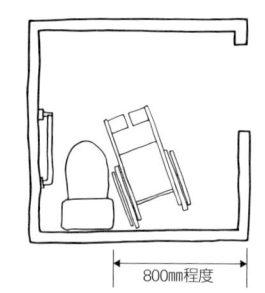

図6　平行アプローチ

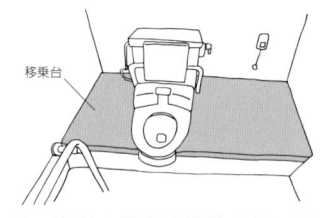

図7　移乗台を設置した整備の例（お座敷便座）

[*2] P.152、5章「3　浴室・洗面・トイレ関連機器」参照

[*3] P.40、2章「4　リフト」参照

図8　身体障害者用長型便器の使用例

[*4] P.130、4章「2　手すりを取り付ける」参照。

[*5] P.58、2章「9　排泄用具」参照。

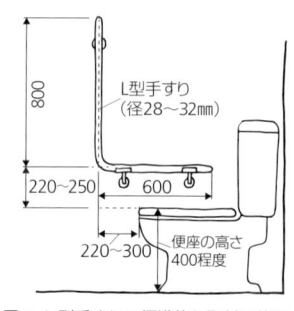

図9　L型手すりの標準的な取付け位置

障害特性により立位が困難な場合を除き、車いすで介助が必要な場合も便器に着座して行うことはあまりない。したがって、脱衣・着衣動作は、連続した車いすからの起立動作、身体の回転、便器への着座動作の過程で行う。前傾姿勢であったり立位姿勢の保持が不安定であると、この動作のときに姿勢を崩して転倒しやすいので、壁面の手すりを把持して安定させる。しかし、半身のまひが重く手すりを把持できない片まひ者で立位が安定して前傾姿勢が可能な場合には、便器前の壁面にまひ側で寄り掛かり健側手（利き手）で脱衣・着衣動作を行うが、この他にも壁面を背にする、壁面方向を向くなど、壁面に密着させる部位を増やす工夫が見られる。しかし、前傾姿勢が不安定で転倒の危険性が高い場合には、縦手すりに身体の一部を当ててバランスを保つ（図11）、縦手すりに肩や上肢を当てる、ほほを当てる、肩と顎で手すりを挟む等さまざまな方法で立位を安定させる。脱衣・着衣の姿勢や動作は個別性が高く、対象者ごとに確認する必要がある。

縦手すりはこれらの脱衣・着衣動作においても活用されるので、縦手すりは肩や顎で挟むことが可能な高さを必要とする。目安は肩関節の高さよりも100mm程度高い位置であり、手すり長さはこれを目安に選定する。また、動作中に衣服が手すり端部に引っ掛かるとバランスを崩し転倒する可能性があるので、横手すりを組み合わせたL型手すりを設置し、切れ目のない形状を用いる。

介助が必要な場合には、介助者が対象者の前方から介助する（図12）、壁面方向を向いた対象者を背面から介助するなどがある。全介助が必要な場合には、向かい合って介助者が体重を支えながら手が届く範囲で脱衣・着衣の一部を行う場合もある。個別性が高く、それぞれに必要な介助スペースは異なる。

脊髄損傷者のように立位が困難な場合には、狭い車いす座面上では脱衣せず、ベッドや広い床面に移乗し、臥位や座位で脱衣を済ませてからトイレに移動する場合が多い。便座回りの移乗台面積を広く確保して、トイレ内で脱衣・着衣を行うこともある。

■ 排泄介助に要するスペース

排泄動作での主な介助には、起立動作、移乗動作、脱衣・着衣に加えて排泄後の後始末がある。起立動作の介助は便器側方に立ち対象者に後方から手を添えて行う。車いすと便器の移乗を全介助で行う場合は、便器の前方に介助者が立ち対象者を抱えて移乗させる。また、脱衣・着衣の介助は便器前方で行うのに対し、後始末の介助は座位姿勢の対象者の背面から手を臀部や局部に当てて行うことが多く、便器の側面に立ち中腰姿勢で行う。中腰の介助には500mm以上の奥行きが必要である。

したがって、排泄動作の介助スペースは便器の前方と側面に必要であり、設計時にはこれを理解したうえで介助スペースの確保を検討する（図13）。

左片まひ者

右片まひ者

図10　片まひ者の手すり取付け位置

図11　縦手すりを使用した脱衣動作の例

図12　前方からの脱衣・着衣の介助

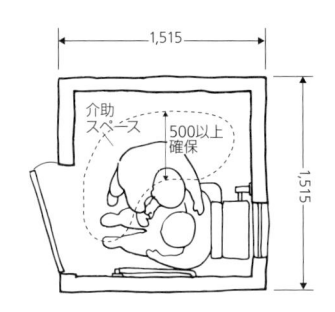

図13　トイレ内の介助スペース

3　入浴する

　入浴行為は、多くの動作から成り立っており、もっとも難しい動作である。特に、浴槽のまたぎ動作は難易度が高いといわれており、慎重に検討する必要がある。OT・PT等と協力して専門的な意見を取り入れながら、対象者や介助者と動作の確認や修正、入浴用具の活用について相談し、動作に適した入浴環境を整備する。ここでは、入浴行為を、移動と移乗動作、洗体動作、浴槽出入り動作に分けて解説する。

■入浴のための移動動作

　浴室への移動と浴室内の移動に用いる移動動作は、他室間での日常的な移動動作とは異なることが多い。理由は、装着している装具が濡れることを避けて装具を外す、車いすを降りて不安定な歩行に頼る、入浴後の疲労を考慮して安全性の高い移動動作に変えるなどさまざまであるが、脱衣とともに変更することが多い。歩行か車いすを使用するのか、自立しているのか介助なのか、どのような移動用具と装具を用いるかの確認を行う。

　また、脱衣する場所から浴室までの移動距離も確認する。例えば、装具を外して伝い歩きに変更する場合には、どの部屋から伝い歩きを想定した整備が必要か、あるいは車いすで浴室入口まで移動するか、浴室内まで移動するのかは浴室空間の設計条件に大きく影響を与える。なお、浴室への移動動線の床段差は完全に除去し[*1]、安全な移動空間を確保する。

*1　P.122、4章「床を仕上げる」参照

■入浴用いすへのアプローチと移乗動作

●自立歩行・介助歩行の場合

　洗面・脱衣室から浴室内の入浴用いすまでの歩行は、一連の連続動作として考える（浴室内では入浴用いすを使用することを想定している）。

　浴室内の移動経路は、入口から入浴用いすへの移動、入浴用いすで洗体、入浴用いすから浴槽への移動、浴槽の出入りの順となり、入浴用いすの位置設定と着座動作が重要な意味を持つ。一般的に入浴用いすはシャワー水栓に向けて配置する。自立歩行が可能な場合には、出入口からシャワー水栓の前まで歩行して入浴用いすに着座することが望ましいが、浴室が狭い場合には動作に制約を受けやすい。そのため、入浴用いすの側面を歩行により通行し着座する、対象者が入浴用いすに着座して座位で身体の向きを変えてシャワー水栓の方向を向く、シャワー水栓近くまで歩行してから介助者が入浴用いすを置く、の3つの方法が考えられる。

　浴室の形状はおおむね規格化されており、幅・奥行きともに1,600〜1,700mmの正方形が標準[*2]である（図1）。このときの洗い場はおおむね幅800〜900mm、奥行き1,600〜1,700mmである。このスペースに入浴用いすを配置すると、その周囲に歩行に必要なスペースがどの程度残されているかを把握してから歩行動作を検討する。

　なお、入浴用いすの標準的な大きさは、幅500〜550mm、奥行き550mm程度である（図2）。入浴用いすを洗い場に配置すると、入浴用いすと壁面間に確保できる通行幅員は250〜400mm程度である。壁面に歩行用の横手すりを取り付けると通行幅員はさらに狭くなるので、入浴用いすに着座し座位

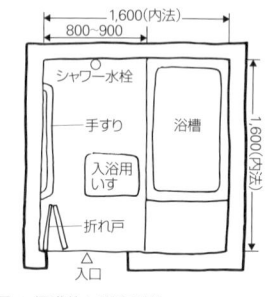

図1　標準的な浴室形状

*2　標準形状の他にも、幅1,400mm×奥行1,600mm、マンションでは1,400mm×1,800mmが広く普及している。

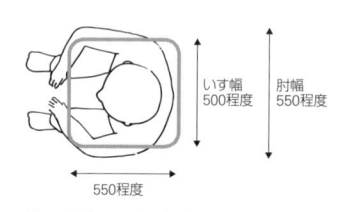

図2　入浴用いすの標準的平面寸法と使用寸法

でシャワー水栓の方向に身体を回す、またはシャワー水栓まで歩行したのちに立位を保ち介助者が入浴用いすを用意するなどの方法を検討する。いずれの方法においても、立位保持や着座動作のために手すりを取り付けると、身体の回転の向きに得手不得手[*3]があるので、対象者や介助者に動作の確認が必要である。また、入浴用いすの背もたれは動作の妨げになる場合があり、必要がない場合は取り外す。

標準的な形状の浴室で、入浴用いす周囲の歩行スペースを広く確保するには、3枚引き戸を使用して入口の開口幅員を最大限に拡張する（図3）。戸が大きく開くので脱衣室スペースを活用した動作スペースを得ることができる。ただし、歩行用手すりを取り付ける壁面は見当たらず、手すりを利用した伝い歩きは介助歩行になりやすい。しかし、対象者が立位を保つ状態で介助者が入浴用いすを用意する場合には、作業を行いやすい。

● 車いすから立ち上がり移乗する場合

普段は歩行による移動を行っていても、入浴動作では慎重を期して車いすで移動する場合がある。この場合は、浴室内で一時的に立位姿勢をとったり数歩歩くことで入浴動作を行いやすくなる。例えば、浴室の洗い場スペースの中で、車いすと入浴用いすの両方を入れることは難しいので、車いすから入浴用いすへの移乗は、車いすでシャワー水栓前に移動して起立した後に、対象者が立位姿勢を保持する状態で介助者が車いすと入浴用いすを差し替え、着座する方法をとる。この移乗動作は、起立動作と着座動作は一部介助を必要としてもよいが、車いすの移動と入浴用いすの差し替えを行う間、安定して立位の保持が可能であることが条件となる。そのために起立動作・立位保持・着座動作を補助する手すりを取り付ける。また介助は対象者の後方より行う。入浴用いすの配置は立位位置に近く、シャワー水栓といす座面の距離は狭くなるので、対象者の前方に洗体の介助スペースを確保することは難しい。

● 車いすの移動と起立動作、移乗動作を全介助で行う場合

立位の保持が困難、または転倒の危険性がある場合には、入浴用いすの配置を優先し、車いすの一部を浴室内に入れ、入浴用いすに近づけて停止させる。介助者は対象者の前方に立ち身体を抱えて支え、入浴用いすへの移乗を介助する。この場合には、介助スペースの確保が必要であり、シャワー水栓と入浴用いすの距離は広く、また、出入口の幅員を3枚引き戸で拡張し、車いすでアプローチしやすい環境が必要である（図4）。

● 車いすからプッシュアップで移乗する場合

脊髄損傷による両下肢まひ者のように、立位や歩行は困難であるが両上肢に運動障害はなく、車いす移動と座位での移動が自立する場合は、車いすで浴槽まで近づきプッシュアップ動作[*4]で洗い場へ移乗する。移乗する洗い場スペースの高さを車いす座面（実際には座面に敷くクッション高さ）に揃える。また、車いすが濡れることを避けるため、脱衣室に移乗台を設置し、プッシュアップで浴室内に移動する（図5）。浴室内の洗体スペース（洗体台）の高さと浴槽縁の高さを車いす座面高さに揃えると入浴後の車いすへの移乗動作も容易である。移乗台、洗体台には褥そう防止用マットを敷くとプッシュアップ動作を安全に行うことができる。なお、洗体台は入浴台を兼ねる。プッシュアップ動作では浴槽の長辺方向（入浴中の姿勢でいうと頭部方向）より浴槽の出入りを行う。

*3 例えば、脳血管障害による片まひ者は、健側には身体を回転させやすいが、患足側への回転は不得手である。

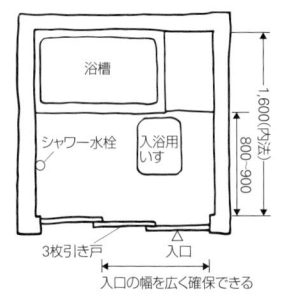

図3 入口の幅が広い標準的な浴室形状

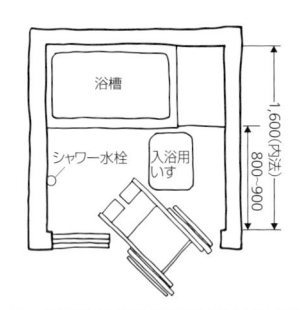

図4 車いすからの移乗を介助で行う場合の配置

*4 P.82、3章「2 排泄する」参照

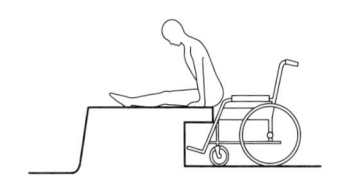

図5 車いすからプッシュアップで移乗する場合の環境

なお、移乗台は脱衣・着衣動作のスペースを兼ねる。脱衣室が狭い場合には、車いすから洗体台に直接移乗してもよい。また、脱衣・着衣をベッド上で行い、バスタオル等をまとい浴室まで移動することも考えられるが、入浴後は身体が濡れたまま車いすに移乗しなければならない。さらに、浴室を家族と共用する場合には、家族も洗体台を使用し浴槽に移乗することになる。あらかじめプッシュアップ動作での移乗を想定して洗い場面積を広く確保できれば、家族用の洗い場スペースと洗体台を分けて設置でき共用しやすい。

　プッシュアップ動作の能力が高く、車いす座面と床面間の移乗が可能であれば、脱衣室で床面に降りて浴室内へ移動、洗体を行い、さらに、浴槽縁高さに移乗して浴槽の出入りを行うことができる。この場合は、床上で脱衣・着衣を行うので、移乗台も必要ない。ただし、プッシュアップ動作の能力は個人差が大きいので、必ず対象者とともに実用的な移乗動作と環境を検討する。

■**洗体動作とスペース**

　入浴用いすを使用して洗体を行う場合には、入浴用いすの大きさとともに、洗体動作に必要な動作スペースが必要である。一般的には、入浴用いすの前方に下肢を持ち上げてつま先を洗うためのスペースとして450mm以上を必要とする（**図6**）。座位姿勢が不安定な場合には、洗体に介助を必要とするため下肢の周囲に介助者スペースも必要である。したがって、標準的な浴室の洗い場スペースの広さや形状では、介助スペースを十分に確保することが難しい。

　洗い場の幅800〜900mmの寸法では、入浴用いすの側面を介助者が通ることは難しいので、介助スペースの不足は明らかである。ユニットバスのもっとも小さい形状では、洗い場の奥行き寸法が1,200mmしか確保できず、洗い場の幅・奥行きともに不足し（**図7**）、十分な介助を受けることは困難である。対象者の身体機能や座位姿勢の保持能力を考慮して個別に介助者の位置や介助スペース、介助方法を検討する必要がある。対象者や介助者とともにOT・PT等に相談し、介助方法や洗体動作、入浴用具を組み合わせて十分に検討し、模擬動作を行って実用性を確認する。

■**浴槽への移動・移乗動作**

●浴槽を立位でまたぐ場合

　歩行能力が比較的高く立位が安定している対象者は、縦手すりや横手すりを用いて浴槽を立位でまたぐ。

　縦手すりを用いる場合には、浴槽縁の直上の壁面に取り付ける。両手で把持して浴槽をまたぐ動作では、縦手すりを中心に身体を回転させる（**図8**）。浴槽に入った後も身体は手すりに向けて立つ。縦手すりを入浴姿勢で足部側となる壁面に取り付けるとよい。この場合には、浴槽内で立位からしゃがみこみながら湯に浸かる際に、身体を回転させることなく下肢を伸展させて入浴姿勢をとることができる。浴槽から出る際にも同様の動作で行う。

　横手すりを用いる場合には、壁に向いて立ち、そのまま手すりを把持した両手をずらしながら浴槽内に移動する（**図9**）。縦手すりの場合と同様に、入浴姿勢で足部側となる壁面に取り付ける。なお、縦手すりよりも安定性

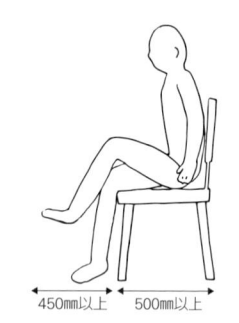

図6　入浴用いすの寸法と下肢の洗体に必要なスペース

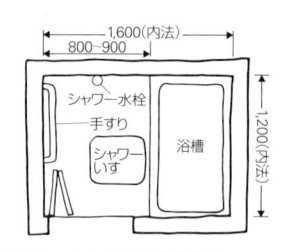

図7　もっとも小さい浴室形状

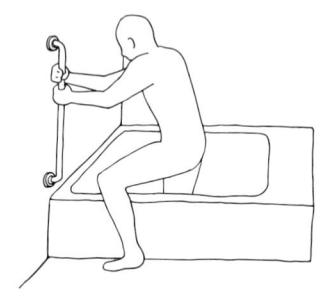

図8　縦手すりを用いた浴槽のまたぎ動作

図9　立ちまたぎ動作用横手すりの取り付け位置

が高いまたぎ動作が可能になるので、身体機能の低下や長期的な使用に適している。ただし、壁面に配置されたシャワー水栓、ホース、鏡、収納棚等と位置が重なりやすく取付け位置に制約を受けやすい。可能であれば、あらかじめ取付けを想定しておくことが望ましい。

● 浴槽を座位でまたぐ場合

この動作では、またぐために片足を持ち上げたときに、もう片方の足が床に着いた状態であることが座位の安定性を確保するうえで重要であり、両足の足底が同時に洗い場底面と浴槽底面に届いている状況をつくる。洗い場床面と浴槽底面の高低差が100mm以内で、深さ500mmの和洋折衷式浴槽を用いると、この条件を満たしやすい（図10）。なお、座位でまたぐ場合には、先に利き足から浴槽をまたぐと浴槽底面に足が届きやすくなり動作が安定する。利き足を活かしやすい浴槽と座位位置の組合せを検討する。なお、片まひ者は健側の足から浴槽をまたぐ。右片まひと左片まひでは左右対称の足となり、座位位置と浴槽の配置も対称形である。

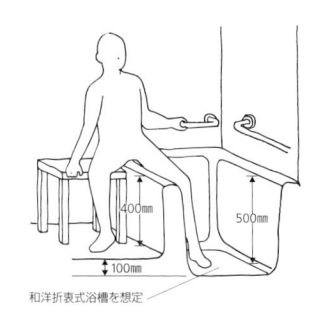

図10 座位またぎ動作に適した浴槽設置高

● 座位の位置

浴槽を座位でまたぐ場合の座位位置は、おおむね3種類が考えられる。

① 浴槽の長辺方向に座位スペースを確保した場合

浴槽の長辺方向に座位位置を設ける場合には、出入り動作の途中で座位のバランスが不安定になっても広い座面を確保することができ、浴槽奥の手すりを使用した動作が可能であり（図11①）、もっとも座位が安定する。ただし、浴槽の長辺方向に座位位置を設けるスペースを確保するには、長辺方向の内法1,600～1,700mmに外形寸法の長さが1,200mm程度の浴槽を設置した場合に可能となる。この場合の座面の奥行きは400～450mmであり、下肢を浴槽の縁高さまで持ち上げた状態で体幹を後方へ傾けた姿勢をとりやすいので、股関節の屈曲に痛みを伴うものの、骨折の予後である等の対象者には負担を軽くすることができる。

② 浴槽上に座位スペースを確保した場合

浴槽上に座位位置を設ける場合はバスボードを活用する（図11②）。この座位位置で浴槽をまたぐと、浴槽底面に足部が届きやすい。バスボードに手を突いて座り、浴槽中央近くまで臀部をずらしてまたぎ動作を行う。壁面の手すりにも手が届きやすく、座位姿勢の安定を得ることができる。ただし、湯に浸かるにはバスボードを外す必要があり、また浴槽から出る場合にもバスボードを置きなおす介助が必要である。入浴動作が自立できる場合も介助が必要な動作である。

③ 浴槽側方に座位スペースを確保した場合

浴槽の側方、洗い場に座位位置を設ける場合には入浴台を使用する（図11③）。入浴用いすで代用することもできる。もっとも小さい浴室形状では、洗い場に設ける場合が多いが、介助者によるセッティングの介助は必要はない。座位位置から浴槽底面まで遠く足部が届きにくいので、座位姿勢で浴槽方法に身体を回し、浴槽方向を向いて出入り動作を行う。身体を回す動作と出入り動作の安定性を高めるため、浴槽短辺方向に手すりを追加するとよい。

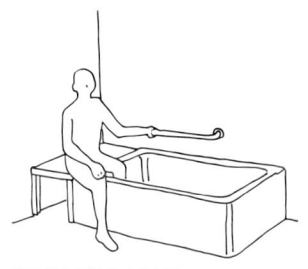

①浴槽の長辺方向の場合

②浴槽上の場合

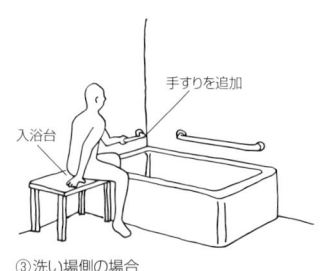

③洗い場側の場合

図11 座位またぎ動作の座位位置の設定

4　掃除・洗濯する

　住宅内を清潔に保つためには、こまめに掃除をすることが大切であるが、掃除では身体を広範囲に動かす必要があり、身体への負担も大きい。特に照明器具の笠や高所の窓ふきなどの清掃は、背伸びや脚立を利用するなど高齢者や障害者には困難（危険）な動作も含まれているため、慎重に検討する必要がある。また、床上の雑巾がけなどは立ち座りの動作となり、作業自体が困難な場合も出てくる。

　洗濯は、洗う、干す、たたむ、アイロンを掛けるなど作業工程はいくつもあり、洗濯物の種類や量も家族の人数や生活習慣によって異なる。さらに、乾燥機を利用することで干す作業を省略できることもある。

　掃除も洗濯も、無理のない範囲で身体に負担なく行えるよう工夫する。

■掃除をする

●掃く、掃除機をかける

　ほうきで掃いたり掃除機をかける際には、中腰にならないよう柄の長さに気を付ける。立ち座り動作や腰をかがめて行う動作は極力避ける。また、床に置いてある荷物を移動しながらの清掃は身体への負担が大きいため、荷物はキャスター付きの収納ケースにまとめるなど室内の整理整頓を心がける。さらに、部屋のすみずみまで掃除ができるように、ほうきや掃除機のノズルが入る程度の隙間を開け家具等を配置したり、キャスター付きの家具類で移動を容易にするなど清掃性を考慮する。

　ほうきやモップで集めたほこりやごみを「ちりとり」でとる動作は腰をかがめるなど身体への負担が大きいため、ゴミを集めておいて掃除機で吸ったり専用のクリーナーを利用する方法もある。

　掃除機は紙パック方式とサイクロン方式などがあり[*1]、性能が異なる。スイッチ操作のしやすさや小回りが利くか、メンテナンス性能やランニングコスト、操作音量などを踏まえ高齢者等が扱いやすい製品を選ぶ。

　さらに、掃除機は電源コード式と充電式がある。充電式でコードがないほうが取回しがしやすく利用しやすいが吸引力が弱く、こまめに充電する必要がある。一方、電源コード式の場合は、電源プラグを掃除する部屋ごとに付け替える必要があるため、コンセントの位置や電源プラグの抜き差しが可能かを検討する。掃除機の電源プラグに重ねて取り付け、軽い力でコンセントからの抜き差しができる用具なども販売されている[*2]。

　掃除機を使用しながら車いすを操作して移動するのは困難である。基本的には車いすの周辺で掃除機をかけ、移動してから再度その周辺で掃除機をかける。そのため、車いすや掃除機が移動しやすいよう段差をなくし、車いすが回転できるスペースを確保する。

　掃除機をかけることが困難な場合は、ロボット掃除機を利用する方法もある。ロボット掃除機を使用する場合は段差のない居室とし[*3]、価格と合わせ、稼働時の作動音、ごみ捨てやメンテナンスのしやすさも考慮する。

●拭き掃除

　拭き掃除は基本的に高所から下方に向かって行うと効率がよい。しかし、高所のほこりを拭くためには脚立に乗るなど危険な動作を伴う。また、床

[*1] 紙パック式はごみ捨てが容易である。サイクロン方式は排気される空気が紙パック方式に比べきれいである。ただし、紙パック方式においても高性能のフィルターの開発が進み、排気のクリーンさは向上している。また、サイクロン方式はすぐに目詰まりし、フィルターの交換や洗浄をこまめに行う必要がある。（国民生活センター2006年4月「サイクロン方式の掃除機」より）

[*2] P.148,5章「1　スイッチ・コンセント」参照

[*3] 20mm程度の段差昇降が可能な製品もある。人工知能を搭載し、部屋の形状・広さ・汚れ具合を判断し、自動に走行する高機能の製品や単純に壁や家具に衝突すると方向を変えランダムに走行する製品など、さまざま。

の拭き掃除はかがまなければならないため、身体への負担が大きい。柄の長いモップや先端の角度が変えられるモップなどを利用し、安全に掃除が行えるよう工夫する(図1)。近年ではほこりなどを舞い上げないように吸着剤や抗菌剤を含んだモップ類もあり、清掃性を高めている。

拭き掃除に使用する雑巾を絞る動作は、握力の弱い高齢者やリウマチ患者、片まひ者には困難である。その場合は、布を片手で絞る用具を活用する、布を棒やハンガーに巻きつけて片手で絞る、布を輪にしておき棒などでねじり水を絞るなど、動作を工夫する方法がある(図2)。

基本的には、ほこりが付いたらこまめに拭き取ることが重要であるが、照明の笠にほこりがかからないデザインを選ぶことで、高所の拭き掃除の回数を減らし清掃性を高めることができる。また、照明器具類は吊り下げ式ではなく埋め込み式にするなど、メンテナンス性を含め設計段階から検討する[4]。

● 収納場所・片付け、ごみ捨て

こまめに掃除ができるかどうかは、掃除道具の取出しやすさと片付けやすさにも比例するので、容易に出し入れができるように、収納の位置や収納棚の工夫を行う[5]。

ゴミ捨て作業は住宅内にあるごみ箱のごみを集めるだけでなく、ごみの分別や台所の生ごみ等は水をしっかりきるなど、事前にやらなければならない作業がたくさんある。特に台所の生ごみは、勝手口等専用の出口から外に出すことができる動線を確保するとよいが、段差や敷地内通路の問題など解決しなければならない要因が多々ある[6]。必要に応じて、介助者やヘルパーの力を借りることも視野に入れる。

■洗濯する

● 洗濯する前の下準備

洗濯物を置く場所や入れ物を確保し、脱いだ衣類等が床に散乱しないように整理する。そのうえで洗濯をする前に量と種類を判断し、洗濯方法を考える。少量であれば、手洗いのほうが効率のよい場合がある。量が多い場合は洗濯機を利用し、衣類の色や種類で分けたり、傷みやすいものはネットに入れるなど準備を行う。洗濯かごからの取出しや分別の際に腰をかがめなくて済むように台を設けるか、座って作業ができるようにスペースを設ける。作業台は下準備の他にもアイロン台や洗濯物をたたむ台としても利用でき、ユーティリティーを充実させることができる。

● 手で洗う

少量の洗濯物は手で洗うほうが効率がよい。バケツなどに洗濯物と洗剤を入れ浴室などで洗うか、洗面所の洗面化粧台を兼用して洗う。できれば専用の流しを洗濯機の近くに設置することが望ましい。

洗面化粧台で立って洗濯物を洗う場合は、洗面ボウルが低すぎると身体に負担がかかる。車いすやいすに座って洗濯物を洗う場合は、洗面ボウルの下部に膝を入れるスペースを設ける。いずれも洗面化粧台と兼用する場合は、洗顔や歯磨き動作に合った高さと洗濯に適した高さを同時に検討する[7]。

上肢に障害があるために手で洗うことができない場合は、持運びができ、少量の洗濯物を洗うことができる小型洗濯機を使用するとよい。通常の洗

図1 柄の長いモップ

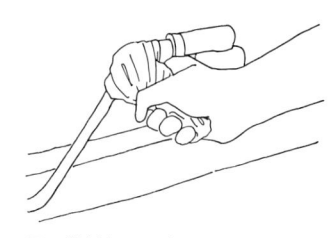

図2 雑巾絞りの工夫

[4] P.150、5章「2 照明器具」参照。電球の交換等のメンテナンスも含め照明器具を検討する

[5] P.138、4章「4 収納する」参照

[6] P.122、4章「1 床を仕上げる」参照

[7] P.154、5章「5 調理設備・調理器具」参照。ただし、洗顔や歯磨き、うがいのために使用する洗面化粧台は身体を前傾させるため、調理用の高さと異なり若干低くなる。

濯機と別に用意する場合は使う場所や収納場所をよく検討する。
　手で洗ったあとは洗濯物を絞る必要がある。手首や関節に障害がある場合は洗濯機の脱水機能を利用したり、絞り方の工夫をする（図2参照）。

●洗濯機で洗う

　現在、洗濯機はドラム式、タテ型式と2層式があるが、主流はドラム式とタテ型式である。両者は洗濯槽の回転の仕方や洗濯槽の扉の形状が大きく異なる。

　立位でドラム式の洗濯機を使用する場合は、横の扉から取り出すため、開口部の高さによって身体をかがめる必要がある。洗濯機の下に台を置き、高さを上げるとより利用しやすくなる（図3）。タテ型式の洗濯機は上部の扉から洗濯槽の底にある洗濯物を取り出すため、上体を大きくかがませて手を伸ばさなければならない。洗濯槽の底まで手が届かない場合は、リーチャーを使用する[*8]。

　車いす使用者には、取出しや乾燥機能付きの点からドラム式の洗濯機のほうが適している。ドラム式の洗濯機なら洗濯漕の内部まで見渡せ、横から取り出すことができる（図4）。ただし、洗濯機の扉は横方向に110度程度しか開かないため、扉が膝に当たらないように下に台を置くなど高さを調整する必要がある。また、車いすを横付けで使用する場合は、壁の入隅に洗濯機を設置すると車いすのフットサポートが壁に当たり、洗濯槽の開口部に近づけなくなる。設置の際は左右の空きスペースも検討する。

　車いす使用者がタテ型式の洗濯機から洗濯物を取り出すときは、洗濯機に対し車いすを横付けし、上体を回し片手で洗濯槽から洗濯物を取り出す。そのためには洗濯機の設置高さを低くする（床に埋め込む）（図5）必要があるが、排水勾配の確保など構造上の問題や身体への負担が大きい。

●洗剤などの管理

　認知症や乳幼児など危険薬品の認知が困難な家族がいる場合は、誤飲の恐れがあるため、見える場所や手の届く場所に洗剤などを置かない、扉には鍵を掛けるなど、管理をしっかりと行う。そのうえで、手が届きやすく取り出しやすい場所に収納する。

　液体洗剤は、開けたキャップに液体をそそぎ計量する必要があり、その際にこぼす恐れがある。粉末洗剤は計量スプーンを利用し箱から片手で投入することができる。近年では、洗濯1回分がキューブになった固形洗剤も市販されており、計量方法や投入のしやすさにも留意して洗剤を選ぶ。

●乾燥機の利用

　近年では洗濯機と乾燥機が一体となった製品が主流である。洗濯機と乾燥機が別々の場合は、下に洗濯機、上に乾燥機を設置する。しかし、車いす使用者は乾燥機まで手が届かないため、洗濯機の横に置くことになり十分なスペースを確保する必要がある。

　乾燥機能付きの洗濯機は、洗濯から乾燥まで連続して行えるので、干す手間がなくなり洗濯行為が容易になる。一方で、乾燥機を使用すれば、電気代などランニングコストもかかるうえ、使用するたびにフィルターの掃除をするといったメンテナンスを行う必要があることを念頭に置き、慎重に検討をする。

●洗濯物を干す

　洗濯物を干す場所の確認が必要である。場所によっては、洗濯物を持っ

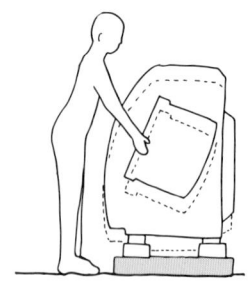

図3　ドラム式洗濯機のかさ上げ
（洗濯機をかさ上げする際は給水栓に当たらないか確認し、必要に応じて給水栓も一緒に上げる）

*8　P.66、2章「12　整容・更衣用具、その他の福祉用具」参照

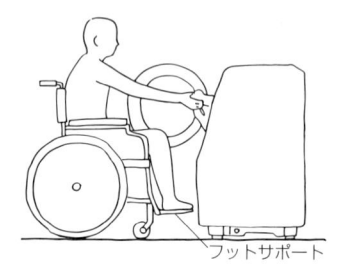

図4　ドラム式洗濯機

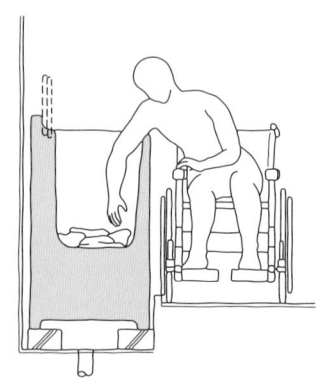

図5　洗濯機を埋め込むため掘り下げる

て干す場所まで移動する必要がある。洗濯かごを持って移動できない場合は、キャスター付きのワゴンの上に乗せて運ぶため、室内の段差を除去する[*9]。

　室内干しは洗濯物を外まで運ぶ必要はないが、室内の湿度が高くなり、窓の近く以外は、直射日光に当てることができない。浴室や居室内に洗濯物を干す場合は、浴室乾燥機やエアコンを併用する。室外干しは、洗濯物を外まで運ぶ手間があるが、直射日光と通風により洗濯物の乾きが早く、紫外線による除菌効果も高い。

　高い位置の物干し竿まで、両上肢を上げたまま作業を行うことが困難な場合は、洗濯バサミのついたハンガーを台の上に置いて、洗濯物を挟んでからハンガーを物干し竿にかける。そのため、洗濯物を挟むための台が必要になる。同時に、洗濯かごを低い台の上にのせ、洗濯物を取り出す際に、かがむ必要がないように工夫する。洗濯バサミを開く力がない場合や、片手で洗濯物を干す場合は、軽い力で開くことができる洗濯バサミを利用する（図6）。

　高い位置に洗濯物を持ち上げられない場合は、室内で利用する床置きの物干し竿を利用する方法もある（図7）。また、室内干しでは、物干し竿が自動または手動で上下する製品を利用する方法もある（図8）。

●取り込む・たたむ・アイロンをかける

　乾いた洗濯物を取り込んでたたむ、アイロンをかけるといった動作はテーブルといすを利用し、安定した姿勢で作業ができる環境下で行う。床座での作業は、体幹のバランスを保ちつつ不安定な姿勢で行うため身体への負担が大きい。また、洗濯物を持ったままでの立ち座り動作となり転倒の恐れもあるので避ける。

　アイロンは電源コード式より充電式のほうがコードが邪魔にならず操作しやすい。また、アイロンの重さが軽すぎるとしわをのばすために力を入れて押し当てる必要があり、反対に重すぎると本体を動かすのに力がいるうえ持運びが困難となる。さらに、アイロン面が大きいと広い面積に対応できるが細かい作業がしにくい。したがって、アイロンの重さとアイロン面の大きさのバランスは重要である。アイロンをかける頻度、よく着る服の種類や身体機能に合わせて検討を行う。

●収納する

　仕上がった洗濯物は、種類別にタンスや棚に収納する[*10]。ハンガーに干して乾いたらそのままクローゼットに収納する方法もある。また、透明の収納ボックスや網棚への収納は中が見え便利である。

　いずれも仕上がった場所から収納場所までの移動距離にも留意し、洗濯という一連の行為を総合的にとらえ環境を整えることが大切である。

[*9] P.106、3章「9　庭に出る、庭を楽しむ」参照

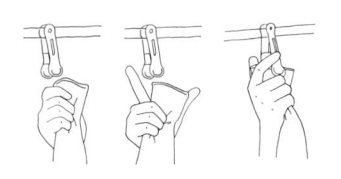

図6　片手で挟みやすい洗濯バサミ

図7　室内干し用の物干し台

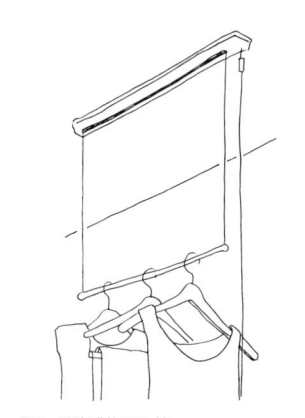

図8　昇降式物干し竿

[*10] P.138、4章「4　収納する」参照

5 　　　調理する

　食事をつくるには、献立を考える、食材を選ぶ・取り出す、洗う・切るなどの下準備に始まって、加熱する、盛り付ける、配膳する、片付けるなど一連の作業が必要となる。それだけに、他の家事に比べ複雑な動作を多く含んでいる。障害の状態を考慮しながら作業内容を一つひとつ確認し、少しでも役割を持ち、安全にかつ楽しく行えると、生活のリズムが整い、生きがいにもなる。

■調理作業を始める前の準備

　調理を始める前には、まず、エプロンや三角巾を着用するなど身支度を整える。特に、ガスなどの裸火を使用する場合にはコンロの火が衣類の袖に着火したり、スイッチ類に衣類を引っ掛けたりすることがないよう服装にも気を付ける。また、食中毒の発生予防のために、手洗い、調理器具の消毒、食材の十分な加熱を徹底し、注意がおろそかになる場合は声掛けをするなど見守りを行う。

■調理姿勢への配慮

●立位の場合

　立ち続けて調理作業を行うことが難しい場合や疲れやすい場合は、調理台に寄りかかれる補助手すり(サポートバー)を利用することで体位を安定させる。また、短時間でも腰を掛けて休息できるよう高めのいすを用意するなど無理のない姿勢がとれるように配慮する[*1]。

　調理作業中に移動距離が長くなったり身体の向きを変えることを少なくすることでより安全にかつ疲労を減じることができるため、調理設備の配置は慎重に検討する。

●車いす使用者の場合

　車いすを使用しての調理動作は、かなり複雑で困難な作業となる。まず、車いすは真横方向には移動できないため、いったん後ろに下がり向きを変え、斜め前方に進むことで横移動を行うことになる。そのため、前後に動くスペースや回転できるスペースを確保する必要がある[*2]。また、調理台の高さは作業を行いやすい高さとし、かつ、下部に膝までが入るスペースを確保する[*3]。コンロの高さは鍋の中まで覗き込むことができるように低くすると膝を入れるスペースが確保しづらくなり、車いすを横付けし上半身の向きだけ変える(体をねじる)姿勢となり、好ましくない。身体機能に応じて、無理のない姿勢で行える調理内容を検討する。

■動きやすい配置

　高齢者や障害者が狭いスペースで、食材の準備→下ごしらえ→加熱→盛付け→配膳といった一連の動作を行うには、無駄な動作のない空間を考え、必要な設備と用具を適切な位置に配置することがもっと重要である。特に、調理設備の配列は、その人の得手不得手もさることながら障害から生じる動作の可動域制限が付加されるからである。片まひ者の場合は、患側方向への移動や身体の向きを変えることは不得手で、健側方向へ横移動しなが

[*1] P.158、5章「5　調理設備・調理器具」参照

[*2] 車いす使用者にはⅠ型よりL型配置のほうが使いやすいとされるのはこのためである。

[*3] P.158、5章「5　調理設備・調理器具」参照

ら調理を進めてゆくほうが適していることが多い。例えば左まひ者の場合は右側に移動するほうが容易なことから、左から右方向にシンク、調理台、コンロとなるように配置する。まひ側が異なれば反転した配置となる(図1)。

このことは、調理機器をⅠ型・L型・U型のいずれの配列[*4]にする場合においても、冷蔵庫から食器棚に至るまで全体の配列に常に留意しておかねばならない。また、冷蔵庫・キッチン・食器棚を並べる場合は、凸凹にならないよう前面を揃えて配置する。また、近年は、食器乾燥機、オーブン、電子レンジ、トースター、炊飯器、ポットなどの調理家電が日常的に利用されていることから[*5]、調理作業の流れの中で使いやすい場所にこれらを置くことが非常に重要になってきている(図2)。

■食材や調理道具の出し入れ

食材や食器を取り出す場合に、両手で作業が可能か片手で作業を行うか、右利きか左利きかなどを検討する。また、冷蔵庫や食器棚の扉の開閉方向を十分に検討しないと、無駄な動きや無理な姿勢で取出し動作を行うことになる[*6]ので注意する。調理設備下の収納から鍋類などを取り出すには、身体をかがみこませなければならないことから、安定した姿勢が取れるように周囲につかまれるための工夫を行う。片手での動作になる場合は、取り出したものをいったんワゴンなどに乗せて運ぶとよい。

■調理台上での作業

調理は作業内容によっては危険を伴うため、障害の状態や移動方法、手が届く範囲や巧緻性を十分に把握する。例えば、食材を包丁で切る場合には、調理台での包丁利用に適切な高さ[*7]となるように確認する。

作業面での手が届く範囲は、姿勢や上肢の可動域制限によって異なる。また、手が届いたとしても、そこから重いものを持ち上げることができるのか、片手だけではなく両手ともに届く必要があるかなど、動作の内容によっては有効に利用できない範囲も変わる。調理台上で利用できる範囲が狭い場合は、キッチンから引き出して使える台や、ワゴンを併用すると作業スペースが広がり手の届く範囲内での作業が容易となる(図3)。食卓を利用して作業することも多い。

上肢の力が弱い、あるいは片手で調理を行う場合は、安全性を考えて鍋やフライパンを横にずらしながら熱源からおろす。ガスコンロは五徳[*8]が立ち上がっていると、いったん鍋類を上に持ち上げなければならない。五徳と調理台面とが同一平面上になっているガスコンロや、熱源が平坦な電磁調理器等[*9]を使用するとよい(図4)。

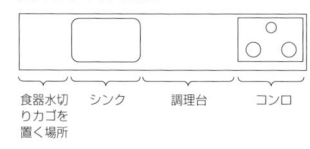

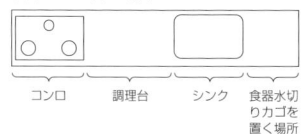

図1 片まひの場合の配置例

[*4] P.159、5章「5　調理設備・調理器具」参照

[*5] P.161、5章「5　調理設備・調理器具」参照

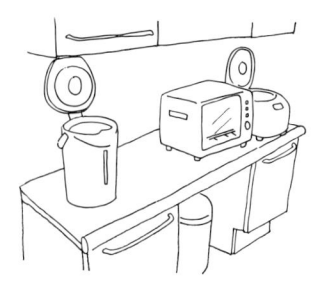

図2 家電類の置き場

[*6] 観音扉形式の冷蔵庫は食材を取り出しやすく、引き戸形式の食器棚は身体があおられずに使用しやすい。

[*7] まな板の上で食材を切る時には、もっとも力が入る高さとすることが重要であり、その高さはまな板の厚さやスリッパの厚さでも異なるほど微妙である。できれば、作業療法士などの専門家に相談する。

[*8] 五徳とは、ガスコンロの部品の一部で、鍋等を支える金属製の台をさす。

[*9] P.160、5章「5　調理設備・調理器具」参照

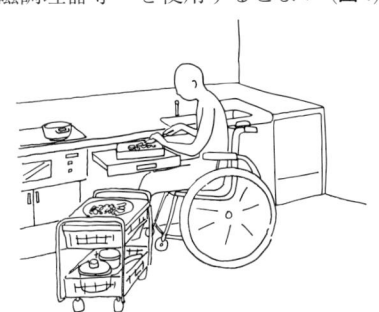

図3 台やワゴンを利用した作業 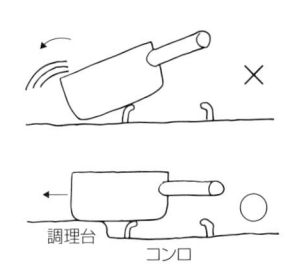　　図4 調理台とコンロ(五徳)の高さをあわせる

■調理を安全に行う

調理動作を安全に行うためには、調理動作の工夫も必要である。例えば、ゆでる作業は熱い湯気をよけながら、湯をシンクに捨てなければならないが、トングや柄のついたザルで食材だけを取り出し、お湯が冷めてから捨てるといった工夫がある。また、包丁の代わりにキッチンバサミを利用する、みじん切りにはフードプロセッサーを利用する、硬い食材は軽くゆでるか電子レンジで加熱してから切る、などさまざまな工夫がある。

また、視覚に障害がある場合は、におい、音や手触りを頼りに調理を行うため、収納の場所や調味料等の配置は必ず一定とする。また、揚げ物などは音を聞きながら調理を行うため[*10]、できる限り作動音の静かな換気扇を選ぶ。

このように、調理動作面から細心の注意を払って安全に調理を行うが、建築面や設備面でも安全対策をおこたってはならない。

具体的には、台所にはガス漏れ警報器や、住宅用火災警報器[*11]などの設置が義務づけられているが、万が一に備え高齢者でも操作がしやすい初期消火用の消火器[*12]を用意し、安全に調理ができる環境を整える。また、便利な用具類の中には、電気を利用する調理器具[*13]もあるため、たこ足配線やコードが床に垂れないよう、コンセントの数と位置を検討する。

さらに、床材は、水が垂れたり調味料をこぼしてもすぐにしみ込まず、きれいに拭きとれ、衛生面が保てる床材とする。また、水に濡れても滑りにくい材質が好ましい。作業動線上の床には、つまずきの原因となるごみ箱や米櫃などは置かず、段差のない床面にする。

立ち仕事が多いキッチンでは、足元の寒さからくるこわばりや冷えは、調理動作に支障をきたす。床からの寒さ対策には、滑り止めの付いた靴下やルームシューズなどを履くか、キッチンの台輪部分にはめ込むことができる足元温風機を利用する(図5)。キッチンマットは端がめくれあがり足をひっかけて転倒する恐れがあるので、やむを得ず敷く場合は、端をしっかりと固定する。

■後片付けとごみの処理

一人暮らしの場合は、調理後のあと片付けと生ごみの処理(ごみ出し)の問題が残る。室内からダストシュート(図6)を利用し屋外に生ごみを出す方法や、生ごみ処理機を利用し、ごみの量を減らす方法がある。いずれも、ごみ箱の清掃、手入れの問題は残る。

生ごみの量を減らすもう一つの方法として、ディスポーザーを設置する方法がある。しかし、ディスポーザーは、シンク下に生ごみを粉砕する機械を設置するため、車いすを近づけるためのスペースを設けることができない恐れが生じる。

最終的なゴミの処理に関しては、介助者やヘルパーの支援も考慮し、必要に応じて環境を整える。

[*10] 通常、天ぷら用の油温度は温度計や箸先の泡の出方や衣を油内に数滴落としたようすで見極めるが、視覚障害者は、音で油温を確認する。

[*11] P.164、5章「7 防災設備と避難計画」参照

[*12] 重量が2kg強と軽いので高齢者でも片手で持てるが、その分消火剤の量も少ないので、あくまでも初期消火用であることに留意する。

[*13] 例えば、食卓上にクッキングヒーターを置いて使用する場合には、コード類が机上から垂れることが多い。

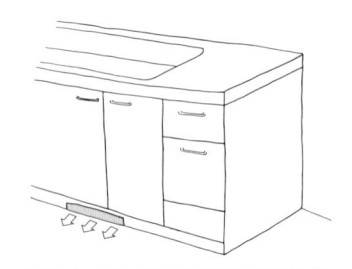

図5 キッチン埋め込み型足元温風機(後付可能、足元スイッチ付き)

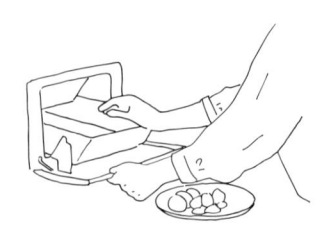

図6 キッチン用ダストシュート
屋外に設けたごみ箱に直接生ごみを入れることができる。生ごみは外の箱から取り出す。屋外にごみ出し作業ができるスペースが必要となる。

6　食べる

　食事は生命維持のために欠かせない、しかも人間が持つ基本的な欲求の一つである。同時に、コミュニケーションをとりながら楽しい雰囲気で摂る食事は日常生活における大切なひとときでもある。さらに正しい姿勢でよくかむことは、消化吸収を助けるだけではなく、脳を刺激し生活のリズムをつくり出す。

　「食べる」ためには、食べ物を認知し、口に運び、かみ砕いて呑み込むといった一連の動作を行う必要があり、すべて自分でできる場合もあれば、いずれかに介助や用具類が必要な場合もある。いずれにしても食べる楽しみを可能な限り続けるためには、適切な環境と用具[*1]を整えることが大切である。また、食に関する嗜好や手順等は文化・習慣や個人差に大きく左右され、介助する際には、個々人が培ってきた方法をできる限り尊重する必要がある。

[*1] P.64、2章「11　調理・食事用具」参照

■食事をする場所

　「食べる」という行為の目的の一つに家族団らんやコミュニケーションも含まれているため、食事をする環境や場所は重要である。家族がいる人は、できる限りみなで一つの食卓を囲み、明るく落ち着いた雰囲気をつくる。

　食事をする場所は、台所に近いほうが配膳しやすく、調理のときに出る音やにおいで食事時間の意識が高まり、食欲を感じることができる。ただし、必要以上ににおいが広がり、他の日常生活に支障が出ないよう配慮する。いつ、誰と食事をするのかも含め、落ち着いて食事ができる環境[*2]を整える必要がある。

　日中の居場所と食堂とが離れている場合は、移動方法や移動距離を確認し、移動の際に支障となる段差を除去する。また、通路の幅を確保し、複雑な動線とならないよういすや家具の配置を検討する。

　日中ベッド上にいることが多い場合は、できる限り離床し食堂での食事が容易となるよう検討する。ベッド上で食事をする場合は、サイドテーブルを利用する。必要に応じてベッド横に置いてあるポータブルトイレを隠す、移動するなどして、食事環境を整える。

[*2] 音やにおいに過敏に反応する人の中には、大勢での食事は混じりあった臭いや音で落ち着かない場合がある。テレビを消す、出入りや雑音の多い場所を避けるといった配慮も必要になることがある。

■食事をする姿勢

　食事をする際の姿勢は非常に重要である。横や後ろへ傾いた姿勢のまま食べ物や飲み物を飲み込むと誤って気管内に入り込み、窒息の恐れや後に誤嚥性肺炎など重大な症状を引き起こす恐れがある。

　したがって、正しい姿勢で食事ができるように、身体に合った机といすを利用する[*3]。いすは身体が後傾しないようにいすの背もたれを調整し、かかとが床にしっかりつく高さとする。上体が横に傾いたり骨盤がずれてしまう場合はクッションをあてるなど姿勢を整える。机は前腕を乗せて自由に動かせる高さとし、食卓上の器の中が見えるようにする。

　介助者がそばに付く場合は、介助者と本人の位置関係によりテーブルの位置やスペースを検討する[*4]。食事介助をする際に介助される本人に特に左右差がない場合は、介助者が聞き手で介助しやすいような位置になるよ

[*3] P.162、5章「6　家具(机・いす)」参照

[*4] 介助者が立位のまま食事介助をすると、介助される側は顔や目線が上向きになり誤嚥の危険性が増すため、必ず座って介助を行う。

う介助スペースを設ける。片まひ者の場合は、まひ側の口からの食べこぼしや姿勢の崩れなどがあるため基本的にまひ側に介助スペースを設ける。ただし、利き手側にもまひがある場合は、本人の利き手側に介助スペースを設ける（図1）。

座位が保てない場合や不安定な場合は、車いすや座位保持いすを使用し、胸に近づけることができる専用テーブルを設置して姿勢を安定させる（図2）。専用テーブルを取り付けた状態で、家族が使用する食卓の近くにスペースを確保し、顔が見える位置に向きを整える。

ベッドでの食事を介助する場合は、ベッドの背角度30度以上とし、誤嚥や誤飲を起こさないよう頭部をできる限り起こす（図3）。

身体を思うようにコントロールできなかったり、重度の障害のある子どもや乳幼児の場合には、介助者が座って本人を抱えて姿勢を安定させる場合もある（図4）。その際は、抱きかかえながら片手で食事を口に運ぶため、不随意な動きや突然子どもの手が出ても食器類をひっくり返したりやけど等しないよう気を付ける（図5）。また、本人の見える位置に器を配置し、声掛けと同時に口に運ぶことで唾液が分泌され本人の食べる準備も整い食事の意識付けへとつながる。

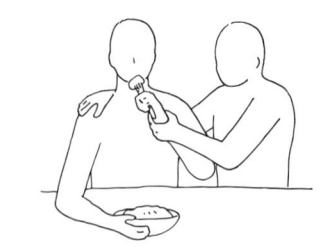

図1 介助者の位置の例

図2 車いす専用テーブル

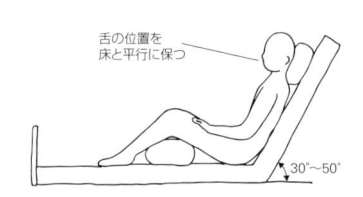

図3 ベッド上で食事をとる時の姿勢

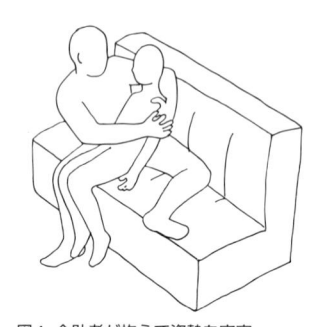

図4 介助者が抱えて姿勢を安定

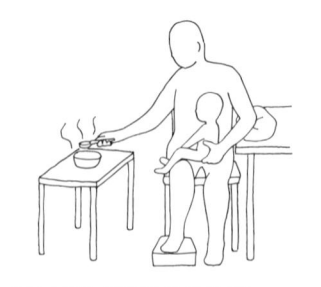

図5 子どもを抱えて介助する例

■食事の形態

食事は彩り豊かに配膳し、目で見ても食欲がわくような配慮が重要である。特に高齢者は体を動かす機会が減り、味覚や嗅覚の機能が低下すると食欲も低下する。季節に合った食材や、食事にあった器に盛り付けるなど、おいしく食事が食べられる工夫をする。

咀嚼機能が低下していて普通食が食べられなくても、舌でつぶせるくらいやわらかくする、トロミを付けて飲み込みやすくするなどさまざまな加工や工夫を行うことで、食べる楽しみを継続できる。また、ユニバーサルデザインフード[*5]として大人から子どもまで硬さ等をわかりやすく表示しているレトルト商品もある。さらに、食材の外観はそのままに、きわめて軟らかい状態に加工する技術も進化している。

食事介助を行うときは、本人の食べやすい形状や嗜好に合わせて、主菜・副菜の食べる順番や、ご飯とおかずは混ぜて食べるのかなど個人の食習慣を尊重することが大切である。

食に対するこだわりの強さや味覚・嗅覚の敏感さなどにより、好みの食べ物に固執する、初めての物には手を出さないといった極度の偏食に対しては、無理に食べさせるのではなく、食べられる食材で形や彩りを変えてみるなど見た目や調理方法を工夫する。時間をかけて観察を行いながら、カロリー・栄養のバランスを考え、本人がすんなり食べられる工夫を行う。

■口からうまく食べられないとき・食べ物が認知できないとき

まひや上肢機能に障害があり、飲み物や食べ物をうまく口に運ぶことができずこぼしてしまう場合は、食卓や床が汚れてもいいように、床にビニールを敷く、拭き取りやすく目地にごみが入りにくい床材にするなど介護の負担にならないよう工夫する。あらかじめ床に落とさないように、洋服にエプロンやナプキンを付ける方法もある。エプロンは食べこぼしが入るポケット付きの製品もあり、片付けやすいが、大人が利用する際には、子

*5 日本介護食品協議会によるユニバーサルデザインフードの表示例

ども扱いされているというような精神的な負担にならない、デザイン性に優れたものを使用するなど配慮をする。

　脳血管障害などにより脳の一部を損傷し、視覚的には見えていても見落としたり食事の半分を常に残してしまう場合*6は、器の中に食べ残しがないよう声掛けをする、器を置く位置を変える、印を付けるなど工夫が必要となる。

　また、食事の摂取量がわからず、出されたものを全部食べてしまう場合は、大皿から取り分けず、一度に食べる量が見てわかるよう工夫する。さらに、強度の異食*7がある場合は、危険な薬品や壊れやすい物は食堂や食卓等の目に付くところに置かないようにし、冷蔵庫の管理や整理整頓を行う。

　食事の形態を工夫しても嚥下のコントロールが困難で、誤嚥性肺炎を頻繁に引き起こす場合や、口からの食事の摂取が何らかの原因で困難な場合は、経管栄養法など別の方法で栄養補給を行う必要がある。

　経管栄養法*8は、流動食や栄養剤を身体より高い位置から体内に流し入れるので、天井や鴨居、ベッド柵にフックを取り付ける(図6)。経管栄養法は、ベッド上だけでなく、家族のいるリビングの床にマットを敷いて利用する場合もあるため、移動が可能なキャスター付きの点滴用スタンドを利用する。その際の移動に支障がないように、床段差は解消する。その他、車いすに取り付けることができる持ち運び用の伸縮式ポールもある(図7)。経管栄養法には時間がかかるため、食事のタイミングと回数を考慮し、本人に合った摂取場所や姿勢を整える。

*6 代表的な例は半側空間無視といい、損傷した脳と反対側の情報や感覚を認識することができない。本人には自覚症状がないのが特徴。

*7 食べ物ではないものを口に入れてしまう行為。

*8 鼻を通して直接胃に食べ物を送ったり、腹部から胃や腸に直接食べ物や栄養剤を投与する方法などがある。さらに、消化吸収の機能障害が長期に及ぶ場合は、血管に直接高カロリー輸液を注入する方法もある。
基本的には嚥下リハビリテーションと同時に行う。

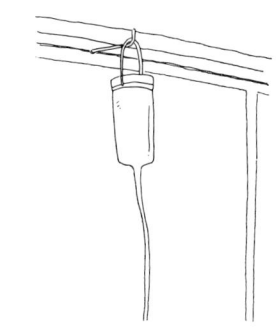

図6　天井付近に取り付けたフック例

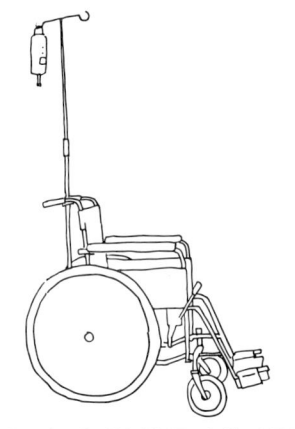

図7　車いすに取り付けることができるポール

7　寝る

　寝る、起きるという行為は、寝返りをうつ、起き上がる、座る、立ち上がる、いすや車いすに移る（移乗する）などを含めて検討されることが多い。高齢者や障害者は心身機能の低下により、就寝用具[*1]をふとんからベッドへ変更することがよく見られる。ベッドを置く位置や向きは、寝る、起きる際の身体の動きを考慮して、また使用する福祉用具を含めて検討することが重要である。

*1　P.62、2章「10　就寝用具」参照

■ベッドからの起き上がり

　ベッドからの起き上がりが自立しているか、起き上がった後に背もたれなしに安定して座り続けることができるかは、就寝室を設計するうえで重要な意味を持つ。自立できなければ電動介護用ベッドが必要になり、ベッドサイドに車いすと介助のためのスペースが必要になる。

　さらに、これらの動作が自立できる場合であっても、ベッドのどちら側に足を下ろすが重要な意味を持つ。足を下ろす側が限定される場合にはベッドの配置に制約を受ける。

　例えば、片まひ者の場合には、臥位（仰向けに寝た）姿勢からまひのない側（健側）の半身を下方にして横向きになり、利き手でサイドレール（ベッド柵）を握り（またはマットレスに手をついて）起き上がる。さらにベッド柵を握ったまま足を下ろして座位姿勢をとる。このようにベッドからの起き上がりは、まひのない側に限定される（図1 ❶から❹）。これを確認した後に、部屋の出入り口との位置関係や車いすの近づきやすさ、介助しやすさを考慮してベッドの配置を決める。

■ベッドからの立ち上がり

　ベッドからの立ち上がり動作が、自立しているのか介助なのか、あるいは全介助で車いすに移乗するのかによって、また脊髄損傷者のように座位のまま車いすに自立し乗り移ることができるかどうかによって、ベッド周囲で必要なスペースが異なる。

　立ち上がり動作が自立可能であり、さらに自立して歩くことができればベッド周囲に特別なスペースを確保する必要はなく、立ち上がり動作の補助としてベッド用手すり（ベッド用グリップ）の使用を検討し、歩行空間を確保すればよい。介助が必要な場合には、介助者が立つ位置にスペースを確保する。

■ベッドから立ち上がって車いすに移乗

　車いすへの移乗動作の安全性の確保が不可欠である。ベッドと車いすの配置は、起き上がりから移乗までの連続動作に適していることが求められ、このことは安全性にも強く影響を与える。ベッド上での頭の向き、ベッドの左右どちら側に起き上がるか、車いすを近づける向きや位置、車いす周囲の介助者が立つ位置と介助スペース、さらに車いすの移動スペースを総合的に検討し、部屋の出入口を考慮して配置を決める。

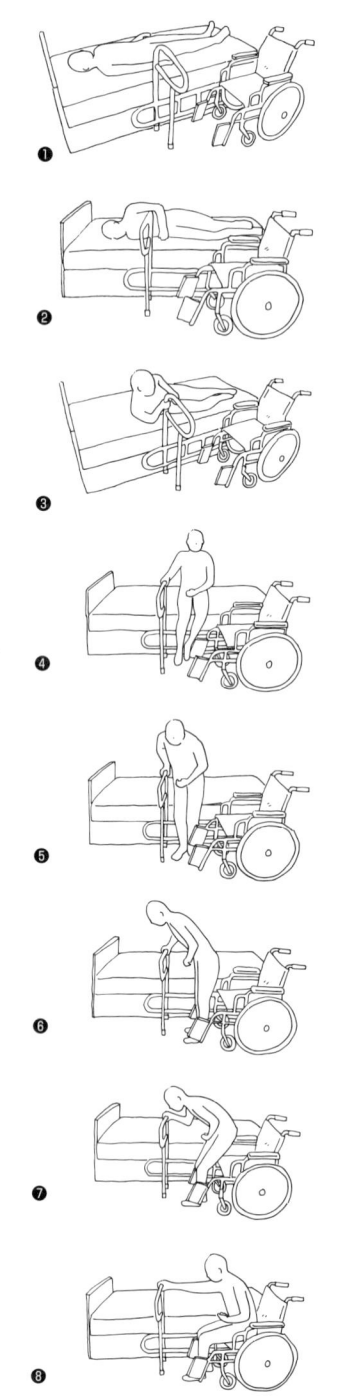

図1　片まひ者のベッドからの立ち上がりと、車いすへの移乗動作（左半身まひ者の例）

片まひ者の場合には、車いすは臥位姿勢での頭の向きに対して足元の位置に、かつ、ベッドに平行した向きに配置する(図2)。移乗動作が自立または軽介助で可能な場合には、利き手(健側上肢)でベッド用手すりを握りながら立ち上がり、手すりを握ったまま体幹を90度回転して乗り移る(図1❺から❽)。ポータブルトイレやいすに移乗する場合も同様の動作と配置となる。

全介助で車いすに移乗する場合には、ベッド用手すりを使用する、ベッド用手すりを外して介助者が対象者の前に立ち介助する、移乗にスライディングボードを使用する、などの方法が考えられる。あらかじめこれらの動作と配置の特徴を確認し、それを想定して室内の動線計画を検討する。

なお、ベッドからの立ち上がりの際に転倒する事故は多いので、床材の選択に留意する。また、感触の暖かさや弾力性、車いすに対する耐久性、耐水性や清掃しやすさ、履き物を見分けやすい色合い等にも配慮する。

図2 ベッドに平行した車いすの配置

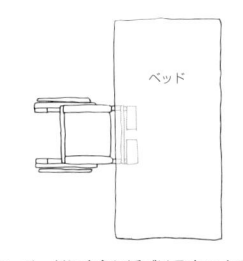

図3 ベッドに直角に近づける車いすの配置

■**座位で車いすへ移乗**

脊髄損傷者のように、プッシュアップ動作[*2]が自立可能であれば、片まひ者と同様にベッドに平行した向きに車いすを配置して移乗できる。上肢にまひがあり、プッシュアップ動作が不安定または困難な場合には、床上で臀部をずらしながら移乗する。車いすをベッドに対して直角に正面から近づける(図3、4)。車いすをベッドに近づけるための移動スペース、回転スペースが必要であり、これらを考慮したうえで出入口の位置に対するベッドの配置を設定する(図5)。

また、車いすの座面高さ(クッション高さ)とマットレス高さをそろえ、さらに双方の間のすき間をなくし転落を防止するほか、トランスファーボード等の福祉用具の使用も検討する。座面高さについては電動介護用ベッドの高さ調整機能を活用し、すき間についてはトランスファーボードの他にも車いすのレッグサポートが下部に納まるベッドの選定、またはレッグサポートの脱着が可能な車いすを選定するなどの方法が考えられる。

ベッドと車いすの移乗動作すべてに介助が必要な場合は、介助者の負担を軽減することを重視して、リフトの設置を検討する[*3]。この場合には、リフトの種類別に必要とされるスペースを確認したうえで使用する機種を選定し、ベッドの向き、リフトの設置位置、車いす配置、介助者の位置等を組み合わせた配置計画と空間の確保を行う。

[*2] P.83、3章「2 排泄する」参照。

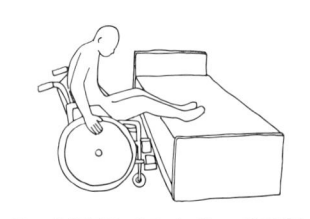

図4 座位移動によるベッドへの移乗動作

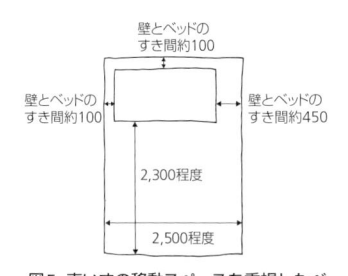

図5 車いすの移動スペースを重視したベッド配置(6畳の場合)

[*3] P.40、2章「4 リフト」参照。

■**ベッド周囲の介助スペース**

心身機能の低下に伴いベッド上で過ごす時間が長くなると、ベッドの周囲に介助スペースが必要になる。対象者がベッドから立ち上がる側に介助スペースを確保できればよいが、身体機能がさらに低下してくると、シーツ交換や体を拭く(清拭)等のために、ベッド周囲に介助スペースが必要になる。介助スペースは、中腰姿勢になるために必要な500mm以上の幅を確保する(図6)。なお、電動介護用ベッドの寸法は、幅1,000〜1,100mm、長さ2,000〜2,100mm程度が目安である。したがって、6畳の寝室でベッドの周囲に介助スペースを確保するには、部屋の長辺方向にベッドを配置することだけに限定される。実際には出入り口の位置と車いすの配置による制約もあるので、ベッドの1辺を壁面に寄せて3方向から介助することが多い。

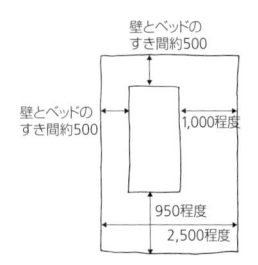

図6 介助スペースを重視したベッド配置(6畳の場合)

8　生活を楽しむ

　日常生活を維持するためには入浴、排泄、調理、食事といった生活行為が必要不可欠であるが、住宅で生活する本来の目的は、家族と会話を楽しむ、テレビを見る、子どもと遊ぶといった日常的に行われる生活活動をはじめ、音楽を聞く、読書するといった趣味活動もある。さらに、人によっては手紙や文章を書く、PCを操作するといった作業活動が加わることで初めて、日常生活が円滑に成り立ち、有意義に過ごせ、楽しめる、と考えるかも知れない。本項ではこうした活動のための環境づくりの方針を述べる。

■生活を楽しむ環境づくりの基本

●移動がしやすい環境づくり

　住宅内での移動に少しでも問題があると、余計な時間を要したり介助を要することでストレスがたまりやすくなる。そのため、まず、住宅内を自由に移動できることが日常生活にとって必要不可欠であり、高齢者や障害者の移動方法に適した環境づくりを行う必要がある。

　高齢者が伝い歩きをする場合や介助を必要とする場合には、廊下や戸幅を広げたり、滑りにくい床材を使用する[*1]ことが基本となり、車いす使用者にも同様の配慮[*2]が求められている。

[*1] P.122、4章「1　床を仕上げる」参照
[*2] P.77、3章「1　移動する」参照

●生活行為を行いやすい環境づくり

　何らかの生活行為を行うときには、その行為を行う場所まで移動した後にそこに留まり、いす・机などの家具や設備機器に向かい合うことになる。まずは、この一連の行為が容易に行える環境づくりを行う。立位でアプローチしてきた場合は腰掛ける姿勢をとることが求められることがあるし、車いすでアプローチしてきた場合には車いすからの移乗（乗り移る）が求められることもある。場合によっては、床面での座位が必要となるかもしれない。これらのことは身体機能に適合した住環境でなければスムーズに行えないので、一つひとつの動作を慎重に検討し、配慮方針を決める。また、生活動作を行おうとするときの姿勢が身体に負担をかけていないかどうかの判断が求められる。例えば、食事を摂ろうとするときの姿勢が正しくないと、嚥下障害を起こす恐れがあることはよく知られている。また、畳などでの床座生活を行う高齢者や障害者は、立位から座位、座位から立位までのいわゆる立ち座り動作が可能であること[*3]が必須条件である。さらに、移動・移乗が困難なためにベッド上で読書やPC操作を行う重度の障害者に対しては、理学療法士や作業療法士などの医療関係者ともよく相談をして臥位以外での生活姿勢と生活行為に対する環境づくりを慎重に行うことが重要である。

[*3] P.44、2章「4　リフト」参照

●操作性への配慮

　ほとんどの日常生活行為は上肢を使って実施されることから、これまでに述べてきた、移動のしやすさ、身体機能に合った家具類等の選択に加えて、上肢機能に合った道具・機器類の選択が決め手になる。どんなに性能のよい道具・機器類を持っていたとしても、操作ができなければ何の意味もない。そのためには上肢の可動範囲内に対象物があり、手指の巧緻性に適した操作性のよい道具・機器類である必要[*4]がある。

[*4] 例えば音響機器を操作する時、小さなつまみに手が届き、そのつまみを回すことができなければ、音楽を聴くことはできない。

■**生活行為ごとの留意点**

　本項では「話し合う」「テレビを見る、音楽を聴く」「PCを操作する」「本を読む」等について述べる。

●**団らん**

　家族と会話を楽しむ、あるいは気心の知れた友人とおしゃべりを楽しむことは有意義な時間の過ごし方であり、しかもそれほど環境づくりのうえで細かな配慮を必要としない行為である。通常、人間は楽な姿勢でおしゃべりしたいときにはソファなど、もたれかかれるようにいすを利用したいが、いすが低くなればなるほど、もたれかかればもたれかかるほど、元の姿勢に戻ることが困難になる。そのため、高齢者や障害者は通常のいすに腰かけた姿勢からそれほど大きく外れない姿勢を保持することに留めたい。その分、楽しい雰囲気づくりに心がける。例えば、やさしい心づかいとともに、ちょっとしたお菓子やお茶を出したりできるテーブルの上に、花を飾ることなどで目的を達することができる。

●**テレビを見る、音楽を聴く**

　家族や友人とテレビやビデオを見たり、ラジオや音楽を聴いたり、カラオケを楽しむときには、機器類の操作が必要となる。その際、機器類にアプローチしにくい場合はリモコン操作ができる機器を選択し、併せて音声を聴きやすいように指向性の高い音響機器（スピーカー）＊5を設置することでよりよい環境づくりを構築できる。ただ、高齢者や聴覚に障害がある人たちは、ややもすれば音声を大きくする傾向にあるので、遮音性能の高い環境づくりを行うことが望ましい。

＊5　通常のスピーカーは全方向に均一の音圧分布となるが、指向性を持たせると、その方向に対してより強い音圧レベルとなるので、聞きやすくなる。

●**PCを操作する**

　PCを置く机に合った座りやすいいす、もしくは車いすとで正しい姿勢を保つことと、PCを置いた状態で操作しやすい高さに調整する。また、PC機器を使用すると配線が込み入ってタコ足配線の原因にもなるので、無線ルーターを設置したり、マウスや機器を無線で操作できるようにすると快適な作業環境となる。タブレット型PCを活用するのも有効である。タブレット型PCは、フレキシブルアームスタンドに固定することでベッド上の臥位姿勢でも利用できる。

●**本を読む**

　趣味的な読書ならば楽な姿勢で行えればよいが、ちょっとした調べ物や仕事に関連した読書の場合は、机に向かってきちんとした正しい姿勢で行う。これらはいずれもこれまでに述べてきたことで対応できるが、問題は書物に当たる光の方向である。ちょっとした筆記があることを考慮すると、入光は正面から左方向からが好ましいといえる。夜間の読書も同様であるが、照度は700lx＊6程度確保したい。

＊6　P.150、5章「2　照明器具」参照

●**室内で身体を動かす**

　高齢者や障害者は、ややもすれば、自宅に留まり室内にいる時間が多くなりがちであり、その結果、身体を動かすことが少なくなる。しかし、身体を適度に動かすことは健康維持に欠かせないことから、立位で全身を動かす、あるいはいす（車いす）に座った姿勢で上下左右に上半身を動かすスペースを確保したい。

■室内の環境整備

日照、採光、通風、換気といった室内環境の整備は、心身の健康上の問題だけでなく、住宅内の居心地に大きな影響を与える。できる限り明るい日差しが室内に入り込むように配慮する[*7]。天気がよい日には新鮮な外気を取り入れて気分をリフレッシュできるようにし、室内から庭が眺められ、空模様や天気の移り変わりが感じられるようにする。また、室内空気の汚れに配慮し常に新鮮な空気と交換するように配慮することが基本となる。ただし、もっとも気を付けたいのが温熱環境の整備である。高齢者は循環機能が低下することから、冬季には手足の先、特に足先が冷えがちになり、夏季には体内でうつ熱状態になり熱中症に罹りやすくなる。また、車いす使用者をはじめとする障害者の中には機能障害上の理由から体温を自らコントロールすることは難しい者もいる。これらのことから、室内の冷暖房設備には十分に配慮する[*8]。

■インテリアに対する配慮

●床材

高齢者や障害者が居住する住宅の床材は段差のないフローリング[*9]にすることが基本であるが、室内の雰囲気を変えるために生活に支障のないよう一部をカーペット敷きにすることもよい。ただし、フローリング材との間に段差ができないように境目をきちんと処理[*10]する。そうしないと、高齢者は得てしてすり足で状態で歩くので転倒する恐れが高くなる。できればフローリングで床暖房にしたい。

●壁材・カーテン

日本人は一般に落ち着いた色彩を好むが、全体的に沈んだ雰囲気にもなりやすいので、その場合は一部に色調の異なる壁材[*11]を取り入れることで変化をもたらすことができる。一方で、明るい色調で部屋全体を演出して、より活動的な雰囲気をつくる方法もある。いずれにしても床材、家具やカーテンとの色合いのバランスを保つことが重要である。

●調度品・インテリア小物

室内によい雰囲気を醸し出すのが調度品やインテリア小物である。好みに合った絵画を壁に飾るのでもよいし、家族の写真や小物を棚に飾るのでもよい(図1)。調度品は家族の歴史を物語る場合も多くある(図2)。

いすや机も調度品の一部である。ただし、生活をしやすくするには、コンパクトで使いやすいいすや机[*12]を数点に絞って配置し(図2)、できる限り移動をしやすくすることがポイントである。

●色彩と照明

高齢者は加齢または疾患により、眩しさをより強く感じる、明暗順応が遅くなり暗いとよく見えない、視野が狭くなるなどの視機能上の問題が起き[*13]、色彩の見え方も以前と異なってくる。具体的には、高齢者は黄色のフィルターを目にかけた状態となる。そのため、長い波長のピンクや赤は認識できるが短い波長の色彩である緑や紺などは灰色がかって見えるといわれている。

これらのことを考えると、生活を楽しむ居間・食堂や滞在時間の長い寝室の室内インテリアは明るい色調でまとめることを基本とし、カーテンや

[*7] 疾病上の理由で過度の太陽光が好ましくない場合や、気持ちの上で明るい室内を好まない場合はカーテンなどで光量を調節する。

[*8] P.156、5章「4 換気・脱臭設備、冷暖房設備」参照

[*9] P.122、4章「1 床を仕上げる」参照

[*10] 薄い金属板でつなぎ目を覆う方法がある。この金属板を「への字プレート」という。

[*11] アクセントカラーという。

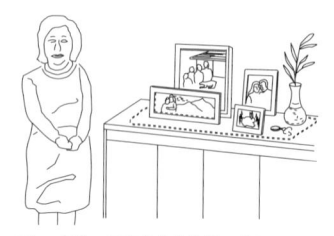

図1 家族の写真や小物を棚に飾る

図2 調度品は家族の歴史

[*12] わが国では、どちらかといえば、室内面積に対して大きな家具類を配置しすぎる傾向がある。P.162、5章「6 家具(机・いす)」参照。

[*13] P.14、1章「1 高齢者の加齢による機能変化」参照

照明で光量を調節することでよい雰囲気の室内をつくり出していきたい。室内全体の雰囲気を効果的に演出するためにはいくつかの照明方法*14があり、読書や細かい作業をするときには部分照明を活用したい。

■その他

●観葉植物

近年、住宅居間に観葉植物を置くことが多くなってきた*15。この際に配慮すべきことは、基本的には外気温に左右されず日当たりのよい位置で、かつ何げなく視線が集まるような場所に観葉植物があるとよい。また、水やりで周囲が多少濡れることもあるので、水分を拭き取ることができるようにする。

●コンパニオンアニマル

生活を楽しむ一手段として、最近、室内で動物を飼うことが多くなってきている。話し相手のいない人にとっては、動物は心を和ませるというより生活をともにする仲間という側面が強い。このことから欧米では「コンパニオンアニマル」としてとらえる傾向がある（図3）。アニマルセラピーの一種ともいえる。この際に留意すべきことは、床材が滑りやすいと動物は歩きにくいので、特別にカーペット敷きの部分をつくるなど、部屋間の移動ができるように動物用の移動ルートを確保する、排泄場所をあらかじめ設定し、そこで行えるようにしつけないと不衛生となる。

動物や家族として生活をともにする場合は、排泄の世話や日々のケア（ブラッシングや爪切り、洗体など）も考慮する。コンパニオンアニマルが病気になった際やペットの高齢期の世話なども重要で、コンパニオンアニマルと人との老老介護となる可能性がある。

*14 P.150、5章「2　照明器具」参照

*15 P.108、3章「9　庭に出る、庭を楽しむ」参照

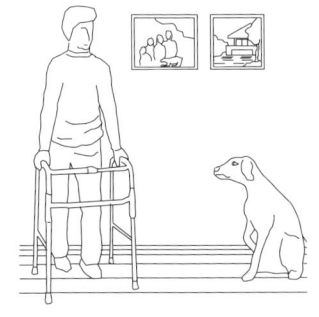

図3　コンパニオンアニマルとの生活

9　庭に出る、庭を楽しむ

　庭は、ガーデニングや緑のある生活を楽しむ、洗濯物を干すなど、屋外活動を行う場となる。また、屋外に出て空気を吸いリフレッシュするだけでも生活の質の向上へとつながる。そのためには、居室から庭や屋外スペースに容易に出られることが大切である。そうすることで、避難路や入浴サービスの出入口としても利用することができ、より安心した日常生活をおくることができる。
　本項では戸建て住宅における庭の利用を中心に述べる。

■庭に出る

　日本の木造住宅は、建築基準法の規定により1階の床面を地盤面より450mm以上高くしなければならない[*1]。このことは、高齢者や障害者の居室と庭との段差は、容易な出入りを妨げている。
　居室から屋外への出入りを容易にするには、居室床面と同じ高さの屋外テラスを設置する方法がある（図1）。その際は、居室と屋外テラスの間の掃き出し窓のレールの段差は除去する。また、屋外テラスには強い日差しや雨をよけるために広めの庇を設ける。
　地面に降りるには、歩行可能な場合は、居室との段差がない屋外テラスもしくは掃き出し窓に昇降可能な手すり付きの階段を設ける。車いすの場合は、一旦屋外テラスに出てからスロープを利用する方法[*2]がある。庭が狭くてスロープの設置が難しい場合は、段差解消機[*3]を利用する。段差解消機は地面から直接掃き出し窓に設置する方法や屋外テラスに設置する方法がある。
　いずれにしても、スロープや段差解消機を設置すると庭として利用できるスペースが狭くなるので、目的に応じて検討を行う。

■庭を移動する

　玄関からの外出が困難な場合は、居室から直接外出する方法がある。さらに、居室から道路までの通路を確保することで、入浴サービスなどの機材を居室に運び入れるための経路にもなるし、災害時の避難路としても利用できる。
　庭に設ける通路は、段差のないコンクリート舗装等とし、雨に濡れても滑りにくい仕上げとする。さらに、空調用室外機等が邪魔にならないよう通行に十分な幅員（850mm以上）を取り玄関や駐車場までのアプローチを確保する。通路は平坦とし、特に危険な横断勾配[*4]とならないようにする。また、敷地と道路とに高低差があり、庭の通路を傾斜路として利用する場合は、傾斜路の前後に、1,500mm程度の水平部分を確保する[*5]。
　庭や通路に排水溝を設ける場合は、車いすの前輪や杖類が挟まらないように格子の目（15〜20mm以下）が細かいフタを設置する。また、金属製のフタは滑りやすいので滑り止め加工が施してある製品とする。

[*1] 建築基準法により、床下にあらかじめ防湿土間コンクリートを打設することで床面を規定より低くすることができる。

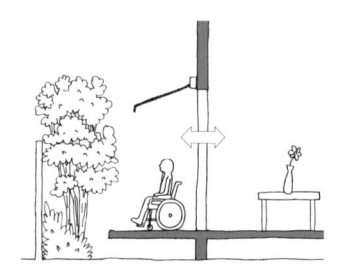

図1　居室から屋外テラスへ出る

[*2] スロープの勾配、設置および形状については、P.123、4章「1　床を仕上げる」参照

[*3] P.46、2章「5　段差解消機」参照

[*4] 横断勾配とは進行方向に対し直角方向の傾斜勾配をいう。勾配は1%以下が望ましい。

[*5] P.122、4章「1　床を仕上げる」参照

■庭での活動

●洗濯物を干す[*6]

庭に洗濯物を干す場合は、洗濯物を持って出入りをするため、居室との段差のない屋外テラスが望ましい。屋外テラスの床は、雨にぬれても滑りにくく、汚れが付きにくい清掃性のよいタイルなど、万が一洗濯物を落としても安心な材質が望ましい。

また、洗濯かごを置く台や物干し竿の高さにも配慮する。洗濯物をかごから取り出す際に、かがまなくて済むような高さの台を竿の近くに設ける。立位での動作が不安定な場合は、室内用の低い物干し台を屋外テラスに出していすに座りながら行ってもよい。

物干し竿や洗濯バサミの高さは、手が届く位置に設ける。いすに座って使用する場合や車いすで使用する場合には、干してから自動または手動で物干し竿の高さが変えられるとよい。庭に設ける物干し竿の支柱は、通路の妨げとならないよう配慮する。

●ガーデニングを楽しむ

ガーデニングを楽しむために立位や車いすで利用しやすい形状のプランターを設置する(図2)。土や肥料、シャベルなどの道具類は、取り出しやすい収納(図3)に保管し、アプローチしやすい位置に配置する。かがまないと道具類を取り出せない倉庫の場合は、下にブロックを置くなど、高さを調節する。

ガーデニングに必要な道具類には、手首への負担が少ない形状の柄がついているスコップ(図4)などもあるため、作業台の高さと同時に作業の内容や姿勢、身体機能に応じて用意する。プランターには、花の他にもちょっとした収穫を味わえるトマトやゴーヤなどを植えると庭へ出る楽しみが増える。

屋外での活動には、熱中症対策や作業中休憩のために、日陰に腰を掛けられるベンチを用意しておくとよい。また、ベンチは肘掛付きとし、立ち座りがしやすい形状とする。

■庭の管理・その他

●清掃と植木の選定

通路の両側に植える草木については、定期的に枝の管理を行う必要がある。落ち葉などが水で濡れると転倒の危険性がある。また、視覚に障害があると顔や体に枝が当たる危険性もあるため、枝葉の手入れをこまめに行い、通路面や排水溝を覆わないよう十分配慮する。

さらに、枝葉の管理において低木の切り口は、高齢者や幼児等が転倒した際に身体を傷つけないよう配慮する。

●水・水道

庭にあるちょっとした池、水が流れる音やせせらぎの音は、癒しの空間を演出する。特に、視覚に障害がある場合には、音で楽しむ庭造りを心がける。ただし、水を循環するモーターなどは寝室から離れた場所に設ける。ガーデニングの際に必要になる水道栓は、かがまなくて使用できる高さとし、利用しやすい場所に設ける。車いすで使用する場合は、足元にスペースをつくり水栓金具はレバー式とする(図5)。

*6 P.90、3章「4 掃除・洗濯する」参照

図2 車いすに対応した花壇例

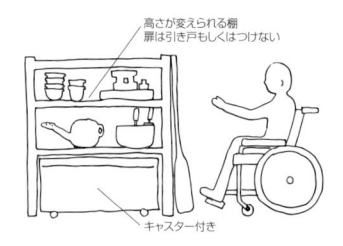

図3 取り出しやすい収納例

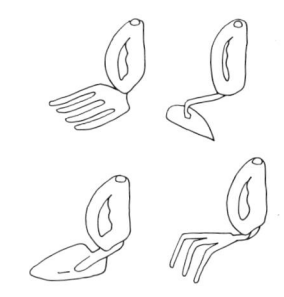

図4 園芸用品の例

図5 かがまなくても使える水栓

その他、特に水へのこだわりが強く水遊びが好きな子どもには、夏はビニールプールを用意し屋外で安心して遊ばせることができる。その際、水栓を全開にしても水が大量に出ないよう水量を調節できる止水栓を隠れた場所に設置する。さらに、水道栓を低く設置すれば子どもが泥遊びをしてもすぐに手や足を洗うことができる。安全な場所で思いきり体を動かせる環境を庭に確保する。

いずれにせよ、屋外に設ける水道栓は、屋外用車いすのタイヤを拭く、介助犬の足を洗うなどさまざまな目的で利用でき、便利である。

● 四季を感じる植樹、光と風

日中ベッド上での生活が主な場合は、居室やベッドから見える位置に、花の咲く時期が異なるアジサイやサツキなど四季を感じることができる木々を植樹するとよい。また、庭に出るスペースがない場合は、生活に張りを持たせるよう室内で観葉植物を育てるのもよい。

視覚に障害のある場合は、キンモクセイやジンチョウゲなど香りのある花や木を植えることで、四季を感じることができる。また、光や風などの五感で庭を楽しむことができるように、庭に植樹する木々の種類や配置を考慮し、光や風通りが悪くならないように注意する。

さらに、夏は生い茂った葉で強い日差しをさえぎり、冬は暖かい陽が入るよう南側に落葉樹を配置するなど機能面も考慮する。

● 照明・防犯

通路の照明や庭に趣を持たせるために、木々の間に照明等を配置する場合は、夜間ベッド上から目に光が直接入らない場所に設置する。照明等の電源は、太陽光を利用するなど、ランニングコストがかからないものを選ぶ。

防犯面では、庭には死角となる部分を減らし、人感センサーで人が通る時に点灯する照明を設置すると、独り暮らしの高齢者や聴覚に障害がある者も、安心して生活することができる。さらに、視覚に障害がある者への配慮として、家の外周に防犯砂利[*7]を敷くことで、防犯性を向上させることができる。

*7 防犯砂利とは、一戸建て住宅の外壁の周りなどに敷き詰めて、人が歩くと大きな音(70〜80 dB程度)がして警報の代わりになる人工的につくった砂利のこと。一般的にはリサイクルガラスを発泡させてあり、軽くて取扱いがしやすい。

10　外出する

　高齢者や障害者にとって外出することは、社会との接点を確保するうえで大きな意義を持つ。ただし外出といっても、散歩や買い物を目的とした自宅周囲や近距離の場合と、自動車や公共交通機関を利用した遠距離を移動する場合がある。ここでは、自家用車での移動を中心に紹介する。

■玄関〜門までの移動

　対象者の歩行能力が比較的高ければ、段差を小さくする、手すりを取り付けるといった基本的な対応[*1]を行えば問題は生じにくい。しかし、外出の際に車いすや介助用車いすを使用する場合には、敷地内の段差や通路の未整備が原因となって外出が阻まれたり、家族の負担が大きくなって外出意欲が奪われる場合もあり、敷地内の整備は不可欠である。具体的には、スロープの設置[*2]が必要となる。玄関ポーチ周辺に設置スペースの確保が困難な場合は、簡易スロープ[*3]を利用したり、これに代わる方法として段差解消機[*4]の活用が考えられる。

■自宅周辺の車いす移動

　自宅周辺の外出では、道路の状況によって使用できる車いすの種類が限定される。道路面が平坦に整備され、道路勾配が緩ければ手動車いすの使用が可能であるが、坂道があったり、天候不順、道路面の凍結等といった条件により影響を受ける。また、買い物では荷物の持ち運びも必要となるので、手動車いすの使用を慎重に検討する。仮にそれが自力では不可能と判断された場合は介助を受けるか、標準型車いすの駆動輪に電動駆動装置を装着したパワーアシスト型自操用車いす[*5]を使用するか、または電動車いすやハンドル型電動車いすを使用することを検討する。

　ハンドル型車いすは、起立と着座を自立して行うことをアシストする機構を持ち、通常は、歩行能力はあるが長距離の移動や荷物の持ち運びに便宜を図るために活用されている。外出先では車いすを降りて屋内を歩行する場合が多い。また、使用者は安全な操作を心がけること、路上に放置してはならないことに留意する。なお、電動車いすと同様に充電用電源を備えた保管場所が必要である。

■自動車による移動

　自動車による移動では、自ら運転する場合と、家族が運転する場合がある。自らの運転が可能であれば、自動車は通勤・通学はもちろん、活動範囲は格段に拡大し、荷物の搬送等にも大きく貢献できる。ただし、使用者には厳しい条件が課せられている。

●自ら運転する場合

　自動車の運転免許を保有する車いす使用者は、自立による運転席の乗降が義務づけられ、その代表例は、脊髄損傷による両下肢まひや両下肢切断者である。こうした障害者は下肢を使った運転動作は困難であるが、ハンドルやパーキングブレーキ、アクセル等の制御装置と専用の改造部品を用いることにより、上肢のみによる運転操作を可能にすることができる[*6]。

---

*1　P.122、4章「1　床を仕上げる」参照

*2　*1に準じる。

*3　簡易スロープを用いる場合には、安全な勾配（1/12以下）の確保は困難であり車いす落下の危険性がある。簡易スロープの使用は介助者の介助技術が高い場合に限定されやすい。

*4　P.46、2章「5　段差解消機」参照

*5　P.37、2章「3　車いす」参照。介護者が高齢の場合には、介護保険制度の福祉用具貸与サービスを利用したパワーアシスト型車いす（簡易型電動車いす）の普及が進んでいる。

*6　両上肢（左右両方の腕や手部）にまひがある頸髄損傷者であっても、自立による車いすから運転席への移乗が可能であれば運転免許の保有が認められる場合がある。

車いすから運転席への移乗には環境条件も重要である。駐車スペースは車いすを安全に停止できるよう平坦であることが不可欠である。わずかでも傾斜があると車いすのキャスターが滑りやすく、移乗動作中に座面から転落する、スライディングボードが外れるなどの恐れがある。駐車スペースの周囲には、運転席にアプローチする通路の確保、運転席のドアを車いすで開閉する動作スペース、移乗時にドア（幅約1,200mm）を全開するスペースを必要とする。リモコンキーを使わずに鍵穴にキーを差し込む場合には、さらに広いスペースを必要とする。

　自立して車いすから運転席に移乗する手順は次の通りである。まず運転席のドアを全開し、①車いすを運転席に並行に近づける（図1❶）。②座位姿勢のまま臀部を中心に身体を運転席の座面に移す（同❷）。プッシュアップ動作の安定性が低い場合には、転落防止のためにスライディングボードを使用する（同❸）。③左下肢を手で持ち上げて運転席に移し、同様に右下肢を移す（同❹、❺）。④車いすのクッションを外して車いすをたたみ、フレーム部を握り（同❻）、車いすを持ち上げて運転席内に引き入れる（同❼）。⑤運転席の背もたれを倒して身体を寝かし身体の上に車いすを載せ（同❽）、さらに車いすを後部座席に移し収納する。⑥背もたれを起こしてドアを閉める。

　車いすを車内に格納する動作は、重さ15kg程度の車いすを持ち上げるだけに大変な重労働であり、かつ衣服に汚れが着きやすい。したがって、駐車スペースまでの通路はできる限り土の汚れが車輪につきにくい仕上げとする。特に雨天時は濡れやすいので、カーポートの設置などを検討する。

●**家族が運転する場合**

　助手席や後部座席に乗車する場合には、車いすを座席の正面から、または座席に並行に停止させ、介助を受けて移乗する。停止させた車いす周囲には介助者スペースが必要であり、自動車側面には1,500mm程度の幅を確保する。

　また、最近は福祉車両が普及してきた。福祉車両は、助手席や後部座席へ乗降するタイプと、自動車後部から車いすのまま乗降するタイプがある。前者では座席が車外へ移動し自動車側面のスペースを活用して移乗動作を行い、後者では自動車後部に装備したスロープや車いす用リフトが自動車の後方地面に突出して車いすを乗降させる。いずれの場合も車外に乗車に必要なスペースの確保が必要である。なかには傾斜面でのリフト使用は禁止された車種もあるので、事前に必要スペースや使用環境の条件を確認する。なお、操作者には固定装置の確実な装着やリフト操作等の習熟が求められる。

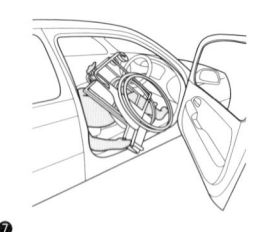

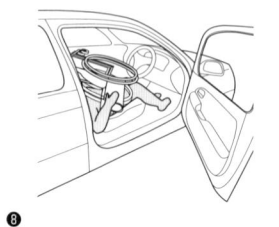

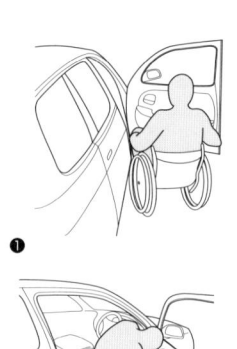

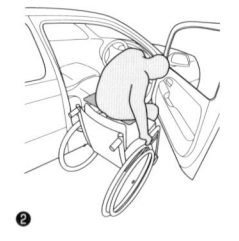

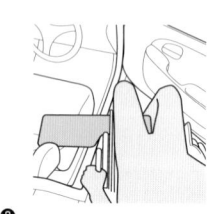

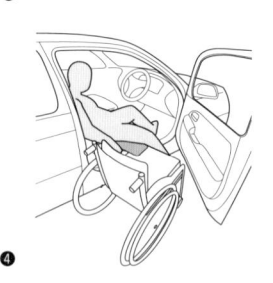

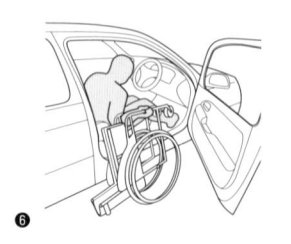

図1　車いすから運転席への移乗

COLUMN ❾
家庭内事故と住環境

　建築基準法を順守して建てられている住宅は安全であるはずなのに、住宅内で滑って転倒する、階段から転落する、浴室で溺死をするといった事故が多発し、交通事故よりも多い人々が死亡したり、負傷している。表1は、厚生労働省が平成24年に発表した家庭内事故による死亡者数に関する統計である。これによると、「溺死・溺水」による死亡者が高齢者を中心にもっとも多いことがわかる。これは、冬期に暖房されていない浴室で入浴すると、血圧上昇をもたらすことから発生する事故と推測されている。また、次に多い「転倒・転落」は階段で転落するよりも同一平面上でのスリップ、つまずき・よろめきのほうが多い。

　これらのことから、高齢者に対する住環境整備は、身体機能が低下した高齢者に生活をしやすくするという考え方だけではなく、健常な高齢者に対しても家庭内事故を起こさないように住宅を整備するという考え方が、高齢社会を迎えたわが国ではより重要な課題となっている。

表1　主な家庭内事故の年齢別死亡者数

	総数	0～64歳	65～79歳	80歳以上
総数	16,343	3,668	5,195	7,480
転倒・転落	2,745	452	959	1,334
同一平面上	1,482	116	457	879
階段	481	97	207	177
溺死・溺水	5,498	514	2,143	2,841
窒息	4,329	643	1,244	2,442
煙・火災への暴露	1,195	428	394	373
熱・高温物質との接触	115	7	32	76
中毒・有害物質への暴露	464	337	78	49

主な項目のみであるため合計しても一致しない

COLUMN ❿
子どもの住宅内事故を防ぐ

■交通事故より多い住宅内事故による死亡
　毎年、交通事故で亡くなる人より、住宅内で起こる事故で亡くなる人のほうが2倍も多いことは意外と知られていない。平成25年の人口動態統計によると、交通事故による死亡は6,060人であるのに対して、住宅内事故は14,582人にものぼる。しかし、住宅内事故は交通事故のように社会問題化することはなく、その解決のための大きな予算が投下されているわけでもなく、その重大さ自体、ほとんど知られていない。

■子どもの死因の多くは住宅内事故
　同統計によると図1のように、全死因の中で家庭内事故による死者の割合は、子ども、とりわけ自由に行動できるようになる1～4歳において著しく多い。これは、家庭内事故の絶対数が多い高齢者と比較しても、高率で起こることがわかる。子どもの住宅内事故を減少できれば、子どもの死者数を大きく減少できると考える。

■近年減少している子どもの家庭内事故
　戦後50年間において、乳幼児死亡率が激減したにもかかわらず、不慮の事故による子どもの死者（人口十万対比）は、まったく減っていなかった。しかし2000年代に入ってから、図2のように、住宅内事故は急激に減少しはじめた。特徴として、1～9歳といった幼児、児童の減少が著しく、10年間でほぼ半減している。しかし、成人から高齢者にかけては、ほぼ横ばいのままである。

　減少した理由として仮説の域を出ないが、2000年の建築基準

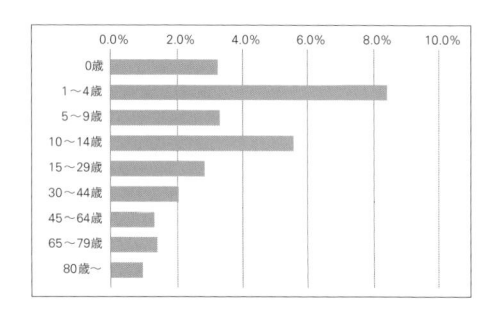

図1　全死亡数に対する家庭内事故による死亡の割合（平成25年）
（平成25年　厚生労働省人口動態調査をもとに作成）

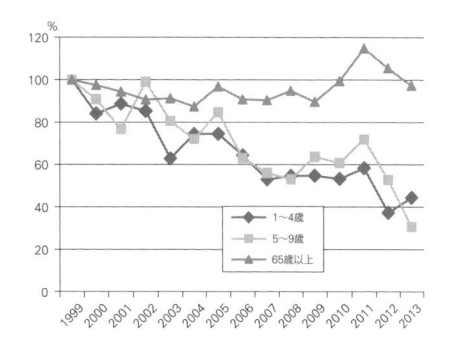

図2　1999年を100%とした家庭内事故による年齢別死者（人口10万対）の割合（各年　厚生労働省人口動態調査をもとに作成）

法の改正で、新築戸建住宅の階段に手すり設置が義務づけられたこと、高齢社会の到来により、一般住宅も段差解消などバリアフリー化されつつあることが大きいと考えられる。すでに「2か所以上の手すりの設置」がされている住宅は、全住宅の半数を超えている。とくに住宅内転倒・転落による事故の減少は著しい。

子どもの事故だけが減少している理由として、筆者らの研究他において、子どもは環境による影響を直接受けることから、事故の原因となるものが存在すると、成人よりはるかに高率で事故に遭うことがわかっている。子どもにとって、こうした原因の除去は、直接事故の減少につなげることが期待できると考えている。

■子どもの住宅内事故の内訳と対策
①浴槽内における溺死および溺水

幼少児においては、浴室に入り込んで浴槽をのぞき込み、または自らふたを開けたり乗っかったりして落ち、溺水する事故が後を絶たない。2歳児までの子どもがいる家庭では、風呂の水をためておかないといった消極的な対策しかないが、高所に鍵を取り付けて一人で出入りできないようにしておくことは有効である（図3）。

②誤えんによる中毒、窒息、消化器の損傷など

薬、たばこ、刃物といった危険なものは片付けるといったことはよく言われるが、歯ブラシやひげそりなど、誤えんの原因となるものは家庭内に数多く存在する。こうしたものは子どもの手の届かないところに置く、そのためには子どもが手の届かない1m以上の高さに置いておくといったことが従来から育児雑誌等に書かれているが、筆者らの実験では年齢によって、図3のように140～160cm以上の高さでないと手が届いてしまう子どもが多いことがわかった。

③転倒への配慮

階段では、手すりを取り付けることが必要であるが、特に下る際の階上のはじめの一段と階下の最後の一段における踏み外しが多い。手すりは、段の始めや終わりにおいても延ばしておく必要がある。

廊下や室内に段差をつくらないのはもちろんであるが、平らな床面でも転倒は起こる。これは、靴下、スリッパなどの履き物、カーペットのめくれ、雑誌など放置したもので滑るといったことが転倒原因になっていることが多い。よって、転倒そのものを住環境で阻止するのは困難である。その場合有効なのは、転倒した後、頭部などの身体を強打することによる重傷事故をなくすため、床材は柔らかなものとする、柱や家具などが出っ張っているところには緩衝材を付ける、手すりの端部は必ずエルボなどの曲がり材を取り付けておくといった配慮で、けがの程度を軽くできる（図4）。

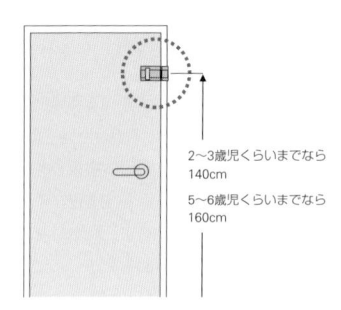

図3　子どもの年齢別、手が届きにくいとする高さ
2～3歳児くらいまでなら 140cm
5～6歳児くらいまでなら 160cm

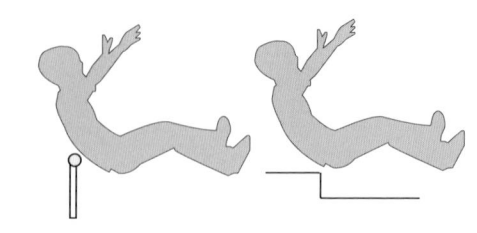

図4　転倒したところに角や突起状のものがあると重大事故になる

階段においても、滑り防止のために段鼻のところにノンステップ材を取り付けるが、それと同時にこの部分を柔らかなプラスチック材などにしておくと、階段転倒時にも大きなけがをしなくてすむ可能性が高くなる（図5）。

④墜落防止

ベランダ等の高所に取り付けられた手すり柵からの転落は、致命的な結果となることから重点的に対策すべきである。建築基準法では手すり柵の高さは110cm以上に規定されていて、これ自体は子どもの墜落防止に十分である。しかし、事故の多くはこの付近に足がかりとなるもの、例えばエアコンの室外機、石油のポリタンク、古新聞、プランタなどの植木棚類に足をかけて柵外をのぞき込み墜落している。また、マンションなどの高層住宅では廊下側に子ども用三輪車などが置いてあり、そこを足がかりとして手すり柵を乗り越えることがある。

少なくとも機械器具類はその周辺に置かないか、手すり柵より60cm以上離す必要がある。また、手すり柵の近くに他に足がかりとなるものができる場合は、柵の高さは足がかり上端部から90cm以上の高さを確保する必要がある（図6、図7）。

（注：「家庭内事故」は官公庁の統計資料で使われている。それ以外本稿は「住宅内事故」と表記するが同じ意味である。）

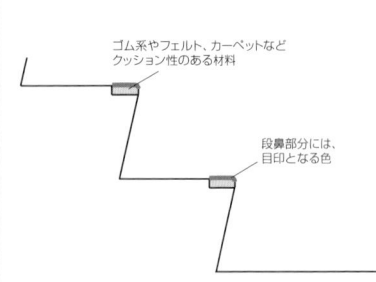

図5　段鼻は、目立つように、そして柔らかく
ゴム系やフェルト、カーペットなどクッション性のある材料
段鼻部分には、目印となる色

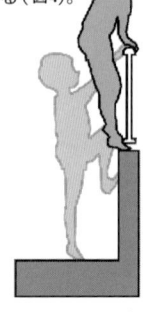

図6　足がかりとなるものがあると柵の高さが高くても危険である

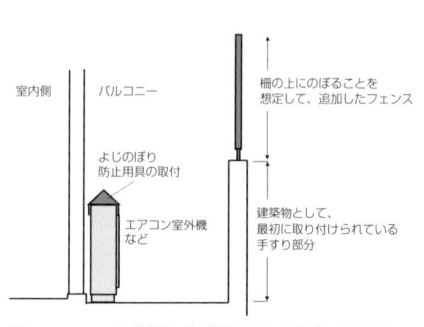

図7　エアコン室外機などが設置された場合の注意点
室内側　バルコニー
よじのぼり防止用具の取付
エアコン室外機など
柵の上にのぼることを想定して、追加したフェンス
建築物として、最初に取り付けられている手すり部分

4章 住環境整備の設計手法を知る

　高齢者や障害者に対する住宅設計は、個別性が非常に高いと考えられているが、多くの住宅設計や住宅改修を経験してみると、その中にはいくつかの共通点が見られる。本章では、これまでに得られた共通点を整理し、住宅全体の平面計画を考える際の配慮点を総論にまとめ、各室を構成する部分を「床を仕上げる」「手すりを取り付ける」「建具をつくる」「収納する」「スペースへの配慮」に整理し、その内容を示している。このうちの「床を仕上げる」「手すりを取り付ける」の2項目は、介護保険法による住宅改修項目に該当する内容であり、住宅改修を行うときに参考になる。なお、高齢者や障害者を対象とした実際の設計では、心身機能に的確に適合した状態でなければ使用しにくかったり、使用できないこともありえるので、設計条件と同じ場面を仮設でつくり、体験したうえで必要に応じて修正を行うなどの慎重な対応が必要である。また、使用する材料および製品は多種多様であり、事前に試用し、感触を確かめて最終的に決定する。

総論　　平面計画を考える

　住宅は日常生活に必要な生活動作を行う場であり、併せて家族との交わりの場、休息の場、明日へのエネルギー生産の場、余暇活動の場でもある。このことは若年者であろうと高齢者・障害者であろうとまったく同じである。ただ、心身機能の低下が始まり、あるいは障害があることによって、いくつかの配慮項目を加えなければならない事項がある。それは、すべての高齢者や障害者に共通に言えることと、あるいは障害の個別性[*1]に配慮して考える内容とがあり、さらに、サービス付き高齢者向け住宅、グループホームのように共同生活を営む場合にもそれなりの配慮が必要となる。本節では平面計画を中心に、これに関連する生活上のさまざまな工夫について述べる。

*1 障害の疾病種類、障害程度等の個人の心身状況のほかに、生活目標、生活スタイル、住まいに対する考え方など多くの内容が含まれる。
　P.13、1章「高齢者・障害者の特性を知る」参照

■高齢者、障害者に対する共通事項

●平面計画の共通事項

　高齢者や障害者が生活する住宅を設計するときの、共通する平面計画について、箇条書きにすると、以下のようになる。

① 生活はできる限り同一階で完結するような平面計画とする。2以上の階にまたがると、生活の連続性がなくなると同時に、上下階の移動に時間がかかるだけでなく移動動作に危険が伴う。やむを得ず複数階にする場合は、階段昇降機もしくは住宅用エレベーターの設置を考える。

② 家族との団らんスペースを確保する[*2]。家族同士の円滑なコミュニケーションは重要であるし、プライベートな生活空間と区別することで、生活にメリハリをつけることができる。

*2 P.102、3章「8　生活を楽しむ」参照

③ 部屋の配置は動線が短くなるように検討する。住宅内の動線は生活スタイルや日常生活の過ごし方をよく理解すればある程度わかってくる。そのうえで、よく行き来する部屋は近くに配置し、さらに移動の容易性に配慮すれば生活しやすい住宅となる。また、部屋の開口部の位置を工夫して動線を短くかつ単純にすれば、より効果的である。

④ 寝室から廊下を通らずに直接トイレに行けるようにするか、トイレを隣接させる[*3]。トイレに通じる開口部は大きくとり、生活動作を行いやすく、しかも、将来介助が必要になったときでも対応できるようにする。

*3 寝ぼけ眼でトイレに行くと転倒の恐れがあるし、寝室から廊下に出ると室温の違いが身体に悪い影響を及ぼす。専用のトイレにするのは、家族の使用による排水音や扉の開閉音で睡眠を妨げられるからである。

⑤ 前項が実現できないときでも、寝室の近くに洗面・トイレ・浴室などの水回りを1か所にまとめて配置する。できれば洗面とトイレを一体空間とするサニタリールーム形式のほうが生活動作を行いやすい。サニタリールーム形式とならなくても、将来は間仕切り壁や柱を撤去できる構造とする。また、水回り空間は生活上の重要な役割を果たすことになるので、太陽光線が入り込むような位置に配置できれば気持ちよく使用できる。

⑥ 寝室は他の家族の動線に左右されないような位置に配置する。高齢者は夜が早く朝も早いので、この点に注意が必要である。一方で床に伏しがちの高齢者は家族の動きが寝室から見えないと寂しくなることもある。

⑦ 高齢者はベッド就寝を基本とする。布団からの起居就寝は身体負荷が大きく、ベッドからの起居就寝のほうが楽に動作が行える。また、介助が必要になったときに、介助者はベッドのほうが楽な姿勢で介助できる。

⑧収納スペース*4を多く設える。加齢に伴って生活用品は多くなるし、高齢者は物品をなかなか手放さない傾向があるので必然的に増えていく。また高齢または障害ゆえに生活に必要な物品、例えば福祉用具類、在宅医療機器類、介護用品等が増えていく。収納スペースを多めに確保することで、雑然となりがちな室内を整理できるし、物が落ちてきたり、物につまずくような事故がなくなる。さらに、過去の思い出となるような品物を部屋の一隅に飾れるような配慮*5があるとなおよい。

⑨地震や火災が発生したときにできる限り早く屋外に避難できるように、寝室から外部に通じる開口部を確保する。

*4 P.138、本章「4 収納する」参照

*5 P.104、3章「8 生活を楽しむ」参照

■家族とのつながりと平面計画

　一人暮らしの高齢者の日常生活は他人に左右されることはないが、配偶者や家族と生活している高齢者もしくは障害者は一つ屋根の下でお互いに何らかのつながりを持って生活していくことになる。そのつながりの大小、強弱はそれぞれ家族の考え方によって異なるが、住宅を設計していくなかでつながりをどのように考えているかが、平面計画に影響を及ぼす。先に住宅改修で検討すべき重要な視点として家族関係を挙げ、前項にも高齢者と家族とのつながりについて若干触れたが、ここでは一歩踏み込んで、家族との交わりの基本的な考え方について記す。

●高齢者と家族のつながり

　高齢者と同居している配偶者は、お互いの生活テリトリー（領域）を確立しながら、必要に応じて高齢者の介護を行うことが多い。例えば、就寝時にも介護や見守りを行う必要があるときには同じ寝室で就寝できるほうが利便性が高い。しかし、一方で、介護者の休息スペースも確保しなければならない。そのような生活維持のためのつながりはこれまでも重視してきたが、もう一方で精神面でのつながりも同等に重視されるべきである。高齢者が寂しがらないように家族の存在が感じられる距離にいること、あるいはコミュニケーションをできる限り活性化できるような場づくりを考えることが重要である。決して孤独感を感じさせる平面計画をしてはならない。

●障害者と家族のつながり

　障害者も基本的には同じであるが、強いて言うと、障害者は高齢者よりも独立した時間と空間を求めることが多い。特に社会との接点が多い若年者の場合はその傾向が強い。毎日の生活をより積極的に生きようとする姿勢が外出の機会を促すし、友人・知人が自宅を訪問することもある。また、在宅勤務の形で自宅で仕事を行うことも考えられる。となると、生産性を上げるために家族に迷惑がかからないような独立性の高い位置に個室があるほうがよいことが多い。

■対象者別の住環境整備

●認知症高齢者

　認知症高齢者は、記憶力、注意力、判断力などが低下し、また、夜間せん妄、幻覚、妄想、火の不始末、不潔行為、異物誤飲・異食、徘徊などの多くの問題行動を起こすといわれていることから、家族や周囲の人々の協力とともに住環境の整備も重要となる。

　そのポイントは、「安全な住環境の整備」「過去との生活の継続性、慣れ親

しんだ生活環境の維持」「自分でできることを最大限に引き出す」「ストレスのない生活空間の提供」である。

「安全な住環境の整備」では、段差の除去、手すりの取り付けといった通常のバリアフリーに加えて、火気の管理や、徘徊を行うような状況があれば住宅の出入口に徘徊防止機器*6を設置する方法を考える。

「過去との生活の継続性、慣れ親しんだ生活環境の維持」では、室内に昔の写真を飾ったり*7、昔の生活道具を置いて記憶をよみがえらせて時々話題にすることは意義がある。生活環境をいっときに住宅改修してしまうと、新しい環境になじめず問題行動をひき起こしかねないので、少しずつ異なる環境に慣れさせながら住環境を整備する配慮が必要である。

「自分でできることを最大限に引き出す」では、認知症高齢者には得てして家族が「それは危険だから止めて」と生活動作を思いとどまらせてしまうことが多い。例えば、包丁やハサミを使う、ガスを使って料理をするといった場面である。しかし、そのように生活場面でいろいろな制約を課せられると、精神的にストレスが高じてくる。「ストレスのない生活空間の提供」は、このような家族がもたらす制約もさることながら、生活の不便さ、(本人にわかる目印があれば問題はないのに)トイレの場所がよくわからない、隣り近所との付き合いができない、周辺からの騒音など、人それぞれに異なったことがストレスの原因となる。しかし、家族がきちんと見守ることで危険を回避できることも多い。

総じていえば、音、光、色彩などで適度に五感を刺激しながら、思い出のある、あるいはなじみのある家具などに囲まれた室内環境で、快適で落ち着いた雰囲気をつくり出すことが重要である。

以下は、認知症高齢者に対する住環境整備に共通する配慮事項である。

① 寝室は、独立性を保ちながら、かつ家族からの疎外感を感じさせることのないように位置に配置する。
② 転倒防止のために、段差の解消だけではなく、滑りにくい床面、つまずきにくい床面とする。
③ 動くもの、例えば戸・扉などにつかまらないように、必要に応じて手すりを取り付ける。
④ 暗い場所での移動は危険であるので、十分な照度を持った照明を行う。
⑤ トイレの床は、汚れても清掃しやすい、水拭きしやすい材質とする。
⑥ 失禁で身体を汚した場合を考慮して、トイレにシャワーを設置して流せる工夫もよい。
⑦ 台所では安全装置付きの調理設備を設置する。また、火傷等に留意する。
⑧ 万が一の火災発生を考慮して住宅火災警報器および消火器を適宜準備する。住宅火災警報器は、寝室、階段には必ず設置するとともに、火災発生の危険性が高い台所にも設置する。
⑨ 収納スペースを十分に確保し、室内が常に整理・整頓された状態にする。このことは家庭内事故を防ぐことにも通じる。
⑩ このほか、毎日の生活に刺激を与えるような、大きな文字の時計、日めくりカレンダー、花を飾る、新聞・雑誌類に多く触れる、アルバムなどを見て人生回顧をする、菜園・花壇いじり*8などが認知症高齢者の生活によいとされることから、これらを考慮した環境整備を行う。
⑪ 徘徊防止ために徘徊防止装置を購入・設置する方法もあるが、高齢者の

*6 P.49、「COLUMN ❻」参照

*7 P.102、3章「8　生活を楽しむ」参照

*8 P.106、3章「9　庭に出る、庭を楽しむ」参照

手の届かない、見えにくい位置に鍵を置く工夫をする。
●視覚障害者
ひとくちに視覚障害といっても、原因となる疾病によって症状が異なるために不便・不自由[*9]さもさまざまである。したがって、個々の不便・不自由の内容をよく理解したうえで福祉用具[*10]を含めた住環境整備を行う。以下は、視覚障害者に対する住環境整備に共通する配慮事項である。

*9 P.22、1章「3 障害者に多い疾患・障害」参照

*10 P.68、2章「13 視覚・聴覚障害に関わる福祉用具」参照

①同一階での生活のほうが便利であるが、住宅内に階段があってもそれほど問題は生じない。ただし、万が一の事故をなくすためには、階段降り口の近くに室の入口を設置しない。
②床面の段差は解消し、かつ滑りにくい床材とする。また、汚れにくく、かつ掃除がしやすい材質とする。
③室内の動線をできる限り単純化する。住戸内のあちこちで曲がらなくてはならない住生活は疲れるだけでなく事故を招きかねない。ガイドレールとして手すりを設置することもある。
④壁面や家具の配置で生活空間に凹凸ができると身体を衝突させる恐れがあることから、あらかじめ、設計時に家具の配置をよく考慮し、実際の生活で室内に凹凸ができない平面計画を心がける。やむを得ずできる出隅部分にはクッション材を張り付け、けがの防止を行う。
⑤建具はできる限り引き戸とする。やむを得ず開き戸設置する場合にはドアクローザーを付け、中途半端にあいている扉にぶつかることを避ける。
⑥廊下および室内の通行部分には歩行の支障となる障害物、例えば、家具、収納ラック類を置かない。
⑦階段の下部に入り込んで頭部をぶつけないような工夫を行う。
⑧浴室では自動水量調整装置や自動温度設定機能が付いた給湯設備が便利である。
⑨台所には音声式ガス漏れ警報器、音声付き煙感知器・報知機を使用する。電磁調理器や電子レンジにも視覚障害者が利用しやすい機種がある。
⑩背もたれがなく背の低いスツールは使いにくいので避ける。
⑪整理しやすい収納棚の設置。収納物を奥と手前に二重に収納するのは使用しにくい。
⑫ガラス類には、割れた際のことを考えて、飛散防止フィルムを張る。
⑬郵便ポストは、点字郵便物（多くはA4サイズで分厚い）が配達されるときのことを考えて大きめにする。
⑭宅配便や郵便物の受け取りのために、玄関戸の横に小さな受け渡し口を脇に設置する方法もある。この方法は、人が出入りすることはないので防犯上、安全である。また、これらを受け取るボックスを設置した場合、番号合わせ型の鍵は使用できないことが多いのでテンキー式を使用する。
⑮防犯のことを考慮して、屋外に面する開口部の安全を高める工夫を行う。例えば、玄関扉を開けなくとも外来者と対応できる工夫、鍵を二重に設置する、などは有効である。
⑯住戸周辺に小砂利を敷きつめて不審者の近づきを知らせる工夫もある。
⑰弱視者には以上に加えて、階段の踏面と蹴上げ、あるいは床と壁にとの間にコントラストの高い色彩を配色することで、室内の広がりを認識しやすくなる。一方で、光を反射させるような材質は目に強い刺激を与えるのできる限り避ける。

● **聴覚障害者**

　聴覚障害はまったく音の聞こえない「全ろう」から、音声はわずかに聞こえるが日常生活に不便・不自由を感じている「難聴」まで多岐にわたっている[*11]。なかには、聴覚障害なるがゆえに言語にも障害がある場合が多い。聴覚に障害がある人々に対する住環境整備の基本は、電話のベル音や玄関のチャイム音などの生活音を光や振動に変換する機器など、日常生活に必要な福祉用具[*12]を活用する。また、住宅用火災警報器は基本的には音声で非常時発生を知らせる音声式の機器が中心に製作されているが、光点滅式の機器もすでに製品化されている。また、聴覚によるコミュニケーションは、視覚に頼るコミュニケーション手法になることから室内は手話やコミュニケーションボードといった福祉用具が操作できるだけの室内照度が求められる。このほか、難聴者のなかには大きな音声ならば理解できる場合がある。しかし、テレビの音声を大きくして視聴していると、周囲の人から注意されることもあるので、室の遮音性能を高め、音声が外部へ漏れないように配慮といった住環境整備も必要である。

　以下は、聴覚障害者に対する住環境整備に共通する配慮事項である。

① 玄関のチャイム・電話の着信音・目覚まし音など、生活に必要な音は、音を大きくするだけではなく、光に変換して報知する福祉用具を活用して生活を維持する。最近は家電製品などにも光点滅によって報せる機種も市販されている。
② 音を大きくすることで聞き取れる場合もあるが、この場合でも周囲からの騒音が入らないような住環境整備を行う、と同時に周囲に迷惑をかけないように窓を閉める、遮音性の高い建材を使用したつくりとしたうえでペアガラス窓にする、などといった配慮も必要である。
③ 手話を使用するときには手元がよく見えるような照度が必要である。
④ 住宅火災警報器は、光点滅式機能を付置した機種を選択する。

● **関節リウマチ者**

　関節リウマチ[*13]は40代の女性に多く発症し、関節の炎症が慢性的に進行し、関節に疼痛、可動域制限、変形・拘縮や筋力の低下を伴う疾患である。この疾患に罹ると日常生活動作の遂行に支障が現れてくる。例えば、段差をまたぎにくくなる、股関節が痛みを伴い動きにくくなる。指先が拘縮・変形して力が入りにくく、巧緻性を必要とする動作がしにくい、上肢を挙上しにくいので肩から上にものを挙げたり落としたりしにくい、排泄時や入浴時に股関節を深く屈曲する姿勢は困難、湿度が高いのは苦手などである。

　以下は、関節リウマチ者に対する住環境整備に共通する配慮事項である。

① 床面の段差を除去する、
② 腰の関節に負担をかけないように便器、腰掛けを高くする。
③ 長時間立位を求められる動作、例えば調理動作では、時々高い椅子に座れるように配慮する。
④ 廊下の手すりは指先で握るのではなく、上腕全体で支えられるような幅広い形状とし、高さも通常の手すりよりも高く（床から肘程度）設置する。

● **難病者**[*14]

　難病にはさまざまな種類の疾患があるので、必要に応じてその疾患ごとにどのような症状が現れるのかを理解することから始める。そのうえで、住宅計画上で配慮することを理解する。本稿では代表的な症状に対する配

[*11] P.24、1章「3　障害者に多い疾患・障害」参照

[*12] P.70、2章「13　視覚・聴覚障害に関わる福祉用具」参照

[*13] P.18、1章「2　高齢者に多い疾患・障害」参照

[*14] 難病とは、疾患の原因が特定されておらず、したがって治療法は確立していない疾患、と定義されているが、さらに、原因は特定されたが、治療が遅れたためにさまざまな症状が現れ生活上の不便・不自由がある場合も難病の範囲に含まれる。

慮項目にふれている。
① 骨関節症が現れた場合には、調理作業時に利用できる腰掛いすを用意する、階段の蹴上げや上がり框段差を小さくする、敷居や段差をなくす、ベッドを使用する、などの配慮を行う。
② 疲労倦怠感が現れる場合には、居間とは別の場所にある寝室の確保、ベッドの使用、シャワー浴設備の設置、開き戸を引き戸に変更、軽い雨戸にする、軽い掃除機にする、などの配慮を行う。
③ 皮膚症状が現れる場合には、室内の温湿度調整がきめ細かくできるような空調機器の設置、角のある金具は使用しない、擦過傷をつくらない材質の使用、などの配慮を行う。

COLUMN ⑪ 住環境の捉え方

人間は誰しも住み慣れた自分の住宅でずっと生活を続けたいと願っている。しかし、高齢になって心身機能が低下したり、介護が必要になることで自宅に住み続けられない場合も多々ある。心身に障害を負った時にも同様である。となると、自宅以外に居住の場を探し出さなくてはならない。しかし、個人の力で、自分が置かれた状況にふさわしい住宅を求めるのは、非常に困難である。そこで、国は住宅行政と福祉行政からさまざまな施策を講じて、このような境遇の人々に対して居住の場の提供を行っている。以下、それぞれの行政が行っている住環境に関連する施策と、それによって提供されている住宅・施設を簡単に説明する。

■住宅行政からの住環境整備

高齢者や障害者に対する住環境整備の基本となっている法律は、住宅品確法（正式名称：住宅の品質確保の促進等に関する法律、2000年）と高齢者住まい法（正式名称：高齢者の居住の安定確保に関する法律、2001年）が中心となっている。住宅品確法は、高齢者等が生活する際にふさわしい住宅構造の技術的基準について定め（P.192参照）、高齢者住まい法は、社会システムの中でサービス付き高齢者向け住宅を中心とする高齢者住宅を位置づける役割を担っている（P.120参照）。住宅を法律に準拠して整備することで住宅金融支援機構から融資を受けることができ、地方自治体によってはバリアフリー化するための助成（住宅改修費補助事業）を行っている。また、国は、地方公共団体・都市再生機構・住宅供給公社が供給する公的住宅や民間事業者に対し、サービス付き高齢者向け住宅の建設に対し、一体条件のもとに建設費の補助を行うなど積極的に推進を行っている。

■福祉行政からの住環境整備

高齢者や障害者に対する住環境整備の基本となっている法律は、介護保険法と障害者総合支援法が中心となっている。介護保険法では、認知症高齢者グループホーム（法律では認知症高齢者居宅介護という）、介護老人福祉施設（特別養護老人ホーム）、介護老人保健施設（老人保健施設）等が位置づけられている。障害者総合支援法では身体障害者、知的障害者、精神障害者のグループホーム等が位置づけられている。下の図は、高齢者の居住の場に対する現行法で定められている住宅および居住施設を健康状態（縦軸）と施策系（横軸）に分けて位置づけたものである。

（出典：野村歓・橋本美芽『OT/PTのための住環境整備論』三輪書店、2012、P.8）

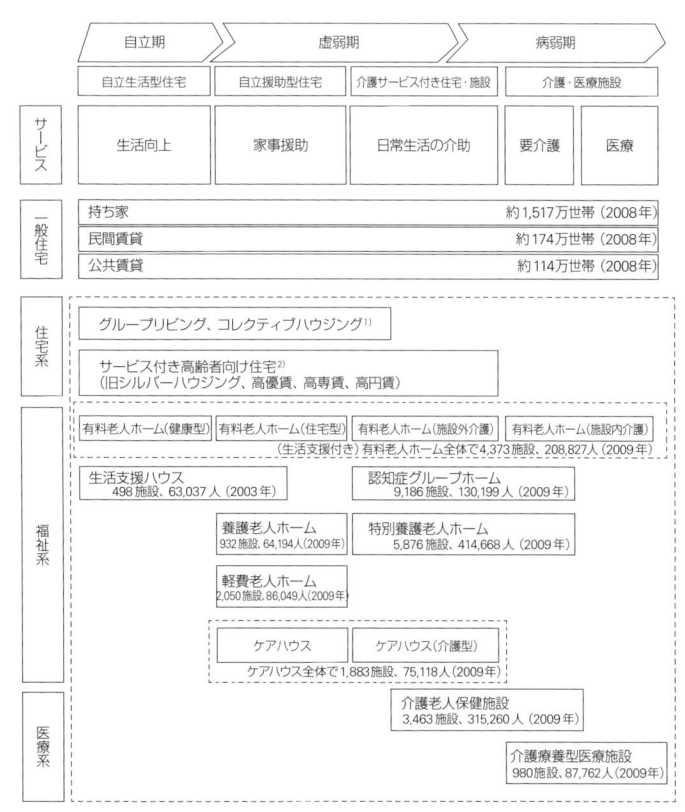

1) 実例はあるものの統計的なデータとしては存在しない
2) 2010年に高齢者すまい法改正が施行される以前は、旧シルバーハウジング39,034戸（2010年）、高専賃154,814戸（2007年）、高円賃650,450戸（2007年）、高優賃34,612戸（2009年）であった

図　高齢者の居住の場

④レイノー症状*15が現れる場合には、台所・洗面所・洗濯器等での給湯設備、金属製のつまみ・鍵・ドアノブなどの使用を避ける、乾燥機の使用、床暖房の設置、冷房機の冷風が直接身体に当たらない、などの配慮を行う。
⑤眼症状が現れる場合には、照明がまぶしくないように配慮する。
⑥紫外線過敏症状が現れる場合には、窓に紫外線不透過ガラスを使用する。

● 障害児

　子どもがいる住宅ではいつも親の目が行き届くような空間づくりが重要であるが、重度の障害のある子どもが小さい場合は、保護者や家族が常に見守りができるように平面計画を行うことが特に重要である。例えば、保護者は壁面に向いて調理作業をするのではなく、室内の子どものいるほうを向きながら作業を行えるような調理設備の配置が優れている。また、兄弟姉妹がいる場合には家族全員で障害児に常に接し、コミュニケーションや介助の手助けすることができる場づくりも重要なポイントである。ただし、子どもは次第に成長し、やがて思春期を経て大人へと成長していく過

*15 手や足の指先の小さな動脈の血液不足が発作的に発生し、冷感や皮膚色変化が現れる症状をいう。膠原病や全身性硬化症にしばしば現れる。

COLUMN ⓬ 障害者基本法と住環境

　介護保険法が高齢者施策のバックボーンとするならば、障害者基本法は障害者施策のバックボーンともいえる。この法律は、身体障害者福祉法、知的障害者福祉法、精神保健および精神障害者福祉に関する法律、児童福祉法その他障害者および障害児の福祉に関する法律と相まって、「障害者及び障害児が基本的人権を享有する個人としての尊厳にふさわしい日常生活又は社会生活を営むことができるよう、必要な障害福祉サービスに係る給付、地域生活支援事業その他の支援を総合的に行い、もって障害者及び障害児の福祉の増進を図るとともに、障害の有無にかかわらず国民が相互に人格と個性を尊重し安心して暮らすことのできる地域社会の実現に寄与すること」（障害者基本法第1条）を目的としている。

　そのなかで提供される住関連施策は、グループホーム（P.121参照）である。

COLUMN ⓭ サービス付き高齢者向け住宅

概要	高齢者の居住の安定確保に関する法律（通称：高齢者住まい法）は、これまでの高齢者円滑入居賃貸住宅（高円賃）、高齢者専用賃貸住宅（高専賃）、高齢者向け優良賃貸住宅（高優賃）を「サービス付き高齢者向け住宅」と一本化し、介護、医療と連携した高齢者の安心を支えるバリアフリー構造の住宅として提供することを目的としている。事業主には地方自治体、都市再生機構、住宅供給公社のほかに民間事業者も参入できる。事業主は、建設費の補助を受けられるが、家賃の上限設定が決められる。また、事業者は介護保険サービスも一体で提供できる。
法的根拠	「高齢者の居住の安定確保に関する法律」（通称：高齢者住まい法、2011年）および「高齢者の居住の安定確保に関する法律施行規則」
対象者	60歳以上の者、要介護・要支援認定を受けている者およびその同居者
主な建築構造および設備設置基準	・各専用部分の床面積は原則25㎡以上。ただし、共用の居間・食堂・台所そのほかが十分な面積を有する場合は18㎡以上とすることも可。 ・原則として各専用部分に水洗便所・洗面設備・台所・収納設備・浴室を設置。ただし、台所・収納・浴室は共用部分に備えることで各戸に備える場合と同等以上の居住環境が確保される場合は、各戸に備えなくても可。 ・段差のない床、廊下幅は75cm以上。出入口の幅は居室75cm以上（浴室60cm以上）、便所・浴室・住戸内階段には手すりを設置。 ・浴室は短辺120cm、面積1.8㎡以上（1戸建ての場合は130cm、面積2㎡以上） ・3階建て以上の共同住宅ではエレベーターを設置。
支援サービス：	・ケアの専門家*がおおむね7時〜17時に少なくとも1人常駐し、安否確認サービスと生活相談サービス（宅配便や郵便物の預かり、外出時の付き添い、買い物代行、生活相談、安否の確認など）をすべての入居者に対して提供する。常駐していない時間は、各居住部分に必要に応じて通報装置を設置して、状況把握サービスを提供する。

＊社会福祉法人・医療法人・指定居宅サービス事業所等の職員、医師、看護師、介護福祉士、社会福祉士、介護支援専門員、介護職員初任者研修課程修了者。

程でも問題なく生活できる空間づくりを見据えておくことが重要である。

　学齢年前の障害児の生活動作は、ほとんどが保護者の介助のもとで実施され、排泄動作や入浴動作は保護者が子どもを抱えて行うために住宅改修のニーズがあまり顕在化してこない。やがて、学校に通学するようになり、特に特別支援学校に通学するようになると、保護者同士の情報交換が活発化するようになり、住宅改修への機運も芽生えてくる。目の前に現れる課題の共通する課題は、登校する前の住宅内移動（階段の昇降、玄関での車いすや自動車への乗降など）であり、帰宅時にも同様な問題がある。また、次第に身体が大きくなると、抱え上げが困難となり、排泄や入浴動作が難しくなり、介護者が腰痛問題を抱えるようになる。さらに学校ではできる生活動作が自宅でできないことによる、住宅改修への要望が次第に大きくなる。しかし、解決方法は、個別性が非常に高く、個別対応に近い方法とならざるを得ないことが多いうえに、成長するにしたがって、状況も変化して再び住宅改修をせざるを得ないことも多い。

COLUMN ⓮ 認知症高齢者グループホーム

概要	要介護状態の認知症高齢者が、可能な限り自立した日常生活が送ることができるよう入居して、家庭的な環境と地域住民との交流のもとで、食事、排泄や入浴などの日常生活上の支援や機能訓練などのサービスを受ける。グループホームでは1つの共同生活住居に5～9人の利用者が介護スタッフとともに共同生活を送る。
法的根拠	「介護保険法第78条の4第1項、第2項」、および「指定地域密着型サービスの事業の人員、設備及び運営に関する基準93条」
対象者	・認知症の症状がある要介護1以上の認定を受けた高齢者
主な建築構造および設備設置基準	・規模：事業所は最大2ユニット（18人）までとする ・居間・食堂は同一の場所とすることができる。 ・居室は原則個室。7.43㎡/人以上（収納設備を除く）。ただし、利用者の処遇上必要と認められる場合は2人も可。
介護職員	・1ユニットに対し、日中3人、夜間1人 ・支援サービスは、食事、入浴など生活全般、緊急時の対応など。

COLUMN ⓯ 障害者グループホーム

概要	身体・知的・精神障害者等が地域のアパート、マンション、一戸建て住宅等に2～10人規模で集住し、「世話人」等の支援を受けながら生活する居住の場。介護サービスは当該事業所の従業者が提供する「介護サービス包括型」と外部の居宅介護事業者等に委託する「外部サービス利用型」がある。
法的根拠	障害者総合支援法第5条第15項による「共同生活援助」、および「障害者自立支援法に基づく指定障害者福祉サービスの事業の人員、設備及び運営に関する基準」（H18年9月28日厚生労働省令171号）218条による特例
主な基準（抜粋）	・立地は入所施設または病院の敷地外にあり、かつ、利用者の家族や地域住民との交流の機会が確保される住宅地または住宅地と同程度の地域にあること ・地理的範囲の目安は、複数の住居が同一の日常生活圏域にあって、緊急時にサービス管理者が適切に対応できるような距離（おおむね30分以内で移動可能な範囲）。 ・原則として1か所あたり2人以上10人以下。 ・居室は原則個室（夫婦の場合は2名可）とし、7.43㎡/人以上（収納設備を除く）。居室は他の居室とは明確に区分されていること。ただし、一般住宅を改修している場合で、建物の構造上、各居室がふすま等で仕切られている場合はこの限りではない。 ・日常生活を営むうえで必要な食堂、居間、台所、便所、洗面設備、浴室等をユニットごとに設けること。
職員配置	・管理者：1名（資格要件あり）、サービス管理担当者：利用者の数を30で除した数以上（資格要件あり） ・世話人：利用者の数を6で除した数以上（資格要件なし）生活支援員：障害程度区分3の利用者を9で除した数（3/9）、障害程度区分4/6障害程度区分5/4障害程度区分6/2.5（資格要件なし）
運営基準	・調理・洗濯その他の家事等は、原則として利用者と従業者が共同で行うよう努める。行政機関の手続き等の代行、利用者家族との連携、交流等の機会の確保に努めること。

1　床を仕上げる

　床仕上げのポイントは、「段差の解消」と「滑りにくい」ことが主となる。「段差の解消」は手すりの設置と並んでバリアフリー住宅の基本であるが、やむを得ず段差が残る場合には、スロープや段差解消機で対処するなど、本人の身体機能に対応した配慮を行う。また、床材は各室の使用条件を考慮しながら「滑りにくい」ことを主条件に選択するが、その場合、歩行時にも車いす使用時にも条件を満たすことが条件となる。したがって、どこでどのような移動手段を用いるのかを本人や家族とよく話し合い、生活様式や身体機能に合った床仕上げを検討する。

■床面に求められる基本性能

　床に求められる基本性能は、「つまずきにくいこと」と「滑りにくいこと」の2点である。床をつまずきにくくするには段差を解消することが、滑りにくくするには仕上げの工夫を行うことが最善である。

■段差の解消（つまずきにくくする）

(1) 屋外段差の解消（段差を小さくする）

　門扉から住宅内部までのアプローチを、総合的に考えて段差解消を検討する[*1]。屋外段差を解消するには、「階段の段差（蹴上げ）を小さくする」「スロープの使用」「段差解消機の使用」等の方法がある。「段差解消機の使用」については、2章「5　段差解消機」を参照のこと。

●階段の勾配を緩くする（歩行可能者が対象）

　歩行者の身体機能から見て、階段の昇降方法は次の3種類があり、これに沿って階段の形状を設定する。ただし、将来の身体機能の低下を想定すると、できる限り緩勾配が望ましい。

① 1段を1歩ずつ昇降する歩行能力に対応した階段形状

　勾配は踏面：300〜330mm、蹴上げ：110〜160mmを目安とする（図1）。併せて $550 \leq T + 2R \leq 650$（T：Tread（踏面）、R：Raise（蹴上げ））の式を満たすことも確認する[*2]。

*1　GLからFLまでの約450mmをどのように分割するのかを検討する。屋外のアプローチ階段を多く取ると上がり框の段差は小さくなり、また、アプローチ階段を小さく取ると上がり框の段差は大きくなる。

*2　この勾配式は高齢者の居住の安定の確保に関する基本的な方針（平成23年国土交通省告示第1299号の3）に定める寸法である。

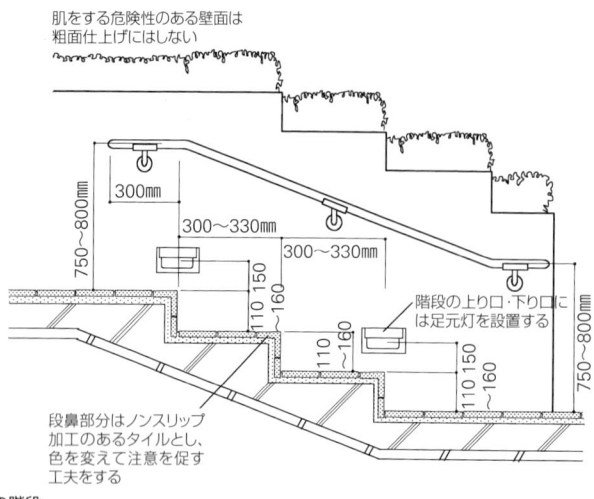

図1　通常の階段

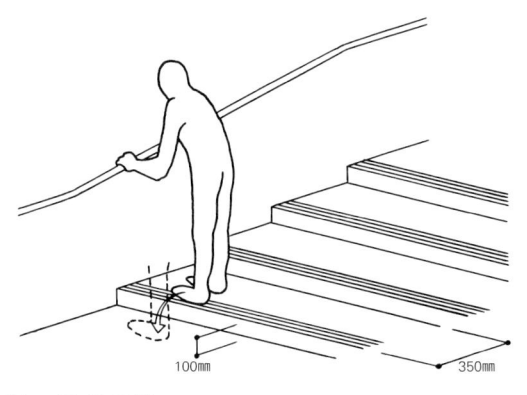

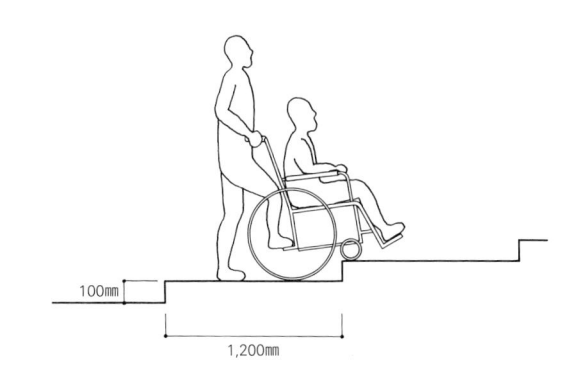

図2　2足1段の階段　　　　　　　　　　　　　　　図3　介助用車いすに対応した階段

② 1段に両足を揃えて昇降する2足1段の方法をとる歩行能力に対応した階段形状

　階段昇降が困難な高齢者がとる昇降方法で、横向きになり身体正面で手すりを握り両足を揃えながら階段を昇降する(**図2**)。踏面は両足が載るよう350mm以上を確保する。また、蹴上げ寸法は100mm以下に抑えて昇降を容易にする。2足1段の方法では、踏面を大きく取りすぎると歩幅を大きく取る必要があるので注意する。

③ 2足1段の階段よりも踏面を大きく取り、さらに歩行能力が低く介助用車いす使用まで考える場合に対応した階段形状

　踏面は1,200mm程度、蹴上げは100mm程度(蹴上げ寸法は生活者が現在楽に昇降できる高さを目安とする)とする[*3](**図3**)。

● スロープを用いて段差を解消

　スロープの勾配は1/12勾配を目安にするが、敷地に余裕がある場合には、1/15まで勾配を緩やかにする[*4](**図4**)。

　スロープの端部(昇り始め、降り始め)には車いすが安定するよう奥行1,500mm角以上の平坦部を設ける。また、スロープの水平距離が9mごとに平坦部をとる[*5]。

　改修工事の場合、玄関周辺に十分な面積が確保できなかったり、玄関ドア、上がり框部などに段差があり、車いすでの出入りが困難な場合がある。その際には居間、寝室などの掃出し窓を出入口とする。なお、高低差がそ

*3　介助者がティッピング・レバーを押し下げて前輪を持ち上げ、段を昇降することができる(踏面は介助用車いすの前輪と後輪が同時に載る寸法とし、蹴上げはグリップを持って後輪を持ち上げることが可能な寸法とする)。この階段は、将来、必要に応じて、スロープ化することもできる。

*4　生活者の屋外への動線・出入口を確認し、敷地図と建物レベルから設置可能なスロープを計算する。その後、該当スロープを合板などで簡易につくり、安全に昇降できる勾配かを確認する。

*5　傾斜部分で方向転換することは非常に困難な動作であり、避けるべきである。方向転換する場合は水平部を設ける。

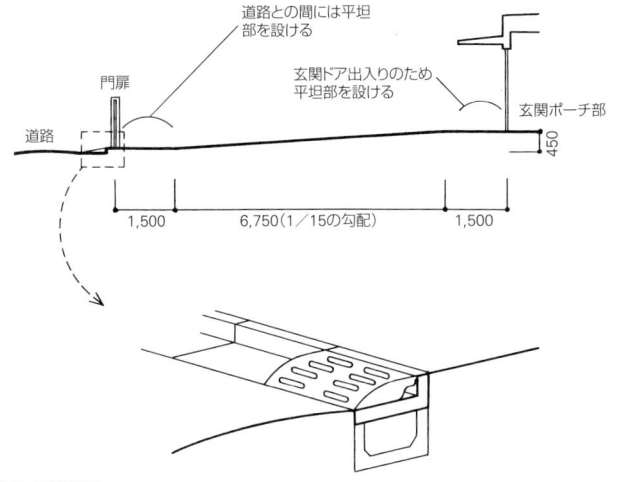

図4　屋外スロープの検討

れほど大きくない場合は、福祉用具のスロープを利用して段差を解消する方法がとられることが多い。

(2) 屋内段差の解消

屋内段差の解消には、「段差を除去」「スロープの使用」「住宅用エレベーターの使用」等の方法がある。「住宅用エレベーターの使用」については、2章「7　住宅用エレベーター」を参照のこと。

● **段差（沓摺、畳段差）の除去**

高齢者は、歩行の際、つま先を上げずに足先を床面すれすれに運ぶため5mmを超える段差になるとつまずく恐れがある。屋内の段差[*6]を除去することは、健常な高齢者の移動の安全面からも車いすなどの福祉用具を用いた移動の容易性からも必要である。屋内にやむを得ず段差が残る場合には、段差の大きさを確認し、その段差が生活に支障があるか否かを判断する。支障がある場合には、本人、介助者、家族および関係者と話し合い、移動方法を変えるか別の手段で対応するかを検討する。

改修工事などで段差が残る場合もある。その際には、すり付け板（小さなスロープ）などで段差を解消する（図5、6）。これは車いす使用者には有効であるが、すり足で歩く高齢者にはその勾配面がかえって支障となり、すり付け板上で足を滑らせたり、つまずいたりするなどの恐れがある。

また、同居する家族がすり付け板端部に足先をぶつけることがないよう、両端部を斜めに仕上げる（図5）。さらに、表面仕上げを滑らないようにするなどの工夫を施す。また、照明を増設して、段差に注意を促す。

● **和洋室の敷居段差（畳段差）の解消**

通常、使用されている畳の厚みは約55mm、フローリングの厚さは約15mmあり、その差が段差となる。これを厚さ15〜20mmの薄畳を用いるか、和室の束高さを調整することで、その差を解消する。

● **スロープを用いた段差の解消**

屋外の項に準じる。

(3) 浴室入口段差の解消、屋内外の段差

脱衣室と浴室との間の段差、および居間や寝室などの掃出し窓と屋外テラスとの間にできる段差では、水処理を講じた段差解消の方法[*7]が必要となる。

最近のユニットバスは、ユニバーサルデザインと称し、入口部分に段差なしの製品が多数市販されており、これを使用することで浴室入口の段差問題はほぼ解消されている。しかし、ユニットバスではない浴室での脱衣室との段差解消には、段差なしの浴室用サッシを用いたうえで、浴室洗い場側に排水溝とグレーチングを設ける方法で解決する（図7）。多くの場合、グレーチング材はサッシメーカーから対応品が市販されており設計は容易となっているが、水勾配や設置高さ（サッシ下枠と浴室床高さの関係）などには注意する。この段差なしの浴室用サッシの対応部品となっていないグレーチング材を用いる場合には、プールサイドなどで使用する角パイプタイプまたはTバータイプを使用し、ステンレス板にパンチングで穴をあけたグレーチングは使用しない。その理由は、①パンチングのグレーチングは、排水性能が角パイプより劣っている（グレーチング上部を水が通ってサッシに押し寄せる）。②上部に足裏を乗せると滑りやすいうえに、歩行時にずれたりたわんで危険、といった理由からである。また、グレーチング

[*6] 仕上がり寸法で5mm以内の段差を「段差なし」とするが、5mm以内の段差が許容範囲か否かを検討する。

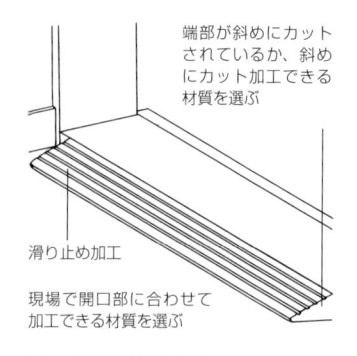

端部が斜めにカットされているか、斜めにカット加工できる材質を選ぶ

滑り止め加工

現場で開口部に合わせて加工できる材質を選ぶ

図5　すり付け板の注意点

すり付け板

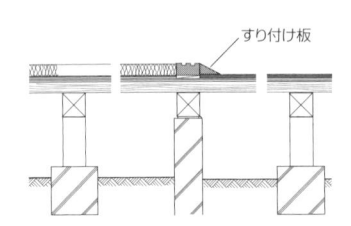

図6　和洋室段差を解消するすり付け板

[*7] 例えば、浴室入口の段差は「高齢者の居住の安定の確保に係る基本的な方針」では20mmまで認めているが、これは介助用車いすで通れる段差の上限といわれている。これをあくまで参考値と考え、出入口段差は仕上がり寸法で5mm以下に抑える。

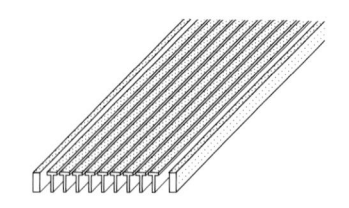

T型状、角パイプ状のグレーチングは高い強度を持ち、車いすや人の歩行にもがたつくことがない

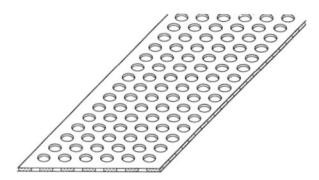

ステンレス板に穴をあけた板状のグレーチングは、上部を車いすや人が歩行した際にたわむことがある

図7　グレーチングの種類

を設置する際には、①サッシ開口以上に大きいグレーチングを設置する（グレーチング・排水溝を回り込んで脱衣室に湯水が流れ出ないようにする）、②上部を歩行しても足触りがよい、ガチャガチャと音がしたりずれたりしない、③排水性能が十分に確保できる形状であり、かつバーの間隔が足指の引っ掛かりをしない3mm程度に詰まっていること[*8]、を条件に選択する。また、浴室床面の水勾配は出入口（グレーチング方向）とは反対方向になるように排水口を設置する[*9]。すなわち、グレーチングは排水を集めるためではなく、洗い場の湯水が洗面脱衣室へ出て行かないようにするためのものである。

[*8] 足指が引っ掛からないこの寸法は重要である。同居家族に幼児がいる場合、足指をこのすき間に挟み込む危険性がある。

[*9] 水勾配をこのグレーチングに設ける設計を行うと洗い場の湯水が常に出入口側に流れるため、脱衣室の床を濡らす危険性がある。

■床面を滑りにくくする（仕上げを工夫する）

高齢者は転倒すると大腿骨頸部等を骨折する恐れがあることから、できる限り転倒事故を起こさないように配慮する。転倒事故の原因には「つまずく」「滑る」の2要素があるが、「つまずく」は段差の解消でかなり解決される。もう一つの「滑る」は、履物裏面の素材や床面の材料、およびどのような角度で足裏が床面に接触するかの関係で発生するといわれているが、少なくとも建築側からできる配慮としては、それぞれの室に合った滑りにくい床材を使用することである。ただし、滑りにくい床とは摩擦係数が大きい表面が粗面であることを意味している。このことは、掃除がしにくい、汚れが落ちにくいことにも通じるので、適材適所で床材を上手に選択することが重要である。また、洗面脱衣室、浴室のように床表面に水滴がつく場所では、滑りやすくなることにも留意する必要がある。

■空間別の床に対する配慮

ここでは、歩行者と車いす使用者の両者に共通する内容を先に述べ、その後、それぞれ個別の留意点を述べる。

●アプローチ

住宅改修の結果、屋内は自由に動けるが外出はままならないといった事例が見られる。しかし、住宅改修の本来の目的は、住宅内にとどまらず、敷地の接する道路まで出られるようにすることにある。それにはアプローチの整備が欠かせない。

・住宅のどこから出入りするのか（玄関か掃出し窓か）、道路までのアプローチ方法をどうするのか（階段かスロープか）を、本人、家族や関係者と話し合う。
・建物の床レベルは慎重に決める。道路面と1階住宅床面までの高低差とそこに至る距離などを慎重に計測し、階段やスロープの勾配を決める（図8、図9）。

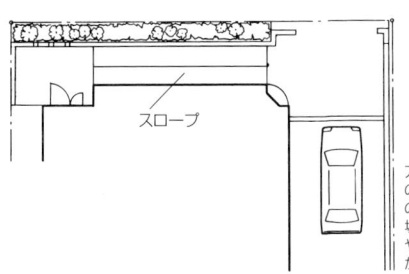

図8 スロープによるアプローチ

アプローチをスロープのみでつくると歩行者の移動に支障が生じる場合があるので、本人や家族と話し合う必要がある

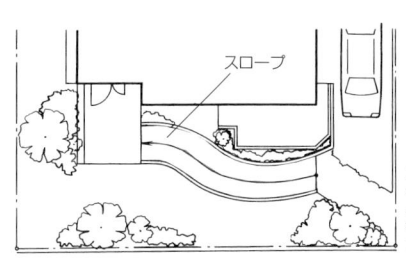

スロープは蛇行させると昇降が困難になることが多い。蛇行させる場合には、大きなカーブで緩勾配にする

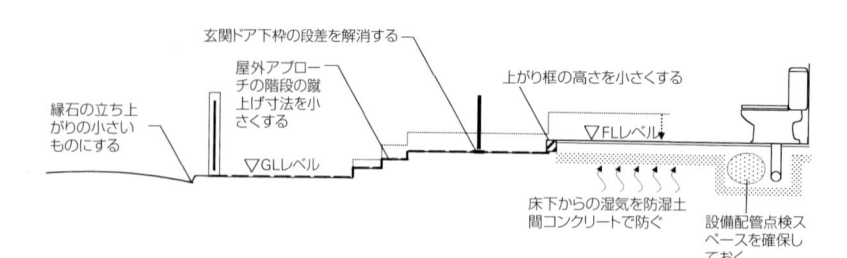

図9 総合的に高低差を考える

- 新築で、敷地が傾斜地の場合には、道路—敷地の出入口(門扉位置)をどこに設けるのか、玄関をどこに設けるのか、その際に、道路面—敷地—玄関ポーチ—上がり框段差(屋内床レベル)の各段差(階段形状)が、どの程度になるかを把握し、外構計画を検討する。その結果、玄関からの出入りが困難であれば、寝室や居間の掃出し窓から出入りする外構計画も検討する。
- 高齢者や障害者に配慮することがスロープ設置と考えがちだが注意が必要である。パーキンソン病や関節リウマチのような特定の疾患、腰痛や足首に負担がかかる人には、スロープが適さない場合がある。
- アプローチの床仕上げは、階段があれば段鼻部分にノンスリップタイル(溝のついたタイル)を用いたり、段差やスロープがあれば部分的に色を変えて注意を促し、かつ夜間には足元を容易に確認できるように照明(足元灯など)を設ける。
- 仕上げは滑りによる事故をなくすために粗面仕上げとする。タイル仕上げにおいても、水濡れによる滑りを考慮して選択する。本人や家族が磨き仕上げを希望した場合には、仕上げ端部や階段蹴込み部分など歩行時に足が載らない部位のみに用いる。同じ材料でも磨き仕上げと粗面仕上げでは滑りにくさがまったく違うので見本を用意して試すのが望ましい。見本は足が載る500mm角程度を用意する。
- タイルや敷石の目地・すき間は凹凸をなくし、目地幅・すき間幅も小さくとり杖先の引っ掛かりなどがないようにする。
- 勝手口などにコンクリート平板を置敷きする場合にも、凹凸やすき間への注意点は上記と同様である。さらに、雨天時などに地盤面がぬかるんだ状態でもコンクリート平板が不陸にならないように(がたつかないように)、堅固に下地段階から処理する。

(車いす使用者への配慮)

　基本的な配慮は上記と変わらないが、仕上げに石材などを用いた場合には、凹凸による車いすの走行感の悪さは、直接、車いす使用者に響いてくる。また、目地幅・すき間幅が10mmを超えると車いすの前輪をとられることがあるので5mm以下に抑える。

　特に高齢者が車いす使用者を介助する場合などに、介助者の転倒事故が多くなる恐れがあるので、スロープ面には、介助者や家族の歩行移動を考慮して仕上げ材は滑りにくい材質を選択する。スロープ面のタイル仕上げは、勾配に対して目地や凹凸が直角になるように貼る。スロープ昇降が長くなる(通常9mとされる)と昇降動作がきつくなるので、水平部分(水勾配は付ける)を設ける。

● 玄関
・玄関ドア下枠部分での段差はつまずいて転倒しないように極力小さくする。ここでいう段差の目安は屋内土間―玄関ドア敷居の段差で5mm、玄関ドア敷居―屋外土間の段差で20mmとし、これで納まる玄関ドアを採用する[*10]。
・通常、玄関土間、上がり框、室内床とそれぞれ素材が違うので、若年者には容易に見分けがつくが、高齢者には視機能の低下により視認しにくいことがある[*11]ので、視認しやすい配色を行う。選択した仕上げ材の色調を黄濁したレンズを通して確認したい。この高齢者の視覚を体験できるゴーグルが市販されている。

(歩行者への配慮)
・上がり框の段差は180mm以下とする[*12]。ただし、180mm以下にすればよいというわけではなく、あくまでも本人に合わせて、1回の昇降で安全に容易に超えられる段差を実測する(式台などで180mmを2段に分ける必要が生じる場合もある)。式台を設置して段を小割にする場合には、蹴上げ寸法は上がり框を等分した高さとする。また、踏面寸法は安全に靴の脱ぎ履きができるよう400mm以上とする(図10)。
・式台の仕上げは、玄関土間が十分に広い場合には屋内床に合わせる。式台の仕上げを土間に合わせたタイル仕上げとすると、この上で靴の脱ぎ履きを行うこととなる。しかし、来客が退去する際に、式台の上で靴を履いて家人に挨拶をしつつ後ろ向きに下がると転落することがあるので、注意が必要である。

(車いす使用者への配慮)
　上がり框段差を除去する。やむを得ず段差が残る場合は、スロープまたは段差解消機を使用する。

● 寝室・居間
・寝室や居間の床仕上げは、近年、フローリングが主流となっているが、クッション性がある程度期待できるコルク床なども検討する。この場合、表面のコルク材が1mm程度の薄いものではクッション効果は小さく、最低3mm程度の厚さを確保する。
・カーペット敷きを希望する場合は、汚れた際に家庭で容易に洗浄できるタイルカーペットがよい。タイルカーペットには抗菌・防汚処理された製品もある。ただし洗浄の際に色落ちしないかを確認する。カーペットを使用する場合には、置敷きにすると端部がめくれてつまずきの原因となるので、端部を固定する。また、予備のタイルカーペットを確保する。
・将来的に車いす使用が予想されるときに、カーペットを用いる場合には、毛足の短い床仕上げのほうが車いすを操作する際に便利である。

(車いす使用者への配慮)
　屋内外共用の車いすを使用していると、注意していても砂ぼこりや小砂利を車輪につけて屋内に入れてしまうことが多くあり、その結果、床板表面を傷つけてしまう。したがって、フローリングの場合には、傷のつきにくい仕上げ、傷がついても目立ちにくい塗装色を選択する。表面仕上げは少なくとも1mm単板張り以上の厚さを持ったフローリングを採用する。たとえ無垢材の床板を採用しても、傷がつくことを本人や家族に了解をとる。
　また、若齢者の自走用車いす使用者で活発に屋内移動する場合には、方

*10 最近、高齢化対応商品として下枠段差なし・大開口の玄関ドアが多種市販されている。ほとんどがこの5mm、20mmの段差となっている。

*11 目の水晶体の黄変化・白濁化に伴い、あたかも黄色いレンズのサングラスを掛けて見ている状態となるので、色相の組合せや同系色の微妙な違いを視認できないこともある。

*12 高齢者の居住の安定の確保に係る基本的な方針(国土交通省告示第1299号の3)では、上がり框の段差は180mm以下と示されている。

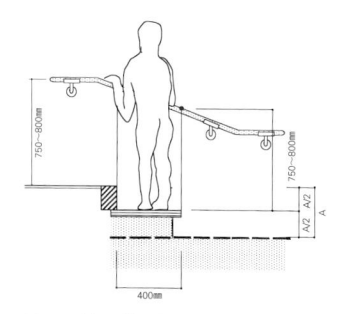

図10 式台の断面図

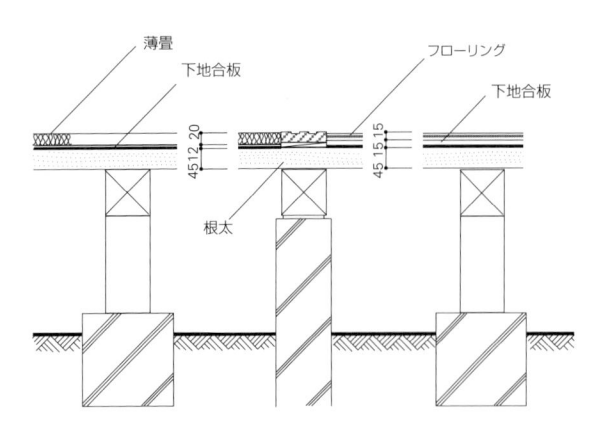

図11 薄畳を使用した和洋室段差の解消

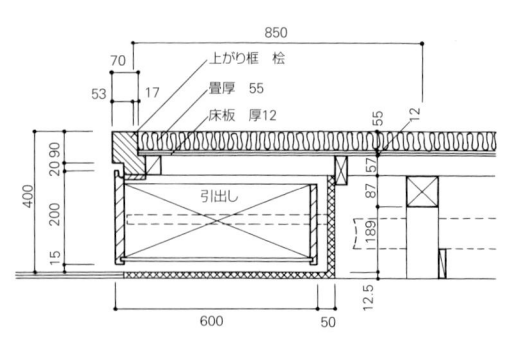

束高さ・根太高さは和洋室でほとんど変わらない。わずかに生じる段差は敷居で見切る。
和室：根太上から和室の仕上げまで32mm＝下地合板12mm＋薄畳厚さ20mm
洋室：根太上からフローリング仕上げまで30mm＝下地合板15mm＋フローリング厚さ15mm

図12 車いす使用や腰掛け使用を考えて段差を設けた場合

向転換の際に急回転して車輪と床面とでねじれが生じ、車輪のゴム跡が床につくことがある（高齢の車いす使用者の場合は急回転をしないので問題は少ない）。床面についたゴム跡は取りにくいので、ゴム跡がついても目立たない同色系の床色を選択する（例えば車輪が濃いグレーの場合には、ライトオーク調の色彩とする）。また、どうしてもフローリングの傷つきを回避したい場合や車いす使用者の体重が重い場合、あるいは電動車いす使用者の場合には、店舗などに用いられる重歩行用のフローリングの採用を検討する。また、床下地根太間隔を455mmから303mmとし、下地合板も厚くすることも併せて検討する。

● 和室

（歩行者への配慮）

　和室の畳面と周囲の洋室床面との段差を解消する方法には、下地から工夫する方法と薄畳を使用する方法がある。現在の住宅では、通常、洋室面積が和室面積より広いので、和室の床を工夫して段差を解消する。和室の束高さを下げ下地から工夫する方法の場合には、通常の畳を使用することができる。束長さなどの下地を和室―洋室で変えない場合には、洋室仕上げのフローリング厚さに合わせた15mm程度の厚さの薄畳[*13]を和室に用いることで段差なしにできる（図11）。

　逆に、和室でも意図的に段差を設けることがある（図12）。例えば、①階段1段よりも若干低い明確な段差（90〜120mm程度）を設ける、②縁に腰掛けられるぐらいの大きい段差（400〜450mm程度）を設ける、2つの方法がある。前者の場合は、和室と接する居間や廊下の床仕上げと上がり框の色分けを行い視認しやすいように配慮するとともに、側壁の段差部分の垂直線上に手すりの設置を行う。後者の場合は、和室を居間や寝室の一角の畳コーナーとして用いることがある（図13）。ただし、畳面はフローリング床から400〜450mm上がるため、その部分の天井高さは2,100mm程度と低くなるので圧迫感が生じる。また、畳コーナーが広いと腰掛けて上がった後、立ち上がって移動を要する面倒が生じる。腰掛け部分の横に階段部を設けて、立位でも畳に上がれるように工夫する（図14）。広さは大きくても6畳程度とする。

*13 通常の畳（厚さ55mm程度）の使用を希望する高齢者は多くいるので、生活者に薄畳を示して理解を求める必要がある。

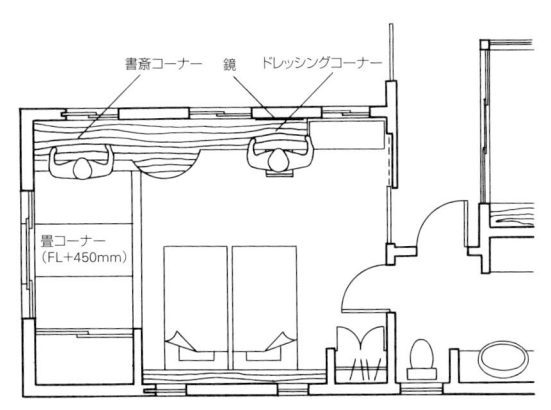

図13 寝室に畳スペースを設けた場合

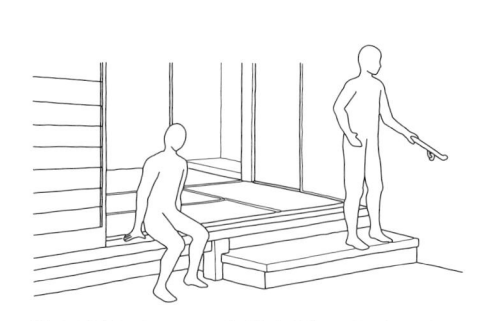

図14 床より400〜450mm高くした和室へのアプローチ

（車いす使用者への配慮）
・車いすを和室で使用することは難しい。畳面上を車いすで走行すると短期間で表面が傷むので、畳面上の車いす走行は基本的に考えない。やむを得ず、畳の部屋で車いすを使用する場合には敷物を敷く。
・車いす使用者の和室利用は、車いすから畳面への移乗を行いやすいよう、車いす座面高さと畳面の床高さをそろえる。その際に、車いす座面にクッションなどの敷物を敷いている場合には、その厚さを加味して、実際の座面高さを測る。フローリング床から400〜450mm上げた畳面とする場合が多い。畳面下部にはフットサポートが入る隙間（床から300mm、奥行き250mm程度）を確保すると車いすで近づきやすく移乗しやすい。

● 洗面脱衣室、トイレ
・浴室出入口の段差を解消することで、従来の洗面・脱衣室（浴室出入口部分に段差のある場合）よりも床面がどうしても濡れやすくなる。また、トイレ床仕上げも排泄の失敗などの際の水拭きも起こり得る。これらの室では下地合板に水に強い耐水合板を用い、仕上げ材にも水に強い長尺シート系を張る。
・長尺シート系の床材は、表面の凹凸加工やクッション性、足触りを考慮して選択する。さらに、長尺シートの表面の厚さと固さをチェックする。特に車いす使用の場合には、クッション性よりも表面の強さに主眼をおいて選択する。

● 浴室
・浴室ではノンスリップタイルなど滑りにくい床材を考える。また、腰掛けを使用せずに洗い場床面に座位姿勢で身体を洗う高齢者がクッションマットの敷設を希望する場合もある。その際には端部がめくれたりずれたりして、つまずき事故につながらないように施工する。クッションマットは頻繁に洗浄や日干ししやすいようなサイズに小割りにしておき、敷設時にはずれたりしないようにぴったり洗い場にはまるようにサイズを合わせて作成する（図15）。

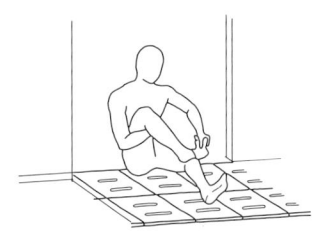

図15 小割りにしたクッションマット

2　手すりを取り付ける

　手すりの設置は、「段差の解消」とともにバリアフリーの基本事項であるが、手すり本体の選択(直径・材質等)に始まって、使用する場所や使用者の身体能力によって手すりの形状や取付け位置が異なり、他にも、取付け工事(下地補強)への対応など検討事項が多い。また、手すり設置だけでは十分な効果が期待できない場合は、段差の解消工事などを併せて行ったほうがより高い効果が得られる。さらに、設計段階では、現在、もっとも必要としている箇所だけに設置要望がなされる場合が多いが、将来の身体機能の変化への対応も含め、それ以外の箇所への設置についても検討する。

■**手すりに求められる基本性能**

　手すりに求められる基本性能は、「握りやすいこと」「つかまりやすいこと」「堅固に取り付けられていること」に集約される。

●**握りやすい手すりとは**

　手すりを握りやすくするポイントは、「直径」、「材質」および「壁とのクリアランス」[*1]の3点である。

　直径は、手すりをしっかりと握って使用する場所(例えばトイレや浴室)では握った際に指先が軽く触れる直径28〜33mm程度、手すりに手を添えて身体を移動しながら使用する場所(例えば廊下や階段)では直径33〜40mm程度の手すりがよい。材質は、触感が優れている木製もしくは樹脂製がよいが、濡れた手で握ることが考えられる場所(例えば浴室やトイレ)では樹脂製でかつ表面に滑り止め用の凹凸加工が施された手すりがよい。壁とのクリアランスは、指が掛けやすい30〜40mm程度とする。

　以上が基本となるが、手すりはメーカーによりそれぞれ仕様が異なるので、サンプルを入手して詳細に検討する。入手するサンプルは、両手で握れる長さで受け具と端部があるとよい。これを実際に受け金具を取り付けて壁面に当てて壁とのクリアランスを確かめる。

●**つかまりやすい手すりとは**

　つかまりやすい手すりのポイントは、手すりの取付け位置で決まる。実際に、高齢者等に生活動作を再現してもらい、手すりの正確な位置を確認する。手すりを適切な位置に付けることで、動作が行いやすくなる可能性がある。例えば、現在まで無理な姿勢で生活動作を行っていたが、手すりを設置することでより自然で楽に動作が行えるようになることもある[*2]。手すりの取付け位置を検討するとき、既存住宅の戸枠やクロスの手垢汚れなどの手添えによる経年の汚れ箇所に注意すると、手すりの設置位置をイメージしやすい。

　また、手すりは、縦に設置する場合と、水平に設置する場合に大きく分かれる。縦手すりは、身体の重心が上下移動する場合(玄関上がり框、便器からの立ち座りなど)には、身体を上下移動時に無理なく手が掛けやすい範囲(通常では肩の高さ+100mmから大腿骨大転子まで)に縦手すりを設ける。水平手すりは、身体の重心が水平方向に移動する場合(廊下、階段など)には、水平手すりを設ける。水平手すりの取付け高さは、大腿骨大転子の高さに合わせるのが原則であり(**図1**)、その高さは、FL+750〜800

[*1] 手すりと壁とのすき間のこと。手すりを握った時、すき間が小さいと手すりを握ったこぶし部分が壁にこすれることがある。

[*2] この動作確認はリハビリの関連専門職などが行う。建築(実際にどのような工夫が行えるのかを検討)―福祉(どのような社会的な支援が受けられるのかを検討)―介護(どのような介助方法が適切なのかを検討)―リハビリ(どのような身体機能なのかを検討)の関連職種が連携して情報収集と適切な配慮を検討する。

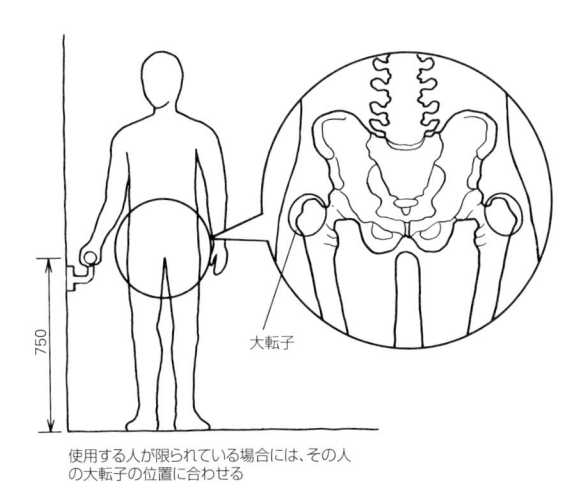

図1 水平手すりの設置高さ

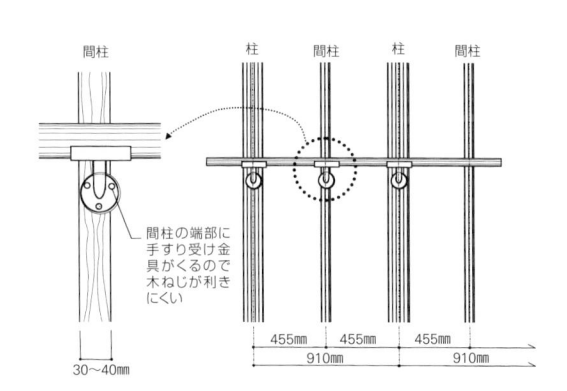

図2 手すり金具の間柱への取付けは難しい

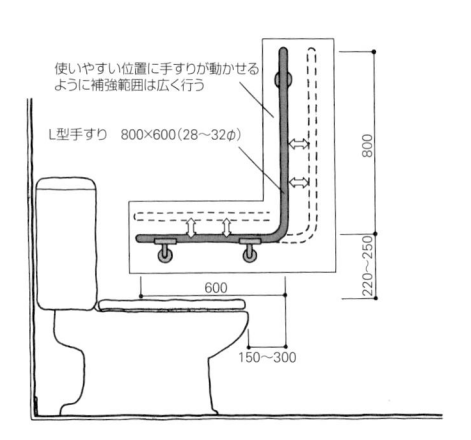

図3 手すりの壁下地標準補強位置

mmが一般的である。この高さは、杖の握り高さとほぼ同じとなる。水平手すりの受け金具は、使用時に邪魔にならないように下方から受ける。

●堅固に取り付けられている手すりとは

　手すりを使用するとき、使用者は全体重を手すりに預ける場合があるので、壁面に堅固に取り付ける。そのために、あらかじめ手すり下地補強を行っておくのがよい。石膏ボード（厚さ12.5mm）の代わりに合板（厚さ12mm）を設置するとクロスに不陸が起きるうえに、木ネジが十分に効かない。手すり製造メーカーが指示する壁補強を行うことを基本とするが、設置する手すりが決まっていない場合には、石膏ボード下地に20mm程度の合板補強を行う。在来木造住宅では、柱や間柱を手すり下地として用いる場合には適した位置に手すりが付かない場合が多いので（図2）、下地補強工事を行うことを心がける。柱や間柱を下地補強の代わりにすると、設置位置に若干のズレが生じることが多いので注意する。特に間柱の大きさは、手すりの受け金具の大きさよりも小さい場合があり、堅固に設置できない場合がある。下地補強範囲は、身体機能の変化により設置位置の変更が必要となることもあるので、手すり設置箇所よりも広範囲に行うことを心がける（図3）。

■部屋別の手すりに対する配慮

●玄関

上がり框部分の段差が大きく、動作が不安定な場合には、上がり框の鉛直線上の壁面に縦手すりを設置する。この場合、手すりの上端は玄関ホールにいる高齢者の肩より100mm程度上方にくるように設置し、下端は玄関たたき部分にいる高齢者の大転子部分と同程度の高さとする。

上がり框の高さが大きい場合、式台を設置する。この上がり框と式台にできた階段勾配に合わせて手すりを設けるか、水平に手すりを2段設けると移動動作が行いやすい（図4）。そのとき、高齢者は壁面に向いて立ち、両手で手すりを握り横移動で昇降する場合が多い。

●廊下・階段

廊下に設置する水平手すりは、一般に床面からの高さ750～800mmの範囲に設置することが多い（階段では段鼻からの高さとなる）。ただし、関節リウマチなどで手指の巧緻性が低い場合には、水平手すりを握らずに前腕を添えて移動する（図5）。肘を曲げて前腕を添えるので高さの目安はFL+900mmとする。また、階段の手すりは、両側に設置することが望ましいが、やむを得ず片側にしか設置できない場合は、階段を下りる際に手すりが利き手側にくるように設置する。階段を下りるときに転落事故が多いためである。

●トイレ

トイレで使用する手すりの典型例が前頁図3のL型手すりである。立ち座り動作では縦手すり部分を、座位保持では水平手すり部分を主に使用する（車いすから便器に移乗する場合もこれを使用する）。縦手すりは、便器の先端より200～300mm程度前方、水平手すりは、便器の中心線から双方に350mm振り分けた位置（手すりの心～心距離は700mmとなる）で左右同じ高さ（便器座面から220～250mm程度上方）に取り付ける。

これとは別に、便器前方の壁面に横手すりを取り付け、この手すりにつかまり身体を前方に引くようにすることで臀部を持ち上げ、立ち上がる方法もしばしば見られる（図6）。

また、便器に座ってから排便までに時間がかかる重度障害者は、図7のような寄りかかりの台にもたれかかる姿勢をとることも多い。

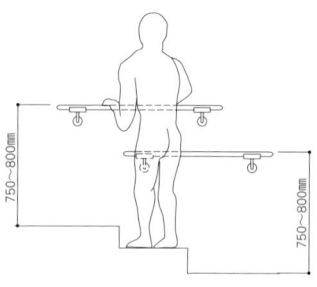

図4 玄関で使用する横手すり
玄関土間で使用する横手すりと、玄関ホールで使用する横手すりの2本を設置する。式台上では、この2本がオーバーラップするように設置する。高齢者はこの2本の手すりを両手で伝って昇降する。

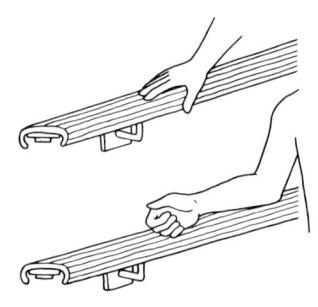

図5 手の巧緻性が低い場合の水平手すりの形状

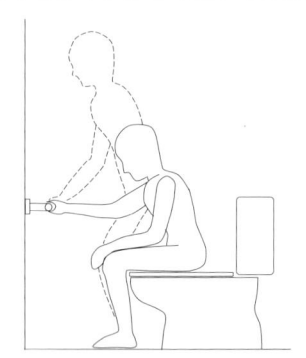

図6 便器前方の横手すり
便器横にある手すりが握れない場合には、立ち座り用に前方手すりの設置を検討する。その際、便器前方に立位姿勢が取れるスペースで前方手すりがつかめる位置にあるかを確認する。手すり把持は前屈姿勢となる。

図7 トイレ前方の寄りかかりボード
長時間便座に腰掛けている障害者には、このように前方に身体をあずける、跳ね上げ式の支え板を用いる場合がある。普段は、壁側に跳ね上げて立てかけている。

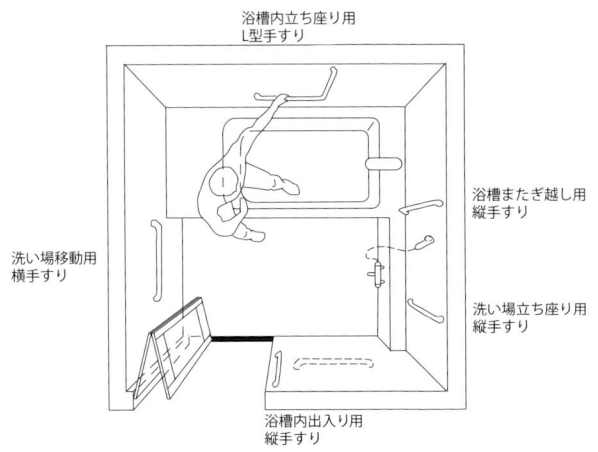

図8 浴室への手すり設置例

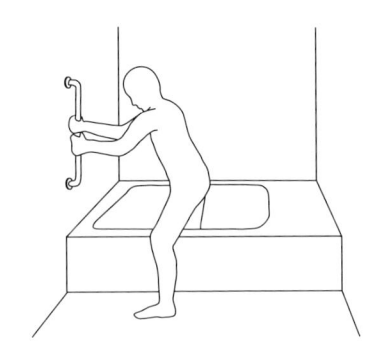

図9 浴槽またぎ越しの縦手すりの設置例
浴槽縁の鉛直線上に手すりを設置する。基本的には、背もたれ側ではなく浴槽に入って正面側に設置する。

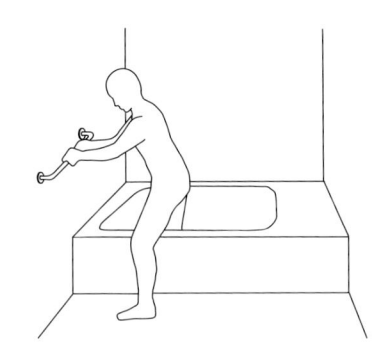

図10 浴槽またぎ越しの水平手すりの設置例
立位姿勢でまたいで入る際に用いる水平手すり。洗い場床面と浴槽底に両脚を着いた状態で使いやすい高さに設置する。

● 浴室

　浴室の手すりには、浴室出入り用の縦手すり、洗い場移動用の水平手すり、洗い場立ち座り用の縦手すり、浴槽またぎ越し用の縦手すり、浴槽内立ち座り用のL型手すりなどがある（図8）。これらを必要に応じて設置する。特に重要なのは、浴槽をまたぐ動作に使用する手すりである。浴槽縁部分の鉛直線上壁面に縦手すりを取り付けるのが一般的であるが（図9）、これを水平手すりにして、洗い場から浴槽に入るまで連続してつかまってまたぎ動作を行えるようにする方法もある（図10）。しかし、立位でのまたぎ動作を安定して行えない場合には、浴槽縁と同じ高さに設置した座面に腰掛けて、手すりにつかまりながら浴槽に入るほうが安全である。

3 建具をつくる

　住宅では開き戸（扉）と引き戸が多用されるが、開き戸は開閉操作に大きなスペースを必要としたり、開閉動作の際に身体があおられたりすることから、高齢者や障害者には一般に引き戸のほうが操作しやすいと考えられている。しかし、引き戸においても検討すべきことは、①敷居段差の除去、②有効開口幅の確保、③有効開口幅と引残し、④開閉操作を行う位置への配慮、⑤取っ手と鍵の形状、⑥開閉の際の重さなど多岐にわたる。本節では、開き戸と比較しながら引き戸の特徴を理解したうえで、空間・室別の引き戸に対する配慮点を記す。

■建具に求められる基本性能

　建具に求められる基本性能は、「余裕を持って通過できること」「開閉操作がしやすいこと」「戸枠につまずかないこと」に集約される。

●余裕を持って通過できること

　建具の通過幅は戸の有効幅員に左右されるが、ここで留意すべきことは、実際に通過できる寸法は戸の開き方によって戸枠よりも狭くなる場合が多いことである。すなわち、建具の有効開口幅は、引き戸の場合には引残しを除いた状態で確保し、開き戸の場合には90度に建具を開いて確保できる有効寸法で考える（図1）。特に開き戸の場合には、丁番の出寸法と戸当たりを考慮しないと、仕上がった段階で十分な開口が確保できていないことがある。有効開口幅は、伝い歩きや介助用車いす使用を考慮した場合には750mm以上、自走用車いすを考慮する場合には800mm以上が基本となる[*1]。引き戸の場合には、引残しを考慮して把持しやすい取っ手が設置できれば問題ないが、把持しやすい大きい取っ手を選ぶと引き残しを大きく取る必要があるため、有効開口が十分に得られない場合がある。有効開口と引残しの関係を図示し（図2）、生活者と確認を行う。やむを得ず有効開口幅が確保できない場合は、彫込み取っ手にして完全に引き込むことで有効開口幅を拡げる工夫もある。その際には彫込み取っ手の操作が困難な高齢者や障害者がいることにも留意する。さらに大きな有効開口幅員を必要とする際には、3枚引き戸などの建具とする方法もある[*2]。

●開閉操作がしやすいこと

　建具を開閉しやすくするには、建具の重さ、取っ手・鍵の形状とそれを操作する際の操作者の立つ位置が大きく影響する。

　建具開閉の重さ（負荷）は、その建具自体の重量も関係するが、建具下部の戸車や上部の吊り金具等への影響が大きい。取っ手は手指に障害があっても手のひら等で操作できる棒状が使いやすいが、使いやすさに加え手触りにも注意する。木製や樹脂製は通年で手触りが良いが、金属製には冬季に冷感を感じる高齢者は少なくない。また、開き戸では衣服の袖口を引っ掛けたり、同居家族の幼児が衝突事故を起こさないよう、端部が建具側に曲げ込まれた形状の取っ手を使用する。

　開閉操作に指先の巧緻性を必要とする錠は、高齢者や障害者には使用困難となるので、できる限り安全を確保でき、かつ開閉操作が容易な鍵を選択する。また、万一の場合を考えて、施錠された鍵を外部から開錠できる

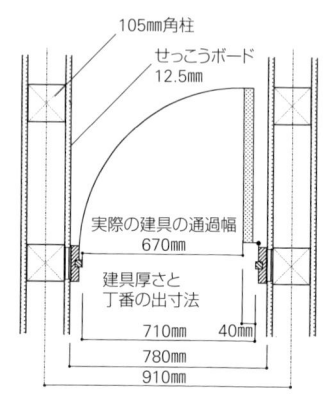

図1　開き戸の有効幅員の考え方

（105mm角柱／せっこうボード 12.5mm／実際の建具の通過幅 670mm／建具厚さと丁番の出寸法／710mm／40mm／780mm／910mm）

[*1] 高齢者の居住の安定の確保に係る基本的な方針（国土交通省告示第1299号の3）による。

[*2] P.137、「COLUMN ⓰」参照

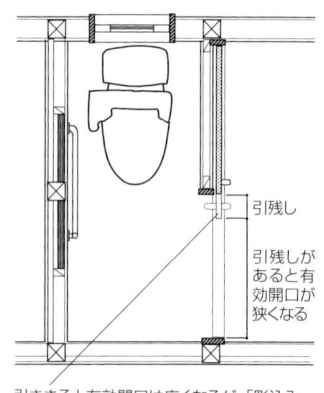

図2　引き戸の有効幅員の考え方

引ききると有効開口は広くなるが、「彫込み取っ手」となり開閉しづらくなる。取っ手が付けられる側には取っ手を設けて、引き込む側は彫込みにするなどの工夫も考える

ように考慮された鍵を選択する。

次に開閉操作を行う操作者の立つ位置への配慮である。

引き戸は、開閉時に身体の移動が少ないので操作が容易であるが、開き戸は高齢者等が操作をするときに身体があおられるような姿勢になりがちである。そのため、車いす使用者が使用する場合には、開き戸では周囲に十分なスペースがないと開閉操作がしにくい。

また、引き戸は、廊下側で戸を引くか室内側で戸を引くかを慎重に検討する。廊下側で建具を引くと、廊下側への手すりの設置が困難となるし、壁伝いに歩いていると開閉時に手を挟み込むことがある。室内側に建具を引くと、廊下側に手すりを設けることができるが、室内側の手すりの設置が困難となる。引き戸を壁面内に引き込む方法もあるが、壁が薄くなって手すりが堅固に取り付かず、壁厚を厚くするなどの工夫が必要となる場合がある。これは廊下幅員に影響するのであらかじめ設計段階で壁厚を考慮した廊下の有効幅員を検討する。

建具を配置する場合には、取っ手側に袖壁があると開閉が容易となる。特に自走用車いす使用者の場合には、袖壁があると、取っ手への接近が容易となる（**図3**）。

やむを得ず開き戸にする場合には、外開きを基本とする。洗面・脱衣室やトイレなど狭い部屋を開き戸にする場合に外開きにしておけば、万一内部で高齢者が転倒しても救出しやすい。

A	B
800	900
850	850
900	800

引き戸の場合の廊下の幅員（A）と戸の有効幅員（B）との関係（単位mm）

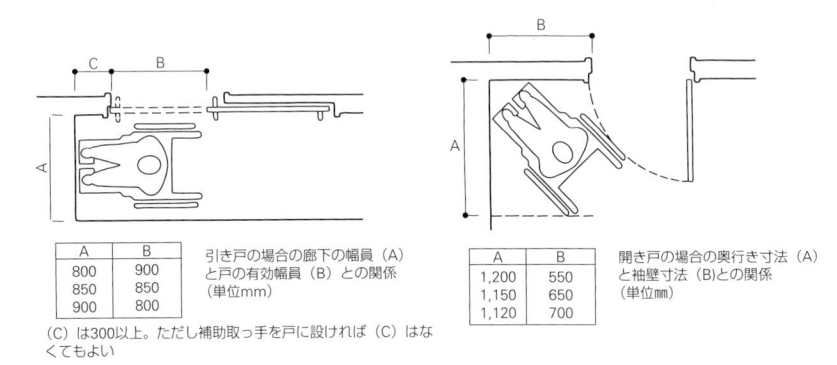

（C）は300以上。ただし補助取っ手を戸に設ければ（C）はなくてもよい

A	B
1,200	550
1,150	650
1,120	700

開き戸の場合の奥行き寸法（A）と袖壁寸法（B）との関係（単位mm）

図3　建具と袖壁の関係

●**戸枠につまずかないこと**

戸枠につまずく原因は、戸枠が周囲の床面から突出していることに起因するので、先の「床を仕上げる」で述べたように、建具下枠を床面と揃えるように埋め込むか除去する。ただし、引き戸の場合は、5mm以下の段差で収まるフラットレールを使用すれば問題はない（**図4**）。5mm以下であればすり足で歩く高齢者もつまずかず、また車いすをはじめ、車輪が小さい入浴用車いすに乗った高齢者も、それほど不快感を感じずに移動できる。建具には戸車を使用するが、建具の重量が大きくなった場合にはその重量に見合った戸車を使用する。

建具を開き戸とする場合にも、下枠の段差なしを基本とするので、床部分の下枠はないものとなる。床仕上げが建具を境に異なる場合には、段差が生じないように下枠を埋め込むか、「へ」の字プレートなどの見切り材で見切る。

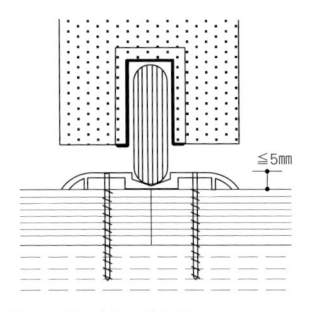

≦5mm

図4　フラットレールの図

■部屋別の建具に対する配慮

●玄関

玄関ドアは室内建具と異なり開閉操作に力を要する。開閉動作を容易にするよう、取っ手をレバーハンドルではなく、プッシュプルハンドル(**図5**)にするなどの工夫を行う。

車いすなどの出入りを玄関ドアから行う場合には、有効幅員を確認する。外出の頻度が低く、介助者が開閉操作を行う場合には、親子扉を採用する方法もある。また、3枚引き戸の玄関ドアを採用することで広い有効幅員を確保できる。

施錠・開錠が容易なよう、上下の向きをどちらにしても施・開錠できるリバーシブルキーを採用する。

玄関ドアは屋内建具と異なり、重量があるので指挟み事故に留意する(特に建具の吊り元側での指挟みや扉下部での足の指挟みに留意する)。

●寝室・居間

寝室にはベッド上からでも屋外の景色を楽しめるよう、掃出し窓を設置する。掃出し窓は車いすでの出入りも可能なよう有効幅員を確保する。通常、心々1,820mmのサッシでは介助用車いすが出入りできる程度の有効幅員しか確保できない。自走用車いすで通過する場合には必要な有効幅員を検討する。また、屋内外の段差の解消も併せて検討する。近年、高齢化対応のサッシが市販されており、これらに容易に対応できる製品もある。

ただし、掃出し窓の屋内外で段差を解消する場合、サッシ屋外側に屋内床と同レベルにデッキをつくるなどの工夫が必要となる。コンクリートやタイル張りなどで屋外デッキをつくる場合には床下換気口の位置に注意する。

最近のサッシはシングルガラスからペアガラス、断熱サッシなど高性能化される一方で、サッシ重量が増加する傾向にあり、しばしば高齢者や車いす使用者には重すぎるために開閉が困難な場合があるので取っ手の追加を検討する。取っ手には開閉が容易となるように、てこの原理を用いた大型レバーハンドルの付いたサッシも市販されている(**図6**)。このレバーを操作することでサッシを開ける初動時の負荷を軽減することが可能である。

また、既存のサッシガラス面に吸盤で取り付ける補助取っ手を採用する容易な方法もある(**図7**)。ただし、この取っ手はガラス面に取り付けるために引残しが大きくなり、車いす使用の際には有効開口が大幅に減少するので注意が必要である。また、ガラス表面に凹凸やザラツキのあるカスミガラスには、吸盤が張り付かず付属のテープで止めつけることとなる(テープで止めつけると外しにくくなるので注意が必要である)。

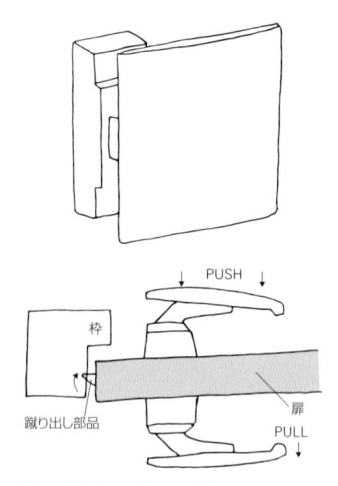

図5 プッシュプルハンドル

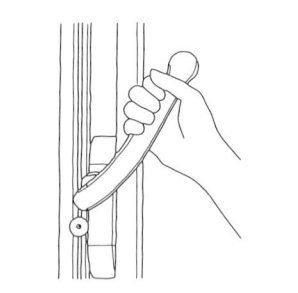

図6 てこの原理を用いた大型レバーハンドル

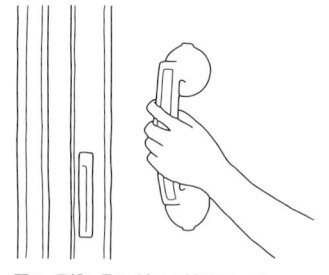

図7 吸盤で取り付ける補助取っ手

COLUMN ⑯ さまざまな建具

　建具は引き戸・開き戸・折れ戸だけでなくバリアフリー住宅に適した建具・建具部品が近年、数多く開発されている。

　親子ドア(図1)：主に玄関に用いられる。子扉は普段は閉めておき、親扉だけ開閉して出入りするが、大きい物の出し入れの際に子扉も開放して通過する。電動車いすなど大型の車いすで外出する際に便利であるが、子扉を止める金具(フランス落しなど)の操作が車いす使用者本人には難しいため自立移動での使用には不向きである。

　吊り戸：引き戸は、床面に設置したレールの上を建具下部に取り付けられた戸車で動くものが多い(そのため下枠段差の解消が重要となる)。吊り戸は、上枠に設置したレールから建具を吊り下げることで床面のレールが不要となる。

　3枚引き戸(図2)：浴室や玄関に用いられる引き戸の一種で、3枚の引違い建具で開口幅を大きくとれる。

　その他の開閉機構の工夫(図3、図4)：引き戸や開き戸、折れ戸の利点を併せ持った新たな機構も開発されている。通常の開き戸や引き戸、折れ戸と比べ複雑な動きをするため金具が高額になる。

　建具の指挟み防止(図5、図6)：開き戸では、吊り元側の建具のすき間で幼児が指を挟む危険がある。特に玄関ドアは建具重量も大きいので重篤な事故につながる。玄関ドアメーカー各社それぞれ独自の工夫があるので幼児のいる住まいではそれぞれの工夫内容について確認する。また、屋内の開き戸についても、幼児の指挟み防止用品(図7)を設置するなど住まい全体で安全性を検討する。

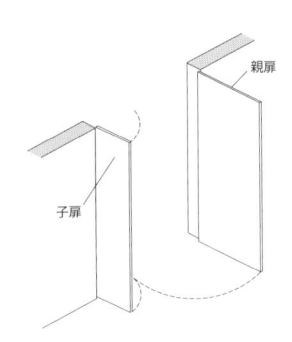

図1　親子ドア

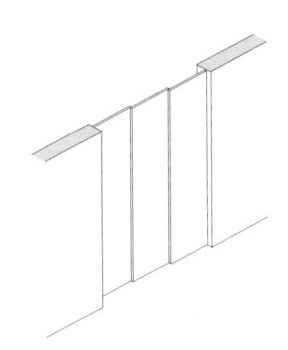

図2　3枚引き戸

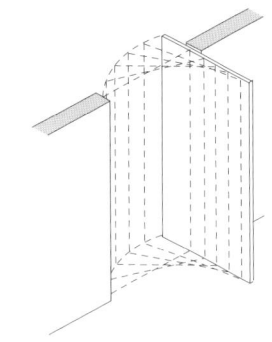

図3　新たな開閉機構のドア1

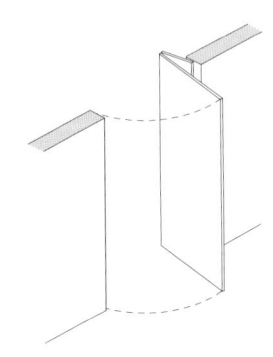

図4　新たな開閉機構のドア2

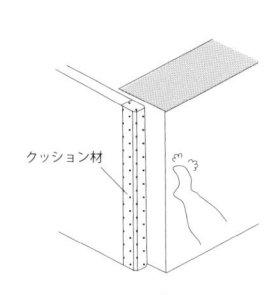

図5　ドアメーカーの工夫1
建具の吊り元側の端部をクッション材で仕上げ、万一の指はさみ時にもけがをしないようにする。

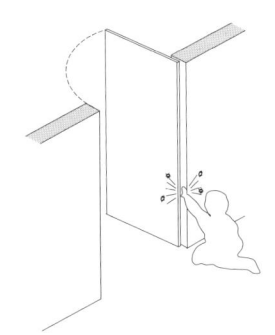

図6　ドアメーカーの工夫2
建具の吊り元側の端部と建具枠とのすき間をなくし、指をはさまないようにする。

図7　市販の指はさみ防止用品の例
建具の吊り元側に蛇腹のクッション材を入れて指はさみを防止する。

4 収納する

　収納計画のポイントは、扉の形状や操作性、収納のしやすさ、取り出しやすさ、収納物のわかりやすさ、収納量の確保などにある。これらを考慮したうえで、それぞれの空間・室の目的にあった収納計画を立てる。以下、高齢者や障害者が居住する住宅等で特に問題となる玄関、居間、寝室、洗面・脱衣室、キッチンの収納計画について述べる。

■収納に求められる基本性能

　収納に求められる基本性能は、「戸・扉が開けやすいこと」「収納物の出し入れがしやすいこと」「収納の位置がわかりやすいこと」「収納量が足りていること」がポイントとなる。

●戸・扉が開けやすいこと

　戸・扉の開けやすさには、その形状や操作性が影響する。戸・扉の形状は、通常、引き戸、開き戸、折れ戸の3種類が考えられ、それぞれに一長一短がある。前項でも述べたように、引き戸は開閉動作がもっとも容易であるが、気密性でほかの扉形状よりも若干劣る。また、引違い戸では戸厚さ分だけ収納量が減じることになる。開き戸は気密性が高いが、立位の高齢者や障害者が操作をするときに身体があおられるような姿勢になりがちである。また、周囲にスペースが十分ないと開閉操作が難しい。特に車いす使用者が開閉する場合には、収納扉の開閉の軌跡と車いすの配置を図面上で考え、使用が可能であることを確認する。折れ戸は双方の長所・短所を活かした戸形状といえる。折りたたんだ戸そのものを引き戸のように左右に移動できる製品もある（図1）。

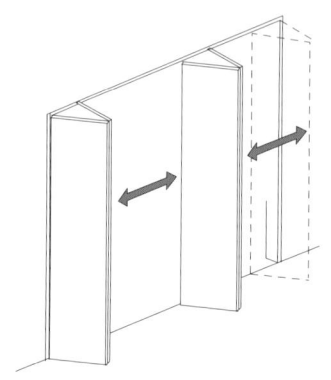

図1　扉が左右に動く折れ戸

●収納物の出し入れがしやすいこと

　収納しやすく、取り出しやすい収納とは、棚板の高さが利用者の身体機能に適した高さで、かつ奥行きが手の届く範囲内にあり、楽な姿勢で出し入れできることである。そのために、高さは腰をかがめずに使用できる範囲、上肢の到達可能範囲で、かつ肩の高さより若干低めの部分までが適切な高さといえる。しかし、その範囲内の収納だけでは不足するので、その範囲外には普段使わないもの（季節外、保存しているだけのもの）を収納し、必要に応じて他者に手伝ってもらって出し入れすることを考える。

　奥行きは、収納物や目的に合わせる。奥行きが3尺（910mm）程度の深い収納の場合は、そのまま収納内部まで足を踏み込めるように戸の下枠を除去する。

●収納の位置がわかりやすいこと

　どこに何が収納されているかが、一目でわかることが重要である。肌着のように日常的に出し入れする収納物は、透明ケースやアミかごのように、中身がよく見えるものに入れると便利である。特に、視線の高さが低い車いす使用者には、こうすることで目線より上部にある収納内容が見やすくなり、効果的である。

●収納量が足りていること

　出し入れしにくい収納であったり、収納量が不足していると、室内をうまく整理できず、その結果、収納物が床上に放置され足をぶつけたり、つ

まずいたり、滑ったりして事故の原因になりかねない。高齢者や障害者の収納スペースは不足がちになるので、将来のことも考えて収納量を検討する。

■空間・室別の収納スペースに対する配慮

●玄関

基本的には履物と雨具の収納を考慮すればよいが、外出時に杖、車いす、義肢・装具を玄関で装着したり外したりする場合には、それぞれの福祉用具を収納できるスペースや装具を装着するスペースを考慮する。これを怠ると、玄関が手狭になり家族の履替え動作が困難になったり、掃除をするときに支障が生じやすい。

●居間

居間には家具類のほかにテレビ・ビデオ等多くの物品が持ち込まれるので、収納計画をきちんと立てる。また、収納に加えて、想い出の品々を並べるスペースの提案なども併せて行う。ただし、通路部分に置いた床置き型のマガジンラックなどは足で引っ掛けやすい。動線計画では、このような床置き小物も図面に示し注意を喚起する。

●寝室

寝室には着替えの肌着やその他の衣類の収納のほかに、介護用品が持ち込まれることが多い。

洋服ダンスのハンガーパイプは、楽な姿勢で手の届く高さを基本に考えるが、そのときに衣服が床面に擦らないかを確認する。在宅医療機器はベッド周辺、特に頭部周辺に配置されることが多い。また、想い出の品々を並べるスペースも考慮する。

押入れ収納の中棚の高さは、通常は900～1,000mm程度であるが、750mm程度まで下げると使いやすくなる。その際は、中棚下部に入れる収納物の高さも検討する。枕棚の高さは手の届く1,700mm程度とする。

棚で仕切る収納は、棚板の高さを自由に変えられるような工夫をするか、あるいは建築工事でつくり込まず、居住者が自分たちでキャスター付き収納などで納める工夫で対応するほうが、生活にあった状況をつくり出せる。開き扉の裏面にフックを設けて、小物を手元で扱える工夫も検討する。

●洗面・脱衣室

洗面・脱衣室の洗面流しは、洗面化粧台ではなく洗面カウンターがよい。そのことで、収納部から取り出したものを、洗面流し周辺に置きながら使用できる。高齢者や障害者が日常使用するものは、取り出しやすい位置に収納する。例えば、鏡裏側に収納棚を設けた洗面台の使用や、洗面カウンター左右の壁埋込み部の収納などを上手に活用する。この部分には歯磨き用品、化粧品などの日常生活品程度しか収納できないが、適した高さに設置でき自然な姿勢で出し入れができる。片まひの場合には、健肢でものの出し入れができるよう、健肢側に収納・壁埋込み収納、カウンターのスペースを設ける。

●キッチン

キッチンの収納では、日常用いるものはシンク前のアイレベルに水切り棚などで収納を確保し(図2)、吊り戸棚やカウンター下部にはできる限り、収納しないようにする。

また、キッチンスペースが十分になく吊り戸棚を利用する場合には、昇降式の吊り戸棚の設置を検討する(**図3**)。メーカーにより方式(電動式、手動式(油圧式、スプリング式がある))が異なり、手動式では使用感も若干の違いがある。

　食器洗浄機はコンパクト化、低価格化が進んでおり、家族数が少ない高齢者住宅でも多く利用されている。シンク下部に収納できる食器洗浄機やシンク横のスペースに置ける機種が市販されている。

　車いす使用者でキッチンを使用しない場合でも、水栓、冷蔵庫や電子レンジの利用などは十分考えられるので、生活者と話し合い、配置計画に留意する。さらに、炊飯器、ポットなど日常的によく使用する機器類の収納スペースをあらかじめ考慮しておかないと雑然としたキッチンとなりかねない。

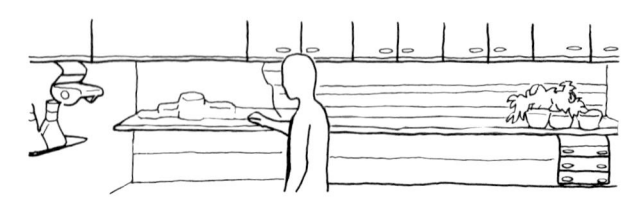

図2　アイレベルの中間棚

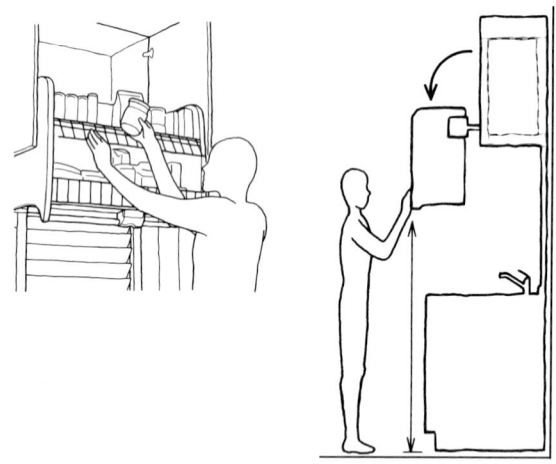

図3　昇降式の吊り戸棚

5　スペースへの配慮

　スペースへの配慮には、①移動動作に対するスペース配慮、②生活動作に対するスペース配慮、および③介助動作に対するスペース配慮の3つがある。前二者は、すべての高齢者および障害者に対して配慮すべき内容であるが、③は独力で生活動作を遂行できなくなったときにのみ配慮すべき内容である。これらを検討するにあたり、高齢者本人が行う動作、介助を要して行う動作、および介助者や家族に全面的に介助を依存する動作に分けて検討し、その後、室別の配慮事項を述べる。ただし、各室でスペースを確保することは住宅全体の面積を増加させることにもなるので、これに対処するには、廊下を極力なくしたオープンゾーニング、トイレと洗面・脱衣室のワンルーム化、生活上の工夫（トイレを広げるために、収納面積を減らし納めていた収蔵物を別の場所に移す）など住宅全体の工夫を行うことが求められる。

■スペースに求められる基本性能

　スペースに求められる基本性能は、移動動作、生活動作、介助動作のしやすさに集約される。以下、それぞれに対応するスペースについて留意事項を整理する。

●移動動作に対するスペース配慮

　高齢者や障害者の主な移動方法は、歩行（自立、介助）、車いす（自立、介助）および介助用車いすによる移動が考えられる。どの方法によって移動するかは個人の身体機能によって異なるが、屋内と屋外とでは移動方法が異なる場合があるし、住宅内でも複数の移動方法を用いることもある。例えば、住宅内では伝い歩き歩行であるが、屋外では介助用車いすを使用する例は多く見られるし、義肢を装着している障害者は、日中は義肢歩行をしているが、就寝中は装具を外すため、朝晩は床上移動を行うなどの例が見られる。したがって、まず、玄関、寝室、居間、食堂、洗面・脱衣室、浴室、トイレなどでの移動方法を生活場面ごとに詳細に把握する。

　新築住宅の設計では、曲がりの少ない廊下とし、かつ開口部の位置をよく検討し、移動しやすい平面計画を行う。また、開口部は室の入隅部に設けず、かつ取っ手側に300〜450mm程度の袖壁を設ける。特に、自走用車いす使用の場合には取っ手に手が届いて自分で建具の開閉ができるように、入隅部から離して開口部を設置する。

●生活動作に対するスペース配慮

　玄関・トイレ・洗面・脱衣室・浴室等での生活動作を考えて、必要なスペースを確保する。寝室や居間では部屋の広さに加えて、家具等が歩行時や車いす移動時の支障とならないように、ゾーニングから家具配置にいたるまで、あらかじめ十分に考慮する。寝室ではベッドの位置、建具の位置に、居間や食堂ではソファやダイニングチェアの位置にも注意する。

●介助動作に対するスペース配慮

　住宅内で介助が必要となり、かつスペース面で考慮しなければならない主な生活行為は、移動、就寝、排泄、入浴である。介助スペースは、各室で一連の生活動作を行ってもらい、必要な介助動作をどの位置で行うのが

最善かを検討する。その際に、福祉用具を使用する場合は、その位置やスペースも当然含む形で検討する。単に部屋の広さを確保すればよいわけではなく、必要な箇所に有効なスペースを確保することが重要である。

■空間・室別のスペースに対する配慮

●廊下

　立位歩行の場合には、廊下の有効幅は780mmを基本に考える[*1]。780mmは、心々910mm（3尺）幅で105mm角柱を用いて得られる寸法である。壁胴縁は間柱や柱の間に納める。また、自走用車いすを検討する場合には、有効寸法850mmを基本とする。850mmは、心々1,060mm（3尺5寸）で得られる廊下幅にもっとも近い値である。105mm角柱を用いると900〜930mmとなる。1,060mmあれば、壁胴縁を柱の間に納めなくとも、また120mm角柱を採用することも可能となる。

　また、高齢者や障害者の生活する住宅では、出入口付近、曲がり角付近のスペースに留意する。すべての通路部分で十分な広さが確保できなくとも、出入口付近、曲がり角付近のスペースが確保できていれば、直線移動であれば780mmの廊下幅でも移動は可能だからである。必要な箇所だけ拡幅するためには、図1のように部分的にモジュールをずらす必要がある。

　歩行に介助が必要な場合、本人の後方から身体を支持し、介助者は半身ずれて前進することになるので、通行幅は1.5人分となる。高齢者の前方に立っての手引き歩行は逆向きとなるので好ましくない。

●寝室

　寝室の広さは、個室（一人就寝）では6〜8畳（車いすを使用する場合には8畳）、夫婦寝室であれば10畳を確保する。脳血管障害者などの片まひや伝い歩きの場合には、ベッドからの起上り動作や伝い歩き動作を考慮したベッド配置や、家具配置の工夫が特に重要になる[*2]。ベッドからの起上り動作、臥床動作を本人に実際に行ってもらい、ベッドの向き（ベッドからの起上り方向とドア位置の関係）や、必要なベッド回りスペースを確認する。車

[*1] 高齢者の居住の安定の確保に関する基本的な方針（国土交通省告示第1299号の3）による。

[*2] P.162、5章「6　家具（机・いす）」参照

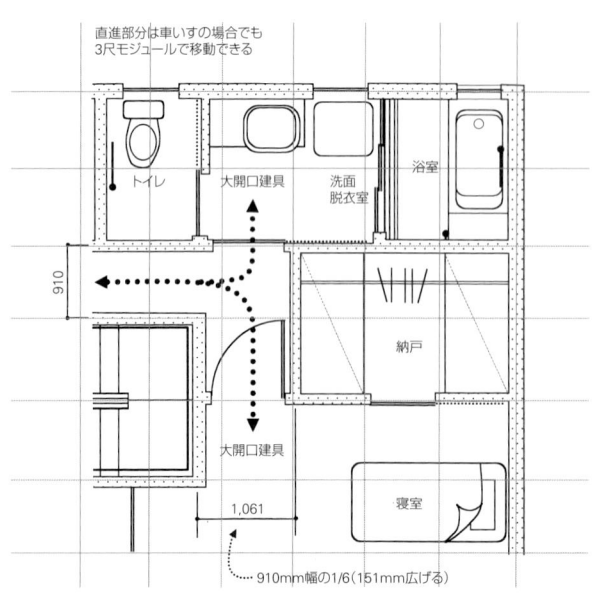

図1　モジュールをずらして通路幅を確保した例

いすがアプローチするベッドサイドや、立ち座りを行うベッドサイド側のスペースは広く取る。1,400mm程度を確保すれば、車いすの回転スペースや、立座り動作を補助するためのいすや家具を置いても十分な広さが確保できる。ただし、本人の起上り動作、臥床動作に用いるベッドサイドだけのスペースが確保されていればよいわけではない。反対側のベッドサイドや足元側にも500mm程度のスペースを確保し、ベッドメーキングなどを行いやすくしたい[*3]。また、ベッド上では補装具を外すことが多いので、補装具を置いておく場所もベッド付近に検討したい。

*3 P.101、3章「7 寝る」参照

● 居間・食堂

居間、食堂にはさまざまな家具が置かれ、動線を乱すことがあるので、家具の配置計画も高齢者の移動や動作を考慮する。その際には、家具配置や部屋内での本人の動線計画まで含んで検討する。床置きの小物(マガジンラック等)につまずくこともあるので、安易に床置き小物を置かずにすむようインテリアを検討する。居間、食堂では、本人が座るダイニングチェアやソファの位置を考慮する。車いす使用者の場合には、家具と家具の間に移動できるスペースが取れているかを、1/20の縮尺程度の図面に家具をレイアウトし、使用する車いすの軌跡を描き確認する。

● 脱衣室

高齢者や障害者は、着脱衣動作を寝室ベッド上で行うことが少なくない。ベッド上で着脱衣を行い、バスタオルを身体に掛けて入浴用車いすで浴室へ移動し、入浴を行う。こうした際に、寝室や洗面・脱衣室へ廊下を取り込むことができれば、廊下や家族が団らんしている居間・食堂等を通らずプライバシーが確保でき入浴が楽しめる(図2)。

● 浴室

日本の浴室スペースは小さくつくられていて、高齢者の入浴動作、特に介助を必要とする場合には、不便で不自由なことが多い。できることなら、1616タイプ(室内壁—壁間で1,600mm四方)[*4]、1620タイプ(同1,600mm×

*4 P.86、3章「3 入浴する」参照

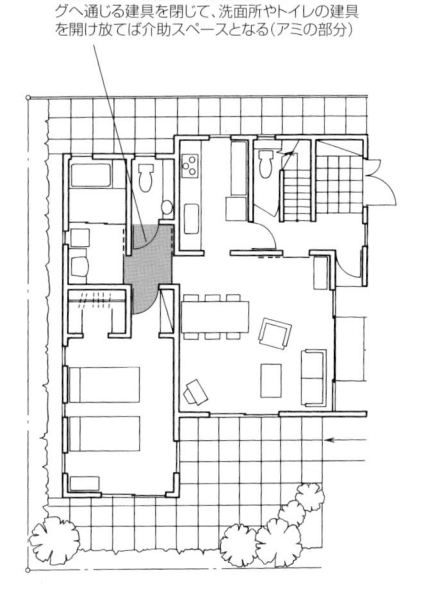

図2 廊下を水回りに取り込んだ例

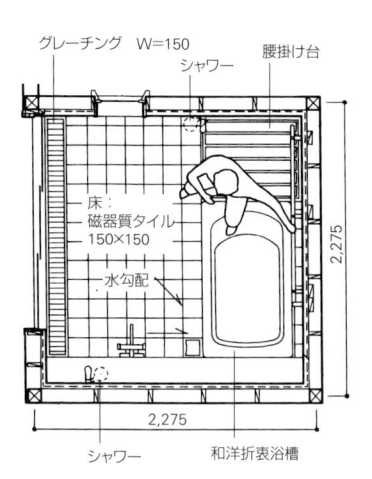

図3 浴室のスペース

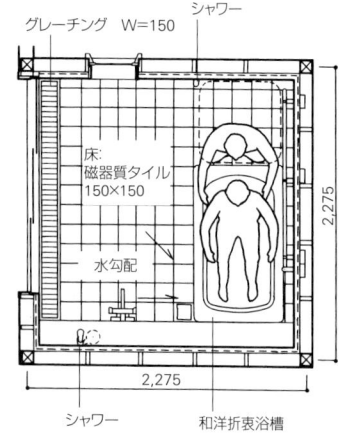

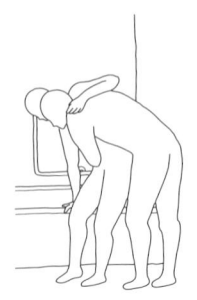

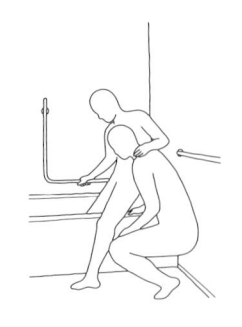

図4 介助を受けて浴槽に入る例

2,000mm)、1418タイプ(同1,400mm×1,800mm)のユニットバスの大きさがあれば高齢者には使いやすい(図3)。これより狭いと、介助入浴やシャワーいすを用いた入浴の際に支障が生じる。

浴室で介助を必要とする場合、まず介助内容(浴室内での移動、浴槽への出入り、浴槽内での立ち座り、洗体、洗髪など)を明らかにし、本人が必要とする動作スペース、介助を行う位置や姿勢に伴う介助者のスペース、使用する福祉用具、必要な浴室設備および位置などを、本人やその家族、ホームヘルパーや関係専門職と一連の入浴動作の中で検討し、スペースや設備の配置を決める(図4)。

● **トイレ**

排泄動作が自立している高齢者の場合には、便所広さは、910mm×1,365mm(柱心々での寸法、以下同じ)の通常のスペースでよい。ただし、介助が必要になってから便所のスペースを広げることはかなり難しいので、新築時から介助スペースを確保しておき、当初はそこを手洗いカウンターないし収納カウンターにしておく方法がある(図5)。

排泄動作における介助は、①車いすからの立ち座り、②衣服の着脱、③便座への立ち座り、④後始末、の4つの場面が考えられるので、それぞれに必要なスペースを検討する。それぞれの場面で、介助者は便器に対し、どの位置に立ちどのような姿勢をとるのかをよく検討する。多くの場合、介助時に介助者は前屈姿勢をとるので、通常の立位姿勢よりも臀部が突出する。

トイレでの介助動作の多くは、前方または側方から行われる。便器前方や側方に500mm以上の介助スペースを確保する必要がある[*5]。

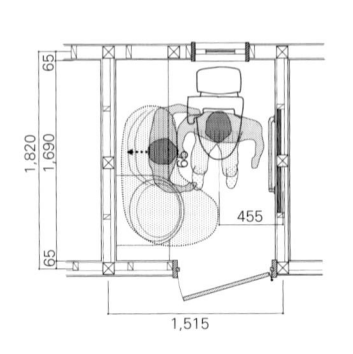

*5 高齢者の居住の安定の確保に関する基本的な方針(国土交通省告示第1299号の3)による。

あらかじめトイレ内での介助動作が考えられる場合には、洗面カウンターの設置は行わず介助スペースとしておく。

介護は側方から行う。便座に座って介助する場合には、前屈姿勢をとることが多く、介助者の臀部が突出するので、便座側方に介助スペースを有効で500mm以上確保する。

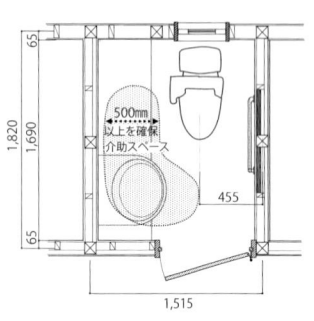

図5 トイレの介助スペースの確保

トイレで介助が必要な場合、介助スペースを考慮し、横方向に十分なスペースをとったものの、室の中心に便器を設置してしまったために便器の左右に中途半場なスペースができてしまい、十分な介助スペースが確保できないトイレや、奥行きだけが確保され、面積的には十分であるが、介助には不適当な広さのトイレなどを多く見かける。

　トイレ面積を大きく確保できない場合には、トイレと洗面・脱衣室をワンルームにする工夫がある（**図6**）。これにより、介助スペースを節約・共有化でき、建具数も減らすことができる。また、トイレと洗面・脱衣室を隣接して配置しておき、介助スペースが必要になった際に便所と洗面・脱衣室の間の壁面を撤去する方法もある。ワンルーム化することで介助スペースの確保が可能となるが、入浴時にトイレの使用が難しくなるなど使用時に制約を受けやすく、同居家族と共用している場合には家族との話合いが重要である。

　トイレと洗面を撤去可能な間仕切り壁で簡易に仕切っておき、万一介助スペースを要した際には、その間仕切りを撤去する方法もある。その際には、床に撤去した間仕切りの下枠段差が残らないように注意する。また、トイレを広げられない場合、トイレ前のスペース（廊下など）をカーテンや建具で仕切ることでトイレ空間に取り込む工夫がある。介助スペースの確保のために建具を開けての使用の際には、プライバシーの確保もできる。

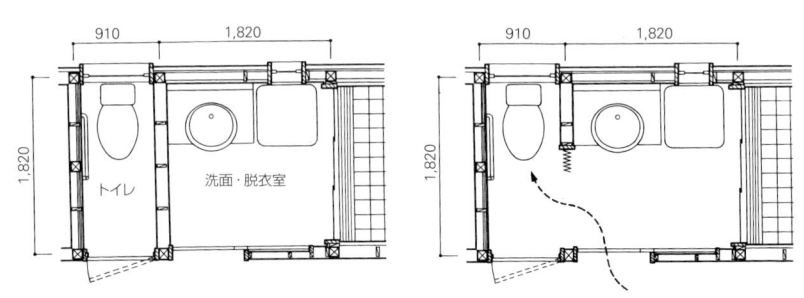

図6　トイレと洗面・脱衣室を一体化することでスペースを確保する場合

5章 設備・機器類を知る

「2章 福祉用具を知る」では、高齢者や障害者の心身機能の低下に配慮して日常生活の安全性・機能性・利便性を向上させるために開発された福祉用具について理解を深めた。

これに対し、本章で対象としている「スイッチ・コンセント」「照明器具」「浴室・洗面・トイレ関連機器」「換気・脱臭設備、冷暖房設備」「調理設備・調理器具」「家具(机・いす)」は、もともと建築の世界では普遍的に使用されているものばかりである。

そのように普遍的な製品であっても、いや、普遍的製品だからこそ、高齢者や障害者にも利用しやすくすることが、いま強く求められている。

この解決方法には2つの考え方がある。1つは、これまでの製品と同様であっても、設置する場所や位置を工夫することで高齢者や障害者に使いやすくする方法であり、もう1つは製品そのものを高齢者や障害者により使いやすくするために開発する方法である。近年は、ユニバーサルデザイン思想に影響され、多くの分野で製品開発が急速に進んでおり、日進月歩の様相を示している。そのあたりの動きを理解しながら、本章の理解に役立たせてほしい。

1　スイッチ・コンセント

　住宅内には電気を使用する機器（照明や換気扇など）が数多く存在しており、それらは居住者にとって必要不可欠である。そのため、これらの機器のオン・オフに使用するスイッチの大きさや設置高さは、使用者の身体機能を考慮する必要があり、また対応する機器との関係がわかりやすい場所に設置する。また、家電製品は長く住むにつれて一般に増えていくものなので、コンセントは十分な数を用意する。

■スイッチ

●機能による分類

　スイッチは、大きく次の3種類に分類される。
①手動でオン・オフ
　スイッチ類は一般に指先で操作するが、ワイドタイプのスイッチは手の甲や肘でも操作可能である（図1）。また、調光機能付きスイッチ（スイッチと調光操作部がセットになっているもの（図2）、ワイヤレスで調光可能なもの、スマートフォンと連動のもの）もある。階段や廊下には両端にスイッチを設置し、どちらでもオン・オフが可能となる三路スイッチを使用する。
②時間経過でオン・オフ
　点灯している照明を一定時間後に切ることで、消し忘れを防ぐことができる。例えば、スイッチを切った一定時間後に消灯する遅れ消灯スイッチ、タイマーの時間を設定してその時間のみ電源がオンになるタイマー付きスイッチがある。また、スイッチを切ると換気扇のみ一定時間後に停止する換気扇タイマー付きスイッチなどがあり、浴室やトイレに使用されている（図3）。
③センサータイプ
　人を検知して自動的にオン・オフするもの、周囲の明るさを検知して暗くなると自動的に点灯するものがあり、足元灯（図4）や廊下などに利用される。センサーの検知範囲も、人が近くまで接近すると反応するものや、天井照明などに使用する広範囲に反応するものがある。また、玄関に設置することにより、手指でのボタン操作が困難な場合や、荷物を持った状態でも安全に照明が得られる。

●設置位置

　そのスイッチで操作する機器に近い場所に設置する。立位姿勢で使用するスイッチの高さは、目安は床上約1,200〜1,300mmであるが（図5）、上肢の障害等により腕が上がらない場合は約800〜900mmかさらに低くなる。しかし、800mm程度より下回ると、腰をかがめたり膝を曲げないと届かなくなり、立位姿勢では使いにくくなる。スイッチの高さのわずかな違いが使用の可否に影響することもあり、実際にはこれらの数値を基準とし、使用者に合った高さに設置する。また、車いすを使用する場合は、約900〜1,100mmを基本として、使いやすい高さにする（図6）。

●必要数の設定

　スイッチは配線設備と密接な関係がある。そのため、配線工事が完了した後に必要箇所の見落としに気づくと、工事費の増大や、壁仕上げの見栄

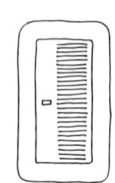

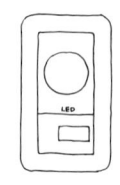

図1　ワイドタイプのスイッチ　図2　調光機能付きスイッチ

図3　換気扇タイマー付きスイッチ　図4　センサー付き足元灯

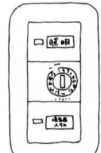

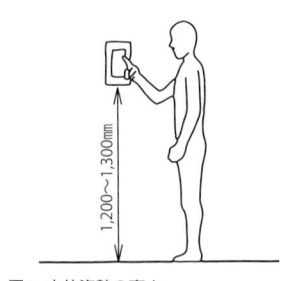

図5　立位姿勢の高さ

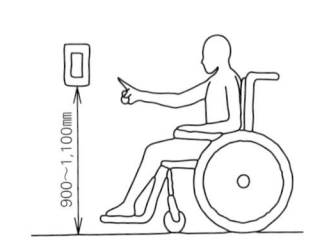

図6　車いす使用での高さ

えなどに問題が生じる。必要数の基本は照明器具と換気扇であるが、住宅内には、エアコン、電動シャッターなどスイッチを必要とする数多くの機器があり、見落としのないようにする。

■コンセント

●設置数

コンセントは、家電製品を使用する場合には必要不可欠であるが、その使用のされ方はさまざまである。例えば、冷蔵庫、エアコン、洗濯機などは常に使われているが、掃除機やドライヤーなど機器を短時間使用するときのみ使われる場合もある。このように住宅内で使用する家電製品は多く、各室で使用を想定する電気器具からコンセントの設置数を検討するが、タコ足配線の危険を避けるため、設置数は多めに見積もる。

●設置位置

コンセントは、基本的に抜き差しして使うものなので、その設置高さは重要である。一般に床上約200mmの高さに設置するが、抜き差しが頻繁な場合はしゃがみこんでの操作となり、この動作が困難な人にとっては使いにくい。このような場合は床上約400mmに設置する。なお、最近はコンセントから外しやすいユニバーサルデザインのプラグも市販されている（図7）。しかし、コンセントの位置を高くすると、垂れ下がったコードに足を引っかける可能性も高くなるので、マグネットタイプのコンセントを使用するなどの工夫が考えられる（図8）。また、洗濯機、エアコンなど、コンセントの使用用途が限定されている場合は、それぞれの機器に合った位置に設置する。ダイニングルームなどテーブル上で電気機器を使用する可能性のある場所では、床用コンセントを設置すると、壁からの長い延長コードによる足の引っ掛けの防止にも役立つ（図9）。コンセントは平面的には、室の対角線上に設置することを基本に、室の形状や広さに応じて壁の中心位置などにも設置する（図10）。

●維持管理

コンセントには電気が常に流れているため、使用上安全に留意する必要がある。例えば、ほこりや異物が入らないようにする工夫である。コンセントカバーやコンセントキャップを設置する方法があるが（図11、12）、使用時にカバーの開閉やキャップの取外しが必要となり、手指の巧緻性が低い場合や力が弱い場合は使いにくくなることもあるので注意が必要である。また、冷蔵庫、洗濯機、エアコンなど常にコンセントを差している状態では、コンセントにほこりと水分が溜まることによるトラッキング現象（漏電）[*1]が生じ、火災の原因となることもあるので、定期的な掃除を心がける。

■コールボタン

浴室やトイレは密室空間であり、事故の際の危険性が高い。また、これらの場所は転倒が起こりやすく、気分が悪くなることもある。そのため、住宅内の家族に知らせるコールボタンがあると安心である。設置の場合は、転倒時も使用できることを考慮し、プルスイッチ付き押しボタンスイッチを使用する（図13）。

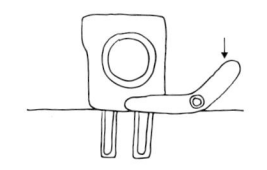

図7 ユニバーサルコンセント

図8 マグネットタイプのコンセント　図9 床用コンセント

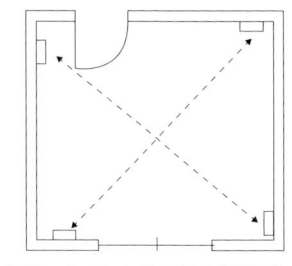

図10 コンセントの平面的な設置場所

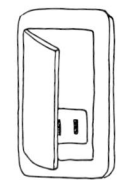

図11 カバー付きコンセント　図12 コンセントキャップ

*1 コンセントとプラグのすき間に大量のほこりが蓄積され、それが湿気を帯びた場合に漏電することがあり、経時とともに漏電部が沿面放電し炭化、炭化部から発火する現象を指す。

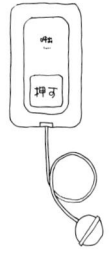

図13 プルスイッチ付き押しボタンスイッチ

2　照明器具

　人間は外部からの情報のおおよそ80％を視覚から得ており、したがって、照明に対する配慮は重要である。また、照明は空間を明るくすることのみならず、光による豊かな空間づくりという役割もある。しかし、人間の視機能は加齢とともに低下し、視力低下、短波長の感度の低下（青など見えにくくなる）、グレア（眩しさ）が増大するなどが起こる。特に、高齢者は暗い場所での色や床段差などの識別が困難になり、また、明暗順応も低下し、急な明るさの変化があると、その場の明るさに慣れるまで時間がかかる。このような点から、照明環境は高齢者の生活における安全の視点からも重要になる。

■明るさの目安

　建築物の明るさの基準（照度基準）は、JIS Z 9110：2010で示されているが、高齢者の場合はさらに明るい照明を必要とする（図1）。その際、一つの照明で室全体を明るくしようとすると照度の高い照明器具を使用しなければならないので、全体照明と局所照明の組合せにより必要な照度の確保が好ましい。高齢者の照明への配慮として、作業をする場合は、若年層の約2倍の照度とし、かつ、スタンドなどを併用、部屋を全般照明のみとする場合は、一般的な基準の1段階上のワット数の照度を、屋外の照明は、若年層の約3倍の照度を、深夜の照明は、若年層の約5倍の照度を確保することがよいとされる。

図1　照度基準（JIS Z 9110：2010）

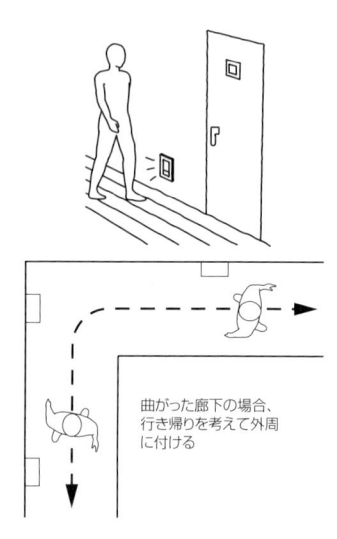

図2　廊下への足元灯の配置

■安全の視点からの照明

　安全の視点にもとづく照明は、主に足元の段差等を明確に照らすことが求められ、玄関アプローチ、玄関ポーチ、通路の段差部、階段などで必要になる。特に玄関アプローチなど屋外に設置するタイプは、センサー感知式などで必要に応じて点灯する方式にすると、防犯上も有効である。また、災害時など非常時の明るさを確保することも重要であり、住宅内には停電でも点灯する非常用照明器具も考慮する。

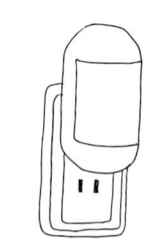

図3　コンセント差込みタイプの足元灯

■深夜の照明（足元灯の設置）

　高齢になると夜間にトイレのために起きる回数が増え、寝室からトイレまでの照明が必要になる。しかし、その経路を全般照明で明るくすると明暗順応が遅いことやグレアへの弱さから好ましくない。また高齢者は眠りが浅いため目を覚ましてしまうことにもつながる。したがって、寝室からトイレまでの経路に足元灯を等間隔（約2m）に設置する（図2）。
　既存住宅の場合、廊下にあるコンセントに差し込むタイプの人感センサー付きの足元灯を使用する方法もある（図3）。足元灯は照度が低くても暗

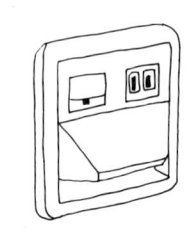

図4　下面照射型の足元灯

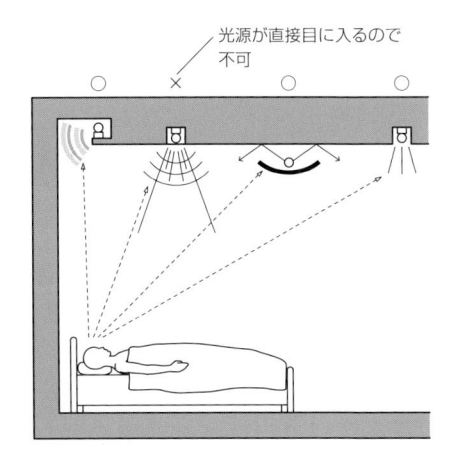

い中で光るため眩しさを感じることもあるので、下面照射型（**図4**）や光を拡散させるシェード付きがよい。

■光源の設置

高齢者は眩しさを感じやすいので、光源が直接目に入るような設置は避ける。例えば寝室の場合、ベッド上から光源が直接見えないような位置に配置する（間接照明）ことや、光をやわらかく拡散させるシェードの利用、間接照明の設置など工夫が必要である（**図5**）。

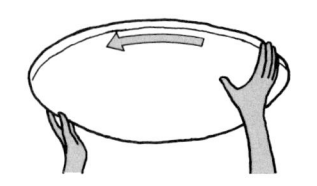

■点灯と調光

照明の点灯方法は、壁に設置するスイッチ、リモコンスイッチ（**図6**）、センサー式（**図7**）に大きく分けられる。ベッド上や車いすでの生活が長い場合、リモコン式が便利であり、同時に調光機能があると好みの明るさに調節できるので、生活も快適になる。ただし、リモコンの置き場所を忘れたり、紛失したりすることもあるので、壁に設置されたスイッチでの操作も可能としておくことが望ましい。

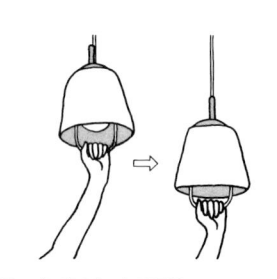

■メンテナンス

照明に使用する電球等は、一定の使用時間により寿命がくる。したがって、照明器具のメンテナンスの必要があるが、高齢者や障害者にとって天井付近に設置した電球等の交換は非常に困難である。したがって、できる限り長寿命の製品を使用することが基本であり、LED照明は寿命の長さから選択肢のひとつとなる。また、照明のカバーにほこりが付着すると明るさの低下となり、定期的な清掃も必要であるため、取り外しやすいカバーであることや（**図8**）、昇降可能な照明器具（**図9**）、階段等の場合は手の届く高さに設置することも望ましい（**図10**）。

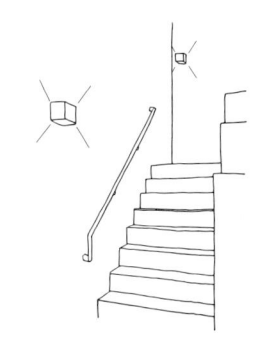

図5　ベッド上に配置する照明（間接照明）

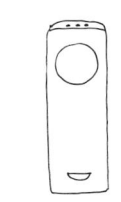

図6　シンプルな操作の照明用リモコンスイッチ

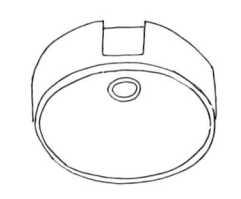

図7　天井設置のセンサー付き照明

図8　カバーの取り外ししやすいタイプのシーリングライト

図9　上げ下げできる照明

図10　手の届く位置の階段照明

3　浴室・洗面・トイレ関連機器

　高齢者や障害者の入浴、整容、排泄行為をサポートし、また、介護が行いやすい関連設備機器を紹介する。

■浴室

●ユニットバス

　近年、新築住宅はもちろんのこと住宅リフォームでも、気密性能・断熱性能が高いユニットバスの採用が増えている。最近は各メーカーとも、高齢者に配慮したユニットバスの他に、一般仕様でも出入口の段差を解消し、洗い場床を滑りにくくし、手すり付き（後付け可能）、ベンチ付き等のさまざまなユニバーサルデザインの配慮が盛り込まれている。

　また、介護の視点からさまざまな工夫がなされたユニットバス（図1）や寝室の押入れをシャワールーム（またはトイレルーム）に改修できるシャワーユニットバス（図2）が開発されている。

●浴槽

　市販されている浴槽の形状は、大別して3種類（和式、和洋折衷式、洋式）あり、サイズもさまざまである。浴槽の出入りの容易さや浴槽内での姿勢

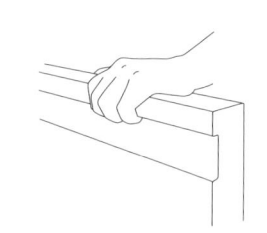

図3　握りやすい浴槽リム

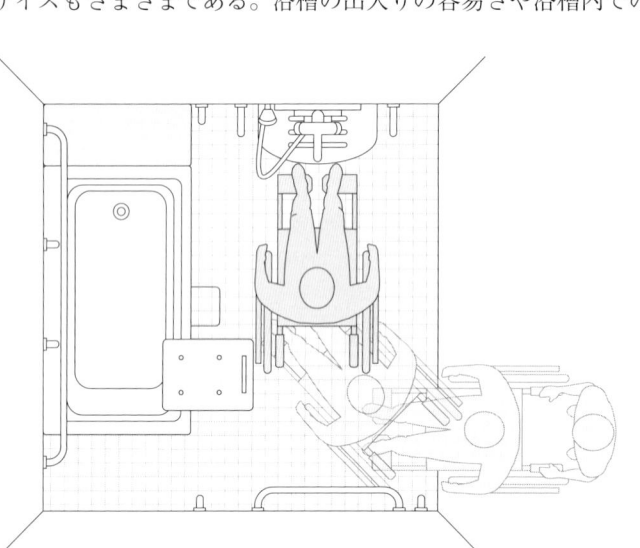

図1　介護視点配慮のユニットバス

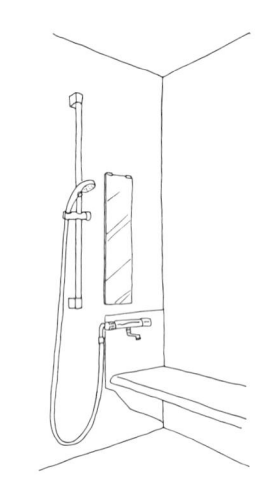

図4　スライド式シャワーハンガー兼手すり

図2　押入れを改修したシャワーユニット

図5　シャワーシステム

図6 手元ON／OFFシャワー

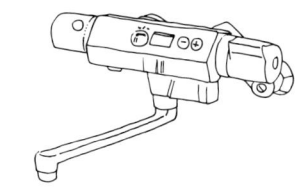

図7 タイマー止水機能付きバス水栓

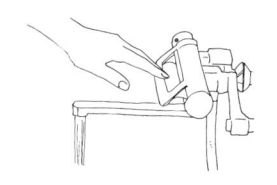

図8 定量止水機能付きバス水栓

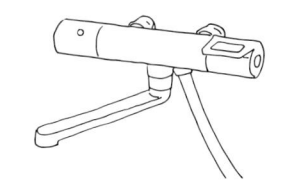

図9 リングハンドル式シャワー金具

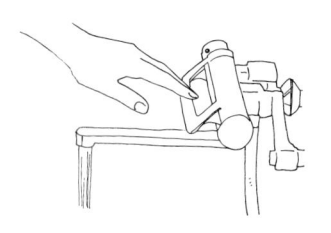

図10 左右どちらの手でも操作可能な水栓レバーハンドル

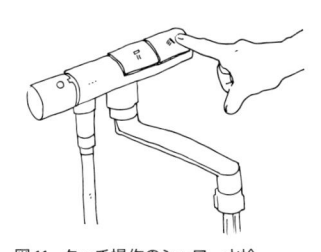

図11 タッチ操作のシャワー水栓

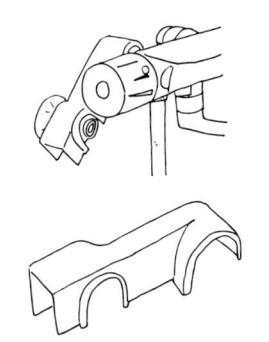

図12 やけど防止水栓脚カバー

保持を考慮すると、形状は和洋折衷式、長さは入浴時につま先がバスタブ対壁に着く大きさ（外寸1,200〜1,400mm程度、内寸950〜1,050mm程度）、深さは500〜550mm程度、浴槽縁高さ（またぎ高さ）は400〜450mm程度が望ましい。

最近は、各メーカーとも、浴槽内の形状を工夫した浴槽や、入浴時の姿勢安定保持のために、握りやすい浴槽リム仕様（図3）の浴槽、手すりや腰掛けスペースを設けた浴槽もある。

●洗い場周辺の機器

従来は高さ200mm程度の浴室用いすに座り、洗面器を床面に置いて体を洗うのが一般的であったが、高齢者や障害者は立ち座り動作が大変であるうえ洗体姿勢が窮屈なので、できれば300〜400mm程度の比較的座面の高い浴室用いすもしくはシャワーいすを使用する。したがって、これに合わせた洗面器置き台や水栓の設置、立ち座り用の手すりの設置が必要である。

シャワーは、手すりとしても使用できるスライド式シャワーハンガー（図4）や、浴槽を使用しなくても身体を温めることができるシャワーシステム（図5）も市販されている。シャワーで身体に直接湯水を浴びる場合は、湯温一定のサーモスタット式水栓が安全である。また、シャワーヘッドのボタンで湯水の出し止めができるシャワー（図6）が使いやすく、節水にもなる。

●水栓金具

浴槽に湯水をためる場合には、設定した湯量で自動的に湯水が止まるタイマー止水機能付きまたは定量止水機能付きのバス水栓（図7、8）がある。最近は、給湯機本体にこの機能を備えたものもある。

操作面では、握力の弱い高齢者や障害者には握って回すハンドル式よりもレバー式のほうが操作しやすい。さらに操作部分がリング形状（図9）であるとさまざまな握り方で操作できるので使いやすく、左右どちらの手でも操作しやすい形状の水栓（図10）や、吐水、止水スイッチをタッチするだけで開閉できる水栓（図11）も市販されている。安全面では、誤って水栓本体に触れてもやけどしないように、また、長く湯水を出し続けても、水栓の表面が熱くならない構造の水栓も市販されている。ただし、水栓本体に入る前の給湯側の脚部分は熱くなるのでやけど防止の脚カバー（図12）を設置すると安全に使用できる。

●浴室暖房機器

脱衣室および浴室は裸になる場なので、冬期は特に寒さに配慮し、居室との温度変化をなくすような輻射型暖房機器[*1]を設置する。

[*1] P.157、5章「4 換気・脱臭設備、冷暖房設備」参照

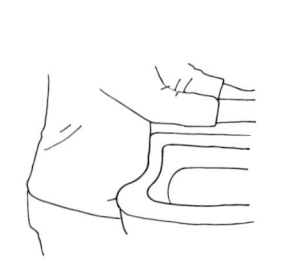

図13 寄りかかりやすい洗面ボウル形状

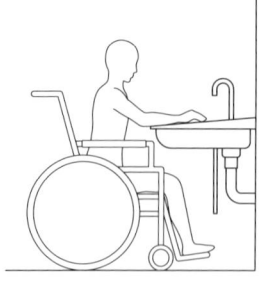

図14 車いすアプローチしやすい洗面台下部の形状

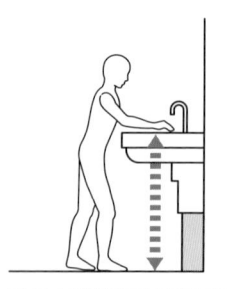

図15 昇降機能のある洗面台

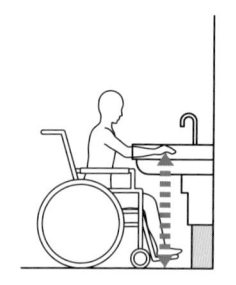

■洗面所

洗面所は、手洗い、洗面、脱衣などの他、ユーティリティとしても使用される。ここでは、高齢者や障害者にも使いやすいユニバーサルデザインに配慮した洗面器、ユーティリティ機能としての汚物流し等を紹介する。

●洗面台

立位で使用する洗面台の高さ（あふれ面高）は750〜850mm程度で、カウンター部に寄りかかりながら片手で洗面動作ができる形状（図13）とし、高齢者や障害者がいすや車いすなど座位で使用する洗面台の高さは650〜750mm程度で、洗面器下に足が十分に入り込める形状（図14）がよい。最近は、立位使用と座位使用を兼用できる昇降機能を持った洗面台（図15）が市販されている。特に、車いす使用の場合、車いすのアームサポートやフットサポートや膝が当たらないよう、足元スペース寸法は高さ600mm以上を確保し、給排水管は、原則として、壁方式にする。やむを得ず床方式の場合にはフットサポートや膝が当たらないよう給排水管の位置を工夫する。

●洗面器・水栓

洗面器は多目的で使える大型ボウルで、かつボウル底面が平坦で物が置けたり、カウンターが広く小物が置ける形状を選定する。水栓は簡単に操作しやすいレバー式（図16）とする。また、最近は吐水部を手前に引き出せるハンドシャワータイプ（図17）や座った状態で手が届くよう水栓開閉ハンドルの取付け位置を選べる水栓（図18）も市販されている。

●汚物流し・多目的流し（マルチシンク）

ベッド上で使用した差込み便器やポータブルトイレ[*2]の排泄物を捨てるための専用流し（汚物流し）（図19）があると便利であるが、設置場所がない場合は既存便器に洗浄水栓を取り付けるだけで、しびん洗いや差込み便器洗いができる製品（図20）がある。また、介助や介護で出た汚れ物等を洗うための流し（図21）を設置すると便利である。その場合、冬場の作業等に配

図16 開閉操作のしやすいレバー式水栓

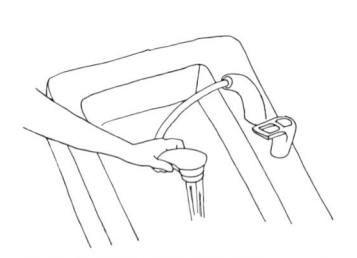

図17 吐水部を手前に引き出せるハンドシャワー水栓

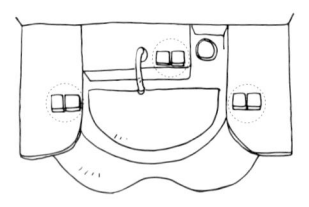

図18 開閉ハンドル取付位置を選べる水栓

*2 P.60、2章「9 排泄用具」参照

図19 汚物流し

図20 しびん洗浄水栓

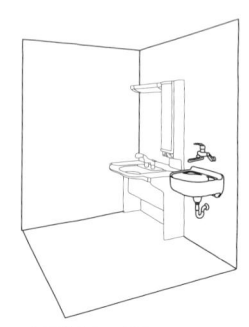

図21 多目的流しの設置

慮し、湯水混合栓を設置する。

■トイレ

●便器

　大便器は和式と洋式（腰掛け式ともいう）に大別されるが、高齢者や障害者には洋式便器が適している。洋式便器は「たまご型」が一般的であるが、小判型やひょうたん型の障害者用便器（図22）も開発されている。

　便器の座面高は、便器本体の高さと便座の厚みの合計であることに注意する。洋式便器本体の高さは380mm程度が一般的であるが、低座面大便器（306mm程度）、高座面大便器（417mm程度）など機種はさまざまである。ただし、陶器製の便器は焼き物なので、寸法にバラツキがあることを認識しておきたい。便座の厚みは機種によって異なるが、普通便座で約30mm、暖房便座で約35mm、温水洗浄便座で約40mm程度が一般的である。便器（便座高）を高くする方法は、建築工事で便器下方に土台をつくる方法が一般的であるが、最近は後付けで簡単に便器に取り付けられ、暖房便座や温水洗浄便座をセットできる補高便座（高さ30mm、50mm）[*3]も市販されている。さらに、電動で便座が昇降する「昇降便座」もある。便器下方に土台をつくる場合は、土台が車いす等のアプローチを妨げないように便器袴からあまり突出しないように注意する（図23）。

　便器の進化は著しく、便器の1回あたりの洗浄水量は約20年前で13ℓ必要だったものが、最近は4.8ℓが一般的になりつつあり、3.8ℓの節水便器も開発されている。一日数回、しかも毎日使用するものなので省エネにも配慮する。

　洋式便器は、さまざまな機能を有する温水洗浄便座一体形便器も普及している。また、便器自体もコンパクト化し、20年前にはロータンク式便器で壁からの前出が約800mmあったものが最近は700mm程度の便器も開発されている。

●便座

　便座は洋式便器の大きさに合わせて、レギュラー（普通サイズ）と少し大きめのエロンゲート（大形サイズ）の2タイプがある。排便・排尿後の後始末のしやすさを考慮するとエロンゲートのほうが使いやすいが、エロンゲート（大型サイズ）の便座ではお尻がはまってしまうという場合には、便座の上に置く小穴のやわらか便座もある。

　温水洗浄便座は、車いすでのアプローチの邪魔にならないよう、本体操作部ボックスをなくし、リモコンで簡単に操作できるタイプ（図24）がある。また、便器洗浄や便ふた・便座等の開閉をリモコン操作ボタンでできる機種もある。

●便器洗浄方式

　洋式便器では、背面のロータンクの洗浄レバーを操作して水を流すが、後ろを振り返ってレバーを操作する動作は高齢者や障害者には難しい。最近は、操作しやすい位置に設置できるリモコン便器洗浄ユニット（後付けタイプ、温水洗浄便座組込みタイプ）（図25）や便座から離れるだけで水を流す自動洗浄機能付き便器も開発されている。ただし、設置できる便器・便座の機種が限定されている。

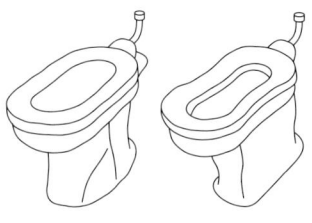

（小判型）　（ひょうたん型）

図22　障害者用便器（小判型）
一般の便器より細長い形状をしており、通常の後ろ向き使用のほかに前向き（馬乗り）使用がしやすく、また、後始末の際に本人または介助者の手が入れやすい。便器の形状から小判型、ひょうたん型と呼ばれることもある。

[*3] P.59、2章「9　排泄用具」参照

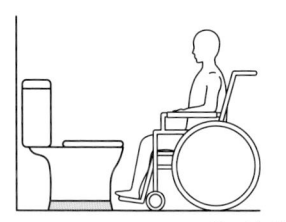

○　よい例

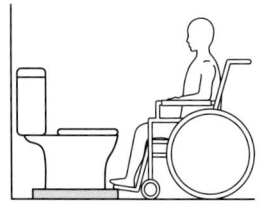

×　悪い例

図23　車いすでのアプローチに配慮した補高台の形状

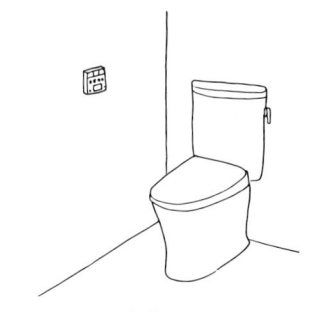

図24　リモコン操作

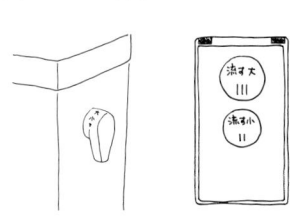

図25　リモコン便器洗浄ユニット（後付けタイプ）

4 換気・脱臭設備、冷暖房設備

　住宅内の空気を清浄に保つことと適度な湿度や温度を保つことは、快適な空間をつくり出すために欠かせない。特に、障害の種類によっては、清浄な空気が必須であったり、体温調節が困難な場合の冷暖房への配慮が必要となる。ここでは高齢者や障害者等に配慮した換気・脱臭器や冷暖房設備等を紹介する。

■空気清浄、加湿設備、脱臭器

　近年は技術の進化と省エネルギー化を考慮した高気密・高断熱住宅[*1]が建てられ、より快適な住環境を得られるようになったが、一方で、建材や木製家具に使用される接着剤に含まれる化学物質（ホルムアルデヒド等[*2]）が頭痛やめまい、吐き気など身体に影響を及ぼすことがわかり（シックハウス症候群[*3]）、その対策として24時間換気システム[*4]が義務化された。また、室内に浮遊するカビやダニは、気管支ぜんそくやアレルギー性皮膚炎、結膜炎などの症状を引き起こす。

　これらに対応するには、除湿と換気が重要となる。換気回数を増やすことに加え、晴れた日には窓を開放して通風を行うといった生活習慣や、結露防止のためにサッシをペアガラスにする、窓下にヒーターを置く、家具を壁から少し離して置く、結露した場合は水滴をふき取るなど、室内環境の改善を心がけるとともに、以下のような設備を活用する。

●加湿器、空気清浄機

　室内の適度な湿度（40～60％）は、風邪をひきにくくし、インフルエンザの予防にもつながる。一方で、湿度が高すぎるとアレルギー症状を引き起こすカビやダニなどが発生しやすくなるので、湿度管理は重要である。

　加湿器[*5]は大きく分けて超音波式、スチーム式、ハイブリッド式、気化式などがある。いずれにしても水タンクの清掃が容易か、持ち運びが可能か、コード類が邪魔にならないかなど利用場所や目的に応じて機種を選ぶ。また、寝室で使用する場合は、作動中の振動音がより静かなものを選ぶ。

　近年では、加湿だけでなく空気中に浮遊するカビを除菌し、ハウスダストや花粉等を除去するなど多機能化された空気清浄機[*6]がある。

●脱臭器

　寝室の近くに便所やポータブルトイレを併設する場合は、脱臭を行うと同時に換気を行う必要があるし、おむつ交換時に出るにおいの脱臭は、必要不可欠である。脱臭には、活性炭によりにおいを吸着する方法やにおいの成分を分解する光触媒脱臭法、プラズマ脱臭法などがある。イオンやオゾン[*7]の力を利用した製品が開発され、除菌や脱臭効果を高めている。さらに、家庭用に小型化された充電式の脱臭専用器（図1）は、ベッドサイドや便所に持運びができる。いずれも、部屋の大きさ等で効果も異なるため、ランニングコストや利用の目的に合わせ適切な機器を選ぶ。

■冷暖房設備

　最近は、節電や省エネにも配慮しながら効率的に冷暖房器具が利用できるよう、高気密・高断熱住宅とする住宅が多いが、さらに、近年では太陽

[*1] 高気密・高断熱住宅
気密性の高いサッシなどですき間風が入らないように住宅の外気と接する部分の断熱性能を上げた住宅。夏は外の熱が伝わりにくく、冬は熱が逃げにくい。

[*2] ホルムアルデヒド
刺激臭の強い気体。床壁天井に利用する合板や木製家具の接着剤に数年前まで広く利用されていたが、2003年の建築基準法改正で規制がかかるようになった。

[*3] シックハウス症候群
住宅の高気密化により建材等から発生する化学物質が室内汚染をもたらし、健康に影響を及ぼす。症状は、のどの痛みや頭痛など人によりさまざま。

[*4] 24時間換気方式
建築基準法により義務化されている。機械給気機械排気、機械給気自然排気、自然給気機械排気の3方式があり、使用場所や地域特性に応じて対応する。

[*5] 加湿器
超音波式は音振動を使って水の粒を細かくし噴霧するが蒸発しきれず床や壁を濡らすことがある。また、水タンクの中で雑菌が繁殖すると菌をまき散らす場合がある。
一方、水を加熱し蒸発させるスチーム式やハイブリッド式は高温で殺菌が可能である。

[*6] 空気清浄機
フィルターの交換が必要となるため、交換回数や消費電力などランニングコストも含め検討が必要である。

[*7] オゾン脱臭
オゾンは常温で特有のにおいを持つ気体。反応性が高く数時間で酸素に戻る性質を利用し、浄化、殺菌、脱臭を行う。

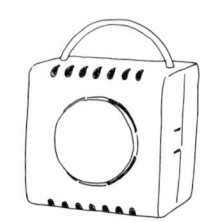

図1 持ち運びできる充電式オゾン脱臭器

光発電や排熱を利用した住宅用コージェネレーションシステム[*8]も開発され、より効率的なエネルギーの活用方法があるので、イニシャルコストやランニングコストを含めて総合的に検討する。

● 暖房

　高齢者は、暖かい居室から寒いトイレに移動するときなど、急激な温度変化が起こると、血圧の変動を招き、脳血管障害や心筋梗塞を引き起こす場合がある（ヒートショック現象[*9]）。そこで、廊下やトイレ、洗面所・脱衣所・浴室などの室温にも配慮し、室間で温度差が大きくならないようにすることが重要である。また、頸髄損傷者など体温調節がうまくできない人は、気づかないうちに低体温になり頭痛などさまざまな症状を引き起こす場合があるので、冬季の加湿と暖房は重要である。

　主な暖房方式としては、次の2タイプがある。

① 輻射暖房

　輻射暖房は、床暖房やヒーターなどであり、居室全体が暖まるのに時間がかかるが、上下方向の温度差が少なく空気の対流を起こさないのでほこりが立たず高齢者に適している。床暖房は、床下に温水を通すガス温水式と電気シート（面状の発熱体）などのパネルを床に敷き詰める電気式がある。既存の床上に簡単に施工できる方法もあるが、この場合は新たな床面は20mm程度高くなるために既有床面とは段差が生じてしまう。トイレや洗面所などは小型のパネルヒーター（図2）などが適している。床置き式（図3）や壁掛け式があるがいずれも生活動作や介助動作の妨げにならないよう配慮する。

② 対流暖房

　エアコンが主である。短時間で室内が暖まりやすいが、一般に天井付近は暖かく足元付近は暖まりにくい。しかし、近年では部屋全体を効率的に暖めるセンサーが付いた製品もある。便所や洗面所に持ち運び式の小型のファンヒーターや浴室内の天井埋込み式の暖房器具などもある。また、こまめに掃除ができない場合を考慮してフィルターの掃除機能を持つ製品もあるので、メンテナンスも考慮して機種を選ぶ。いずれも温風が直接身体に当たらないように配慮する。

● 冷房

　障害によっては、外気温が高くなっても発汗しにくい、もしくは発汗できず体温が上昇してしまい頭痛や吐き気といったうつ熱[*10]などさまざまな症状を引き起こすことがある。また、体温調節機能が低下している高齢者や体温調節機能が十分に発達していない乳幼児の夏場の熱中症は死亡する場合もあるため、十分な予防と対策が必要である。

　冷房器具の代表的なものはエアコンであるが、直接身体に風が当たらないよう風向きの調節や居室内のベッド等の配置に配慮する。人を感知して自動で送風の向きを変える機種や、空気中の除湿と加湿を同時に行い、室温を管理する機種などがある。

　また、エアコンだけでなくサーキュレーター（扇風機）などを用いて効率的に室内の温度を均一にする方法もある。

[*8] コージェネレーションシステム
発電された電気と、発電時に発生した熱を、それぞれ電気や暖房・給湯などに利用する方法。一つのエネルギー源から、電気と熱を取り出すことができ環境に優しく省エネを実施。

[*9] ヒートショック現象
急激な温度変化により体内の血管が急に収縮し、血圧や心拍数の変動が起きるといった身体が受ける影響。

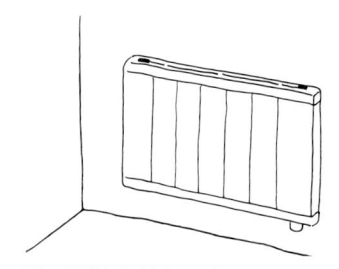

図2　壁掛け式パネルヒーター

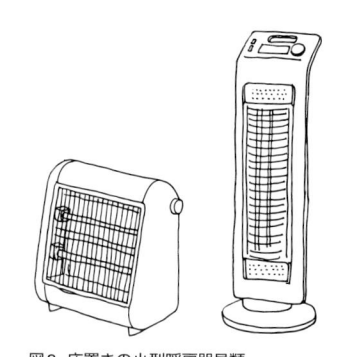

図3　床置きの小型暖房器具類

[*10] うつ熱
高体温は「うつ熱」と「発熱」に分かれ、うつ熱は外気温が高いにもかかわらず、脱水や発汗などの調整ができず熱が体内にこもる状態。一方発熱は、風邪や感染症により体温が上がった状態をいう。

5　調理設備・調理器具

　使いやすい調理設備や調理器具を用いて調理することは、高齢者や障害者の生きがいのみならず、メリハリのある生活を保ち、家事の役割を担うことで充実感を生み出す重要な要素である。調理設備・調理器具を選ぶ際は、家族と兼用か本人専用か、常時どの程度の作業を行うか、また、食材を取り出し、洗う・切る・炒めるなどの調理動作のほかに、食器洗い、片付けなど、調理に関連する作業ごとに必要となる設備・器具が異なるため、詳細に内容を検討する必要がある。

■調理設備（調理台、シンク、コンロ）

●種類

　近年市販されているキッチンは、流し台（シンク）・水栓金具・コンロ・収納・食洗機などを一体的に組み合わせてワークトップと呼ばれる天板を乗せてできているシステムキッチンが主流である。立位で使用するか、作業用いすに座って使用するか、車いすで使用するかなど、利用者に応じて幅、高さ、配列、シンク下部の収納の有無等を組み合わせる。一方、システムキッチンはシンクの大きさや調理作業スペースは固定サイズから選ぶことになる。不都合がある場合は、特注できるメーカーで個々に対応する。

●高さと形状

① 立位・腰掛け位で使用する調理設備

　市販されている調理設備の高さは床面から800mm、850mmおよび900mmが主流である。調理作業が高すぎたり低すぎると、調理作業が行いにくくなったり腰を痛めるので身長に応じて高さを調節する。多少の高さ調節は、台輪部分で可能である（図1）。最近では25mmごとに高さを選べる調理設備もある。

　作業中に調理台に寄りかかって作業をする場合は補助手すりを設け（図2）、腰掛けて使用をする場合はキッチンの下部に膝をいれるスペースを200mm程度設ける（図3）。キャスター付きのいすと収納がセットになった製品もある。

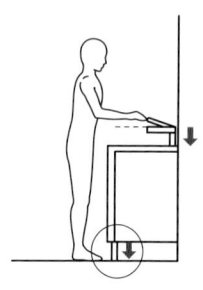

台輪部分を調節することで調理台の高さを上下することができる

図1　高さ調節用台輪

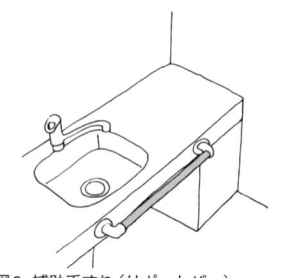

図2　補助手すり（サポートバー）

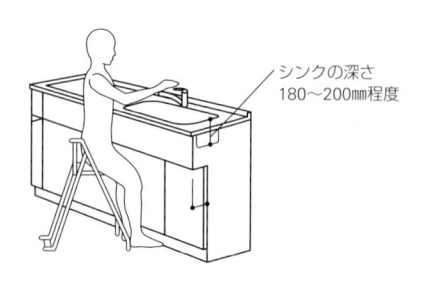

シンクの深さ180〜200mm程度

腰をかけたときの膝入れスペースを200mm程度とる

図3　膝入れスペース

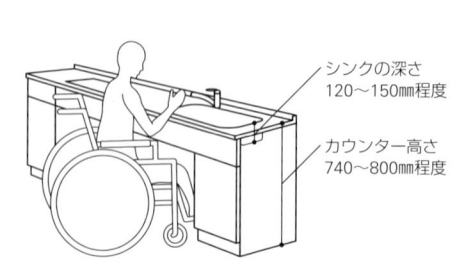

シンクの深さ120〜150mm程度

カウンター高さ740〜800mm程度

シンクの深さが通常の物より浅いので、膝が入れやすくなる

図4　車いすで使用

② 車いすで使用する調理設備

　調理台の高さは、通常、床面から740〜800mm程度となり、さらに膝や車いすのアームサポートがぶつからないようにシンクの深さを浅くし、下部

のスペースを確保する。同時に、シンクが浅くなった分だけ水跳ねが起こらないように泡沫水栓に変更するなど対策を行う（**図4**）。コンロの高さは、車いす使用者が鍋をのぞき込む場合には、調理台の高さと同じだと使用しにくい。コンロの部分のみ段落ちしたキッチンもある。ただし、段落ちコンロの場合は、コンロ下部のスペースを確保することが難しく、車いすをキッチンに対して横づけすることになる。調理動作や作業内容、役割に応じて検討を行う。

　いずれの場合も、調理作業を本人がすべて行えるよう専用の高さとするか、家族等と共用で調理作業の一部を行えるように調整するかは本人や家族と話し合う。

● 配列形式と配膳台

　キッチンの配列形式にはⅠ型・L型・U型などがある（**図5**）。

　Ⅰ型はもっとも一般的であり、作業移動が左右だけなので立位での作業は効率的であるが、車いす使用者は横方向への移動ができないので、使用しにくい。L型は調理台が直角に配列されているので、車いす使用者は身体の向きを変えやすく利用しやすいが、Ⅰ型よりスペースを必要とする。U型はシンク、調理スペース、コンロがそれぞれ直角に配列されているので、車いす使用者はL型と同様に利用しやすいが、シンクから直接コンロを使用する場合は180度向きを変える必要がある。また、U型はもっとも大きなスペースを必要とする。

　いずれの場合も、冷蔵庫や食器棚、配膳など一連の動作も考えて配列の検討を行う。特に、盛付け・配膳作業は食卓との位置関係が重要になる。配膳用のワゴンを利用し、食卓まで移動するか、対面のキッチンカウンターを配膳用に利用し、キッチンの反対側から食卓に移動する方法などが考えられる（**図6**）。

● 調理設備の配慮事項

　各調理設備に対する配慮事項について述べる。ただし、ガスコンロは、記述の都合上、次項の調理器具でふれる。

① 調理台

　調理台のスペースは、主に準備、調理作業、盛付けに用いられる。調理作業スペースは広いほうが作業しやすいが、広すぎると移動距離が長くなる。調理台の奥行きは650mmが一般的であるが、なかには、対面式で調理台の一部を拡張しキッチンカウンターとして、配膳や食卓用として利用する場合もある。

② シンクと水栓金具

　シンクの深さは一般に180〜200mm程度で、大きいほうが水跳ねなどに対応できるが、車いすで利用する場合は、シンクはできる限り薄いほうがよいため[*1]、利用する鍋の種類も合わせ、シンクの深さと水栓金具を同時に選択する。

　水栓金具はシングルレバーの混合栓が利用しやすいが、近年では自動水栓や軽く触れるだけで吐水するものや、吐水口近くに吐水用のレバーが付いているものなど、さまざまな製品が開発されている。いずれも温度調整は別途行う。

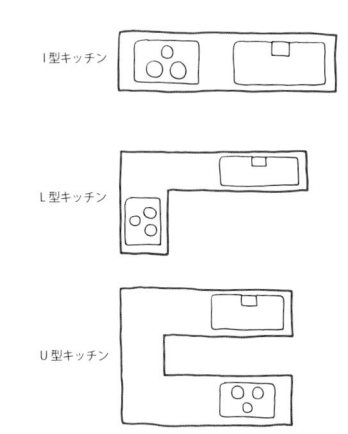

図5　キッチンの配列形式例

図6　対面式キッチンカウンター

*1 車いすのアームサポートがシンクの下部に入らないと作業が著しく行いにくくなる。

■調理器具

近年の調理器具は、多機能化が進んでいる。一方で省エネにも配慮し、ユニバーサルデザインの考えを取り入れ、光や文字盤、音声ガイドなどが内蔵された調理家電も開発されている。

● ガスコンロ

ガスコンロではすべての鍋類が利用できるが、裸火を扱うので夏場はコンロ周辺の温度も上昇する。また、袖口などに着火する恐れがあるので注意を要する。火災防止の観点から、現在販売されている家庭用ガスコンロ（1口の卓上コンロを除く）には「調理油過熱防止装置」「立ち消え安全装置」「ガス漏れ警報器」等の装着が義務づけられている。さらに、業界独自の安全機能を追加したSiセンサーコンロ[*2]により安全性を向上させている。

形状は、コンロ上で鍋をずらせるように全面が五徳（図7）で平らなものを選ぶとよいが、近年では掃除のしやすさを優先し、コンロの五徳が各口で独立している製品がほとんどである（図8）。鍋をずらせるように全面五徳としたうえで、キッチンカウンターの高さと合わせるなど特注対応をする必要がある。

点火スイッチは、ほとんどがボタン式で、火力調節はボタンの他にレバー式やダイヤル式がある。ボタン式は一般に使いやすく、ダイヤル式はまわす操作が難しい。なかには押して回す複雑な動作を必要とするスイッチもあるため、操作のしやすいスイッチを選ぶ。

● 電気調理器

電気調理器は、ヒーターの熱やランプの光で天板の加熱部分を熱し、直接、鍋を温める。鍋の種類は選ばないが、鍋底が平面状でないと熱効率が悪い。熱源面は平面状なので鍋の乗せ下ろしがしやすい。

● 電磁調理器

電磁調理器（IHクッキングヒーター）は、電磁気を利用し鍋自体を発熱させるため、キッチン周りの温度上昇を抑えることができる。また、熱源面（トッププレート）が平面状であるため、鍋をずらすなど作業性や清掃性はよい。加熱後はプレートトップが余熱で熱くなっているのでやけどに注意する。一方で鍋の材質や形状が限定されるため、使い慣れた鍋類との適合についての検討が必要となる。

IH調理器に関しては、埋込み型医療機器（ペースメーカー等）使用者は、電磁波により医療機器の誤作動を起こさないよう必要以上にIH調理器に近づかないなど、使用には安全への配慮[*3]を行う。同時にIH式電磁炊飯器は、炊飯中はもとより保温中にも電磁波が確認されているため、IHクッキングヒーター以上に配慮が必要である。電磁波を予防できるエプロンや下着も販売されている。

● 冷蔵庫

冷蔵庫の扉の開き方向は、キッチンの配置や調理動線と同時に検討する。車いすで使用する場合は、フットサポートが壁や冷蔵庫にぶつからずに使用できるように冷蔵庫の配置や扉の高さにも注意する。

また、いくつかの扉に分かれ、それぞれに野菜室や冷凍室等の目的があるので、使用頻度に応じて適切な機種を選ぶ。さらに、下部を利用しやすくするために、冷蔵庫を200～300mm程度の台の上に乗せる方法もある。た

*2 義務づけられている機能に加えて、「早切れ防止機能」「消し忘れ消火機能」が定められている。

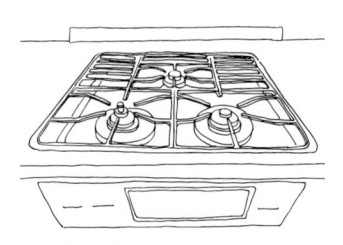

図7 全面五徳のコンロ

図8 清掃性がよいガスコンロの五徳

*3 電磁調理器とペースメーカーについて（厚生労働省医薬局による「医薬品・医療用具等安全性情報」(2003年1月)）
「ペースメーカ等を使用している大半の患者においては、IH式電気炊飯器がこれらの医療用具に与える影響によって、臨床上重篤な症状が起こることは少ないと考えられる。なお、ペースメーカー等の添付文書には、すでにIH炊飯器、電磁調理器等についてこれらから離れるか、使用を中止するよう記載されているが、条件によっては、重篤な症状が起こることが否定できないため、再度以下に注意して使用する必要がある。
◆IH式電気炊飯器等の強力な電磁波を出す可能性のある電磁気家電製品を使用する場合は、そのそばに必要以上に長く留まらない。
◆とくに、IH式電気炊飯器については、炊飯中はもとより保温中においても電磁波が放出されることが確認されているので、埋め込まれたペースメーカー等が近づくような体位をとらない」としている。

だし、上部が高くなりすぎないよう冷蔵庫の大きさも併せて検討する。

● **食器洗浄乾燥機（電気食器洗機）**

　食器洗浄乾燥機は据置き式とビルトイン式がある。据置き式は調理台の上に置くため調理作業スペースが狭くなるが、ビルトイン式は、調理台下部に設置できるので、作業スペースを有効に活用できる。一方でビルトイン式は食器をたくさん入れると引き出すのに力を必要とし、障害によっては使用が困難な場合もある。また、乾燥時に温風が出るため、まひ部分の皮膚に当たると熱を感じることができず、やけどを負う恐れがあるので注意が必要である。

● **調理家電**

　炊飯器やトースター、オーブンレンジといった調理台以外で利用する調理家電は、キッチンでの家事動作の範囲内にまとめて利用しやすい高さのカウンター（収納棚）に配置する。車いすで使用する場合には、カウンター（収納棚）の下部は、キャスター付き移動式収納を併設するとよい[4]。

＊4 P.95、3章「5　調理する」参照

■その他の設備

● **照明スイッチ等**

　照明スイッチやコンセント等は手の届く範囲に配置し、換気扇のスイッチはリモコン式やコンロを点火すると連動して換気扇が作動するものを選ぶ。

● **キッチン収納、吊り戸棚**

　調味料や鍋、ザルなどは、調理動作の流れを妨げず、かつ作業者の目線の高さまでで手の届きやすい場所に収納する。キャスター付きの移動式収納も利用しやすい。また、吊り戸棚は上下可動式が使いやすい。ただし、手動式は収納量が増えると操作が重くなるため、電動式のほうが使い勝手はよい。

　シンクやコンロ下の収納扉が開き戸の場合は、かがんでのぞきこまないと中の物が取り出せないため、引出し式（スライド式）の収納のほうが使いやすい（図9）。

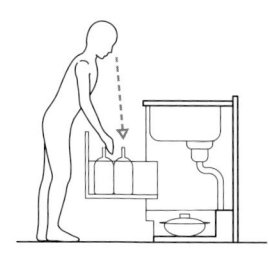

開き扉
しゃがまないと
出し入れできない

引出し式
引き出せ、ラクな姿勢
で使える

図9　キッチン下部収納

6　家具（机・いす）

　生活スタイルや身体機能に合った家具は、生活を送るうえで欠かせない道具のひとつである。身体機能の低下とともに利用が困難になったときや生活スタイルが床座からいす生活に変わるときなどは、慎重に検討することが大切である。また、視覚に障害があると家具を手がかりに移動する場合も考えられるため、家具類の高さや形状に配慮することも重要である。

　本項では、高齢者の身体機能の変化と障害の特性に配慮した家具類について紹介する。

■家具の配置

　平面計画を検討するとき、居室の間取りや大きさは検討しても、机やいすなどの家具類まで十分に検討されない場合が多い。しかし、生活動作の利便性や安全性を確保するためには、家具の配置や形状は大きく影響する（図1）。例えば、ベッドから起き上がって、居間や便所に行くときに、家具の配置を考慮しないと遠回りをする、不安定な姿勢での通り抜けをする、などの行動が転倒の一因となる。そのため、動線が複雑にならないよう家具の配置は間取りと一緒に計画することが望ましい。さらに、安全のために十分な幅員を確保し、床置きのマガジンラックなど小物類はつまずきの原因となるので置かない、などの配慮が必要となる。

　また、脳血管障害による片まひがある場合は、ベッドからの起き上がる方向や伝い歩きの動作に特徴があるため、ベッドと家具類の位置関係は特に重要になる[*1]。

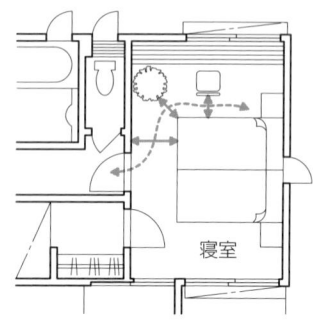

あらかじめ家具の配置を考えておかないと動線が長くなったり複雑になり、移動が困難となる

図1　家具の配置

*1　P.100、3章「7　寝る」参照

■家具を選択するときの考え方

●使用目的と障害に合わせる

　家具は同じ種類であっても、利用目的により高さや形状が異なる。例えば、同じ机でも、書き物をする机、食事をする机（食卓）、読み物や団らんで使用する机などで高さが異なる。いすも同様に、休憩用のいす、食事用のいす、仕事用のいすはそれぞれに高さも形状も異なる。したがって、高齢者や障害者が家具を選択するときには、まずは使用目的を明確にし、そのうえで障害に適した高さや形状を慎重に検討する。

●メンテナンスのしやすさ

　家具選びにおいては、使いやすさはもとより、汚れたときにすぐに拭き取れる素材か、カバーを簡単に取り外して洗うことができるか等メンテナンス性を考慮する（図2）。床掃除のしやすさを考慮し、いす同士が重ねられたり、いすが机に掛けられる製品もある（図3）。

●家具の色彩

　弱視や色覚障害のある場合は、家具と床、壁や建具がすべて同系色で配置されると扉や家具の位置を認識しづらい。したがって、内装材や家具について識別しやすい色調を選ぶと同時に調和のとれた色彩やデザインについても考慮する。

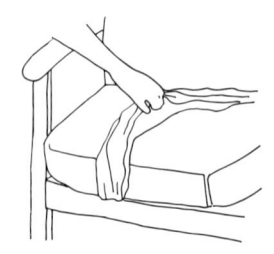

図2　洗濯が容易

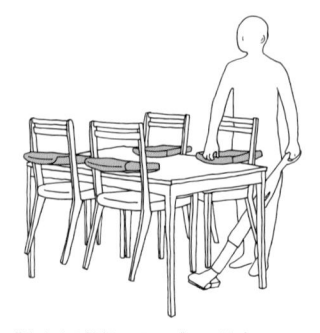

背もたれが倒れてテーブルに掛かる。いすの足元が持ち上がるのでテーブルの下の掃除が容易となる。

図3　掃除のしやすさを考慮したいす

■高齢者・障害者が使いやすい家具

●いす、ソファ等

　高齢者は身体機能の低下により、低すぎるいすは立ち上がりが困難であり、反対に高すぎるいすは足裏面全体が床につかず身体が安定せずに転倒を招きかねない。また、立ち上がる際に足を手前に引き込めないと立ち上がりにくい。立ち上がりを補助する機能の付いた家具調のいすもある(図4)。さらに、畳での生活スタイルを好む高齢者等には床からの立ち上がりを容易にする昇降座いすなどもある(図5)。

　居室内の移動に車いすを使用するが、生活場面でいすに乗り移る場合は、介助や移乗のしやすさを考慮し、いすの肘掛けが取外しできるいすを利用する。さらに、立ち上がる際の補助や座位保持に肘掛けを利用する場合もあるので、身体機能に合わせて座面や肘掛けの高さなどが調整できるいすは汎用性の面でも優れている(図6)。

　いすの背もたれは、角度が付きすぎると起き上がるのが困難になるため、身体機能に応じて背角度が変えられる機能があるとよい(図7)。電動式リクライニング機能がついているいすもある。

●机

　机の形状や脚の位置は、居室内での配置と同時に車いすを近づける方向に大きく影響するので十分に検討する。

　通常の四角い机は4隅に脚があるので、車いすで近づくときに支障のないような大きさとする。また、食事や作業を行うときに机上面(天板)と身体との間にすき間ができないようにくぼみがついている机もある(図8)。丸い机は脚が中央にあるので脚の位置を気にすることなく車いすで近づきやすいが、食事用に利用する場合は、胸を近づけると両側にすき間ができ、物が落ちやすく、また、身体を支えるための前腕を乗せにくい。また、不用意に手をつくと机自体が傾く恐れがあり注意を要する。

●机といす(車いす)との関係

　机といす(車いす)類との関係は重要である。特に食事の目的で利用する場合は、正しい姿勢を維持できないと誤飲・誤嚥の原因となる恐れがある。また、車いすを使用する場合は、机の高さや形状、厚みを十分検討しないと、アームサポートが机に当たり十分に近づけない、机の脚が邪魔になる、などといった問題が生じる。

　現在市販されている食卓用テーブルは、床面から680〜720mm、いすの高さは400〜450mmが一般的である。ところが、一般的な車いすのアームサポートの高さは床から700mm程度となるので、ちょうど机とぶつかり胸を近づけることができない。したがって、十分に机に近づくためには、天板の厚み(幕板を含む)が極力薄いものを選び、かつアームサポートより上になるようにかさ上げする必要がある(図9)。さらに、家族と共用にするかどうかやアプローチの方法等も含め、両者同時に検討を行う。

図4　立上りを補助するいす

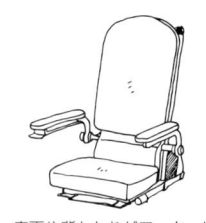

図5　昇降座いす
座面や背もたれがモーターにより、上下する

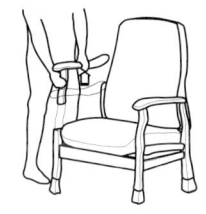

図6　肘掛けは取外し、調節可能ないす

図7　立ち上がり補助機能の付いたいす
レバー操作することで背角度が変えられる

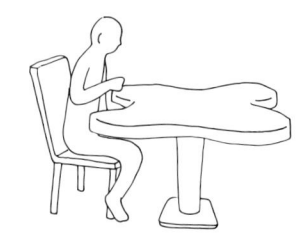

図8　くぼみのある机

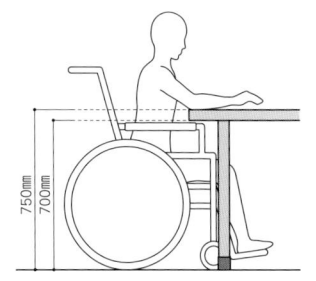

図9　天板の薄い机と高さの調整

7　防災設備と避難計画

　高齢者や障害者にとって、災害時の安全確保は非常に重要である。建物で発生する火災を見ると、住宅が発生件数で6割を超え、死者数では8割[*1]を超えている。特に、わが国の戸建住宅は木造建築が多いことや、防火・避難関係の法令において、諸般の事情により公共的建築物に比べて防災設備や避難規定が緩やかになっている。しかし、在宅福祉が推進されるなか、住宅の災害時の安全性確保は喫緊の課題である。

■高齢者や障害者と火災時の安全

　高齢者や障害者は、心身機能の低下等により、火災発生や火災警報器の警報音に気づきにくいことや、避難行動そのものが困難なことなどから、火災の犠牲者になりやすい。また、高齢者単身世帯や高齢者のみの世帯も増加しており、火災時に人的被害を大きくする要因となっている。そのため、住宅を設計するうえでは、日常の安全性だけでなく非日常（火災や地震）の安全性まで考慮した計画が必要である。

　火災が発生した場合、身の安全を守るためには早期の発見が第一である。住宅内には可燃物も多く、燃え止まりとなる防火区画[*2]も存在しないため、早期に火災発生の情報を得て避難を行う必要がある。

　住宅から避難する場合は、住宅内で一時退避することはせず、屋外への避難が必要になる。したがって、安全な避難経路の確保も必要である。

■住宅用の防災設備

●住宅用火災警報器

　消防法により、現在、住宅用火災警報器の設置が義務付けられている（図1）。設置が必要な場所は、寝室と階段室は全国一律であるが、地方条例により台所などに追加付置を義務づけできることになっている。住宅用火災警報器は、煙や熱（寝室や階段室は煙式を設置）を感知して音や音声で知らせる機器である。センサーと警報機能が一つにまとめられており、特別な配線などせずに設置するだけで使用可能である。また、一つの警報器が感知した情報を他の警報器に伝達する連動タイプのものがあり（有線と無線タイプがある）、高齢者や障害者の生活する住宅においては、他室にいる家族が警報音に気付きやすいというメリットもある。また、製品には、音声だけでなく、光や振動によって警報を伝える機種もあり、配線や無線により感知器との接続が可能である。高齢による聴力の低下や聴覚障害者の住む住宅などでは使用が好ましい。

　住宅用火災警報器で留意すべき点は、電池切れ、製品の寿命である。電池切れについては定期的な動作の確認（点検ボタン等の操作）を行う必要がある。なお消防庁では、センサー等の寿命を理由に10年を目安で交換するよう提示している。

●消火器

　消火器は火災の初期段階での消火を可能とする消火設備であるが、高齢者や障害者が実際に使用できるかを確認のうえ、使用する必要がある。

　消火器には、消防法による消火器の設置義務のある建物に設置する業務

[*1] 火災の状況については、毎年総務省消防庁により発表されている。

[*2] 防火区画
火災の拡大を防止するために、建物内を複数の部分に分けて区画すること。火災を、火災の発生した防火区画内に留めることを目的としている。

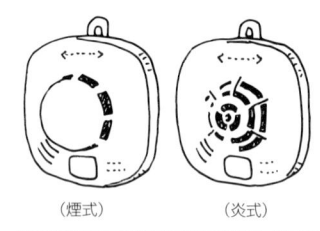

（煙式）　　（炎式）
単独型住宅用火災警報器（感知器と報知器が一体となっている）

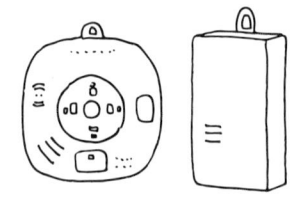

音と光で火災感知を知らせる警報器（火災を発見した感知器から情報が伝わり起動する）

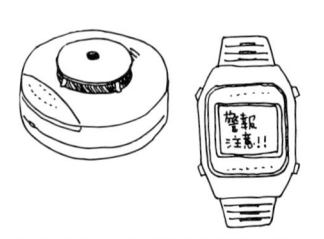

火災を振動と文字で知らせる腕時計型受信機（左は火災感知器）

図1　住宅用火災警報器

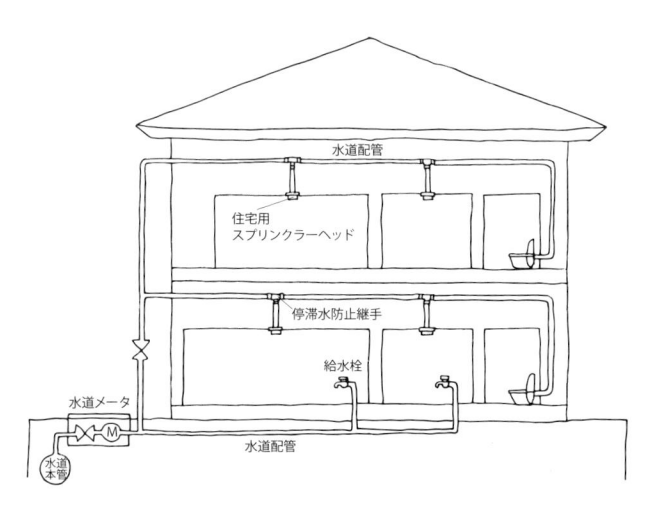

図2 水道管直結型の住宅用スプリンクラー配管

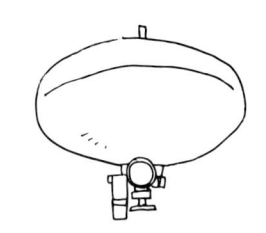

図3 住宅用下方放出型自動消火装置の例

用消火器と、設置義務のない建物に設置する住宅用消火器がある。住宅用消火器は業務用消火器に比べて軽いという利点はあるが、耐用年数がやや短いことや、法定点検の義務がないことから、自主的な管理が必要である。また、製品にもよるが概して重いこと、両手で操作する必要があること、適切な手順で消火液を噴出させる必要があることなどを考慮する。また、どの程度の炎の時点ならば消すことが可能なのか、消火訓練等に参加して体験しておくことが望ましい。

● 住宅用スプリンクラー設備

スプリンクラー設備は、火災室の温度上昇をセンサーで感知し、自動的に散水することで消火を行う設備である。住宅用スプリンクラーは、水道管直結型と加圧装置型の2機種がある(図2)。水道管直結型は、住宅内に配管されている水道配管に散水ヘッドを設置することになるため、スプリンクラー専用の配管は必要ないが、散水能力は一般用よりも低い。

● 住宅用下方放出型自動消火装置

設置した室の火災を感知すると、自動的に消火剤を噴出し消火する装置である(図3)。住宅用スプリンクラーのような水道管をつなぐ必要はなく、ヘッドと消火剤の入ったタンクを接続する。

● 住宅用フードファン付きレンジ用自動消火装置

レンジフードに設置し、コンロでの調理に伴う火災に対して自動的に感知し消火液を噴出する(図4)。

■ 避難経路の確保

戸建住宅における火災では、住宅外まで安全に避難する必要があり、住宅内と住宅外の双方で安全に避難ができるかを確認する。

● 住宅内の避難安全性

まず、最初に、その住宅で生活する人の避難行動能力を考える。階段の昇降が困難ならば1階を寝室とすべきである。火災時は煙による視認性の低下と人的被害が大きく、煙の上昇速度は非常に速く[*3]階段が煙汚染される可能性があり、このことからも1階が望ましい。また、できるだけ早く屋外へと避難しなければならないため、1階の寝室から直接屋外に出られて、敷地内の通路を通り、道路等へ出られるようになっていると安全であ

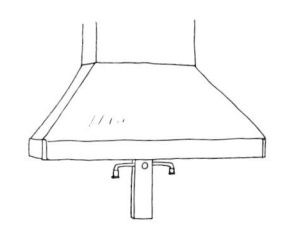

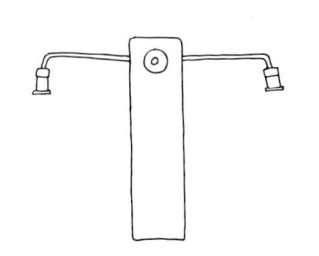

図4 住宅用フードファン付きレンジ用自動消火装置の例

[*3] 火災時の煙の流速度
火災時の煙の流速度は、一般に、水平方向0.3〜0.8m/s、上方向3〜5m/sといわれている。

る。その場合、エアコン室外機や、段差や凹凸、放置物のない通路を維持しておくことが必要である。

　住宅内の段差解消などの日常生活のバリアフリー化は、災害時の避難においても重要となる。火災時の避難は非常に焦って行動するため、通常ならばつまずかない段差も危険となる。さらに煙による視認性低下から、段差を認識できないこともある。夜間の場合は照明スイッチが見付けにくいこともあるので、廊下はセンサーによる自動点灯する照明とする。

●**住宅外の避難安全性**

　屋外に出た後は建物から離れ、より安全な場所へ避難する。その際、玄関アプローチの段差をなくすこと、不要な物を置かないことが重要である。さらに、夜間の避難の可能性もあることから、足元灯を設置する。

6章
事例に見るバリアフリー・ユニバーサルデザインな住まい

住宅を設計するには、建築関連法規を遵守し、敷地条件、家族構成、経済条件等を把握したうえで、居住者の生活スタイル、生活様式等に対する要望を詳細に聞き、これを設計者の設計主旨に織り込むという非常に難しい作業過程を経ねばならない。そのため、設計者は幅広い豊富な知識と技術を駆使するわけだが、高齢者や障害者の住宅設計または改修では、さらに居住者の心身状況への配慮がこれに加わり、これらを相互に関連させたうえで設計条件を検討することになる（P.9 表1参照）。つまり、かなり高度な知識と技術が求められている。

ここに示した事例は、本文執筆者とかかわりのある設計者から提供された作品である。すでにわかるように、実施設計ないし改修では、様々な条件があるために、本文で示したような理想的な形で常に具現化されているとは限らないが、与えられた条件の中で、最善を尽くした内容となっている、といえる。

この章を理解するには、居住者の心身状況と建築条件、および居住者の住宅への要望を、設計者がどこに着目してどのように設計に反映させていったかをくみ取ることが重要である。

事例 1

老後を見据えた家
（新築・独立住宅）

- **対象者**
  夫（50代）：健康
  妻（50代）：健康
- **家族構成**
  夫、妻
- **配慮のポイント**
  現在は健康だが将来の生活を踏まえての配慮を折り込む
- **建築情報**
  木造2階建
  敷地面積：192.75㎡
  建築面積：97.61㎡
  延べ面積：179.5㎡
- **所在地**
  福井県福井市
- **設計**
  竹内幸子
  （LIFE COORDINATE SHOP ゆー・）
- **竣工年**
  2006年3月

玄関ホールより書庫を見る

玄関
上がり框を低くおさえている

2階ダイニング
採光を確保するために窓を天井近くまで設置

建築主からの要望

　夫婦とも大学教授を職としている50代半ばの子どもがいない家庭。職業柄、1万冊を超える蔵書があり、それらをまとめて置きたいとの希望が強くあることと、また、あと10年で定年退職すれば在宅時間が多くなるので、年相応に健康的な暮らしができればとの希望があった。

設計のポイント

　敷地は街中の住宅街にあり、東側道路に面して東西に長い。1階に南側の光を取り入れることは、大きな隣家の影でなかなか困難であった。そこで日常生活を2階で行うこととし、起床から就寝まで2階だけで過ごせるように配置し、上下階の移動は階段を使用することとした。施主からは「これから年を取っていくのに階段の上り下りは大丈夫か」と危惧されたが、平常時の階段昇降は生活リハビリにもなり、特に自家用車での移動が当たり前の地方においては運動不足解消にもなるのではと説明した。将来、万が一の時には階段昇降機の設置や玄関ホールに面した物入れの部分にエレベーターを設置できるよう配慮することで了解を得た。そのため、将来、エレベーターの設置

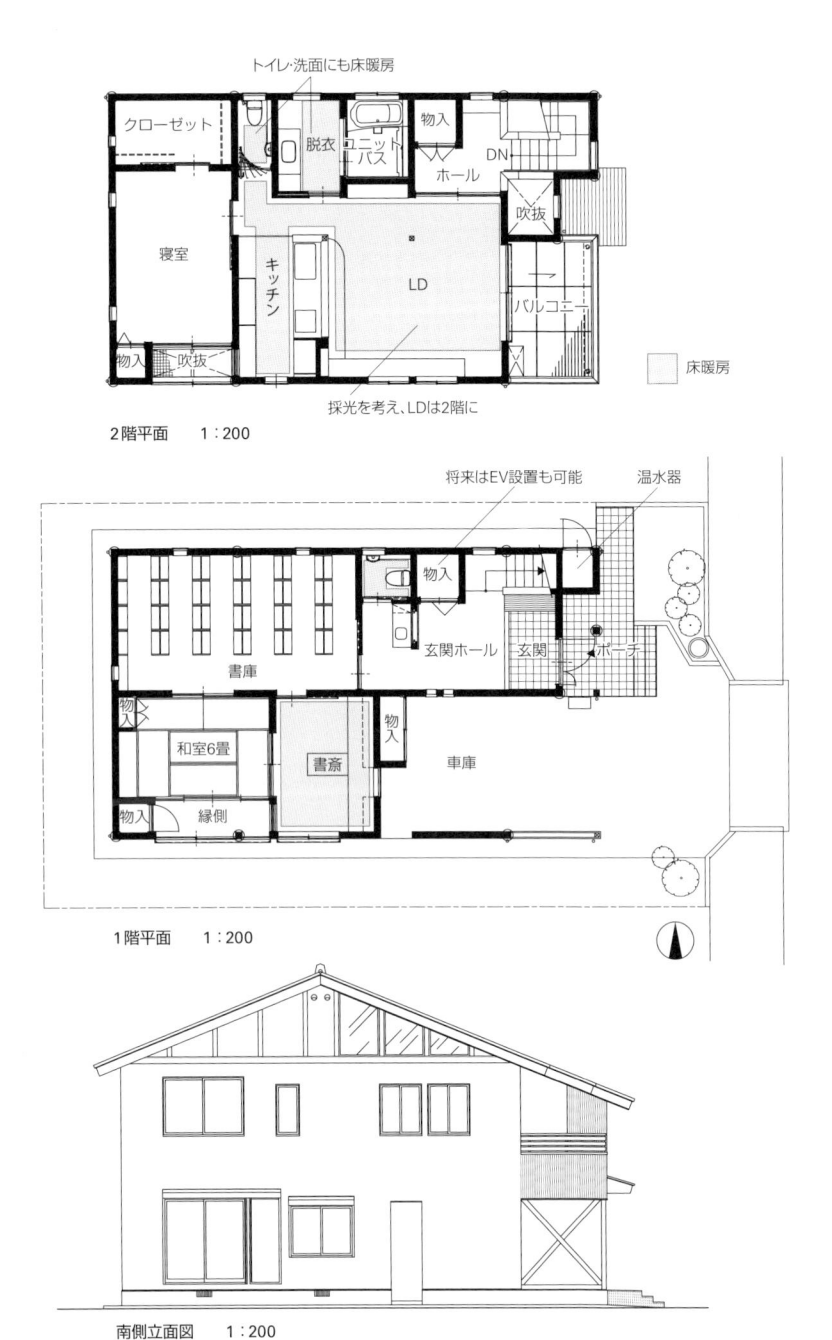

事例1＿老後を見据えた家（新築・独立住宅） 169

2階トイレ
有効開口を広げる工夫。ドアの開閉時のスペースは従来の1/3以下、ドアを開けるときに後ずさりをしなくてもよいスライドドアを用いた

　ができるように、あらかじめ構造計算を行っている。

　光あふれるLDKは、雨や雪の降る日が多い福井市において、精神的にも前向きにしてくれる効用が期待できる。また年を重ね外出の機会が減ったとき、室内で太陽光を浴びることは健康につながるのではと考えた。

　冬の寒さも厳しいので、ヒートショックを起こさないようにキッチン、居間およびトイレ、洗面にも床暖房を導入し、さらにトイレ、洗面には居室から直接に移動できるように配慮した。

　ガレージの上に設けたテラスからは霊峰白山が望め、リビングとつなげて大きく使えるようになっている。テラスに雪が落ちないように屋根先には電気式融雪装置を設けた。

　希望であった書庫の横に書斎と和室を配した。しばらくは仕事と生活を上下で区切り、退職後は日中の夫婦の居場所を上下階で分けるようになるかもしれない。

　また和室には吹抜けの縁側を設け、FRPグレーチングを1階と2階の間に敷き、2階からの採光取りとしている。

事例 2

車いすから考えた、自分とヘルパーと家族が使いやすい家
（新築・独立住宅）

- **対象者**
  男性（30代）：頸髄損傷（C4）による四肢まひ、身体障害1級、車いすで完全介助
- **家族構成**
  夫、妻
- **配慮のポイント**
  車いす移動による生活、介助ヘルパーのいる生活での使いやすさを追求
- **建築情報**
  鉄骨造4階建（地上3階、地下1階）
  敷地面積：66.0㎡
  建築面積：36.0㎡
  延床面積：121.2㎡
- **所在地**
  東京都新宿区
- **設計・監理**
  丹羽太一＋丹羽菜生（BASSTRONAUTS）、早稲田大学石山修武研究室
- **竣工年**
  2001年12月

南側2・3階外観
外に張り出したテラスと外階段が特徴的だ

1階アプローチ
正面突き当たりにはエレベーターと階段

エレベーター部分詳細

立地条件

職場から徒歩圏内に建てた、車いすで生活する設計者の自邸。敷地は幹線道路から少し入った古い静かな住宅街の、間口6m×奥行き11mの都心での分割された土地のため、広さはないが西側が道路、北側と南側は隣家駐車場と三方向が空いている。

設計趣旨

頸髄損傷（C4）の障害のため車いすで生活する夫と健常の妻のための住宅。夫は20代で原因不明の病を発症、30代のときに二人で生活できるよう、近くの職場に送迎してもらえる条件の場所に、車いすで生活できる家を新築する。生活全般で介助を必要とし、外出や日常生活の介助者として毎日ヘルパーが出入りするので、そのための動線を機能的に考える必要がある。

連続した動作を空間の構成に置き換える

車いすでの外出を考えた場合、ヘルパーの動線も含めた使いやすさが必要となる。

2階を主な生活空間としているため、上り下りにはエレベーターを使用する。階段は外に設けて、1階に車いす用の玄関、2階に階段から出入りする玄関をつくり、ヘルパーの出入りと、ヘルパーと外出する車いすの送迎の動線を考えて配置する。

1階床レベルを基礎天端に揃えて低く抑えることで駐車場を兼ねたアプローチは緩めの勾配にして広くとり、そこで車への乗り降りも介助できる幅にする。また、1階玄関前には平坦な部分を設け、車いすの場合はそこにいったん停めて、そのまま開閉できる広めの引き戸から入る。エレベーターで2階へ上がり、ヘルパーはそのまま2階から外階段で帰ることができる。迎えに来る場合は外階段から2階に直接上がってもらい、一緒に1階から出ることで、施錠の管理も楽に行える。

これは同時に、ヘルパーの出入りと室内の家族の動線を分けるのにも都合

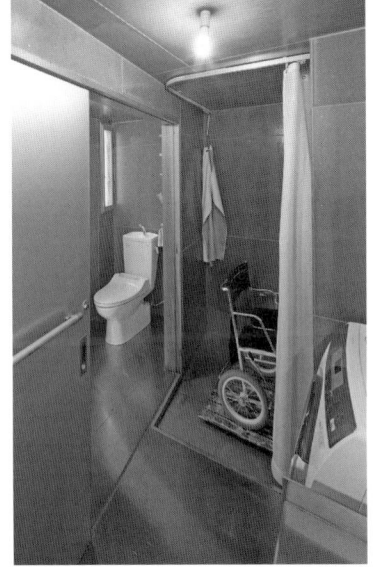

事例2＿車いすから考えた、自分とヘルパーと家族が使いやすい家（新築・独立住宅）

2階のトイレ・シャワー室・洗面室
ベッドから車いすへ移乗すると、そのままトイレ・シャワー室・洗面室の順に回遊する動線。介助のしやすさとスペースのコンパクトさを両立している。上は、トイレとシャワー室の間を区切った状態、下は洗面室と居室の間を区切った状態。このように一枚の扉によってスペースが変化する。床はステンレス仕上げ

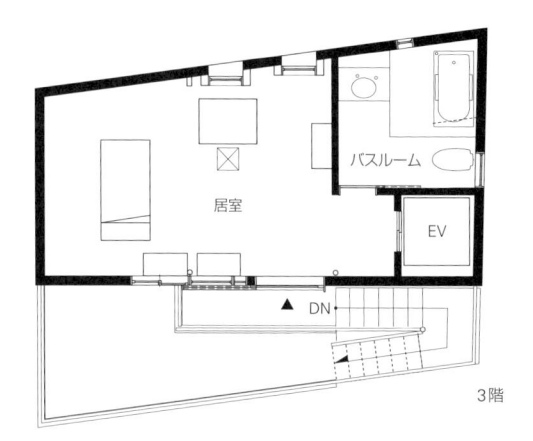

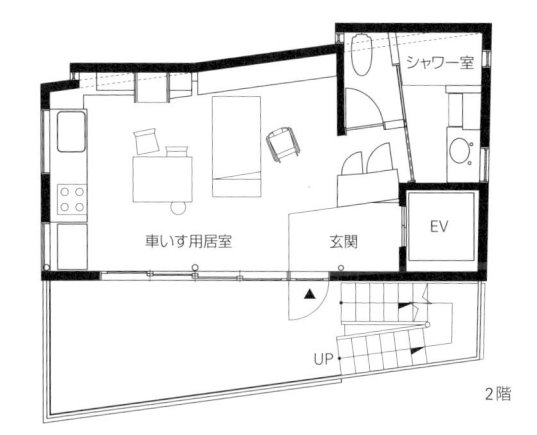

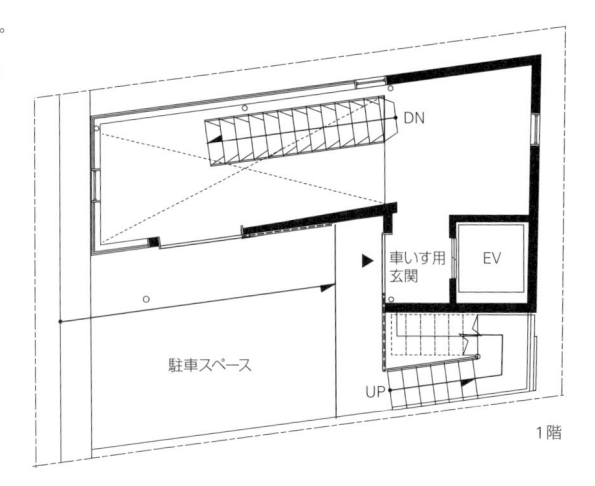

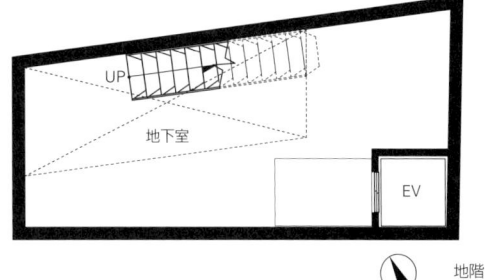

が良い。家族のスペースを3階に設け、家族の移動はエレベーターでもできるようになっている。

非常時には階段で2階から車いすを降ろせるよう、階段は、できるだけ幅をとり、踏面を大きめにして緩い勾配にしている。

車いす生活は2階のワンフロアで完結

小さい家なので、すべてのフロアはワンルームで車いすの移動もスムーズに行えるようにしている。

2階の生活空間は南側に大きく開口をとり、明るくしている。夏は、体温調節の難しい夫のためにも冷房を使う必要があるが、冬の晴れた日は暖かく、昼間は暖房が要らない。

3階
2階
1階
地階

各階平面　1：150

2階の内観
ワンフロア構成で、戸を開けるとテラスと一体化する構成

（撮影：畑 拓）

2階内観
キッチン側よりエレベーター、トイレ・シャワー室・洗面室を見る

2階キッチンは、テーブルから見えるよう壁側にして、ヘルパーに指示しやすくなっている。

ヘルパーの必要な車いすでの生活は2階のみで済むように、水回りは2階と3階両方に設ける。

介助のパターンがある程度決まっている2階バスルームの動線は、車いすでの移動と介助のしやすさを織り込んで考える必要がある。ここでは、ベッドから車いすへ移乗し、トイレに車いすで入れるようにして、トイレからはそのままシャワー室へ移動、出るときは洗面室を通って、最後は洗面室から部屋へ戻るという一連の動線を考えている。このために、洗面室のドアを工夫し移動しやすくした結果、洗面室のドアを閉めるとトイレ・シャワー・洗面がバスルームとして1室になり、洗面室のドアを開けるとそのままトイレだけが個室になって、シャワーとトイレを同時に使うこともできる、変則的なバスルームとなった。

部屋と直結しているので、バスルームと部屋の温度差も起きにくい。

自分の家は自分で考える

身体に機能的な障害のある場合、その人の生活環境の使いやすさはそれぞれで、その行動や動作のパターンもスケール感も微妙に異なっているはずだ。だから、そういう人こそ、できるだけ自分の家を自分で考えることが必要である。環境が少しでも障害の困難を和らげることができれば、設計者は、その実現を少しだけお手伝いする、それが本来の住宅設計の理想である。

事例 3

車いすで暮らす終の棲家
（新築・独立住宅）

道路側から見た外観
南側の庭と一体になったスロープで玄関へ。北側のガレージからは雨に濡れずにエレベーター室へ行くことができる。郵便物は、ポストから納戸の棚に落ちるので、外へ出なくても取ることができる

居間
西側全開サッシを開けるとバーベキューができるウッドデッキへ。西日を遮る樹木を通して竹林やみかん畑を借景

■ **対象者**
夫（70代）：脊髄損傷、身体障害1級、ADLは自立
妻（60代）：脊椎カリエス、低肺機能、身体障害3級、ADLは自立

■ **家族構成**
夫、妻

■ **配慮のポイント**
車いすで自立した生活がおくれるように

■ **建築情報**
木造2階建
敷地面積：282.30㎡
建築面積：79.74㎡
延べ面積：121.73㎡

■ **所在地**
高知県安芸市

■ **設計**
吉田紗栄子（有限会社アトリエ ユニ）

■ **竣工年**
2008年12月

設計に至るまでの経緯

設計者はこの住宅を設計する以前の30年間に、夫妻より2回の新築、2回の増改築の設計を任されてきた。夫妻は、30年余り暮らした都会の生活に終止符を打ち、妻の故郷の高知県に移り住むことになり、今回で5回目の設計となった。

建築主からの要望事項

南国に建てるということで、太陽エネルギーを利用した暖房を採用したいこと、動きやすい大きな居間を中心にしたいこと、これまで住んでいた住宅で使用していた設備機器類をできる限り活用したい、との要望があった。

設計のポイント

市が分譲した敷地は高台にあり、遠くに海が見える。西側には美しい風景が広がっている。この自然条件を最大限に活かし、明るく居心地のよい終の棲家をめざした。

1982年に手がけた最初の設計のときから「車いすでどこでもいける、何でもできる家」という基本的な考え方は変わらず、この家にも受け継がれている。この家にいる限り、住み手は「障害者」ではない。車いすを使用していることは単なる条件にすぎず、あくまで「住み手」の望む住まいを考えた。心地よい美しい空間にしたいと、住み手と協同でつくった住宅である。

具体的には、夫は電動車いすを使用しているので、日常生活を送るうえですべての動作が自立して行えるように

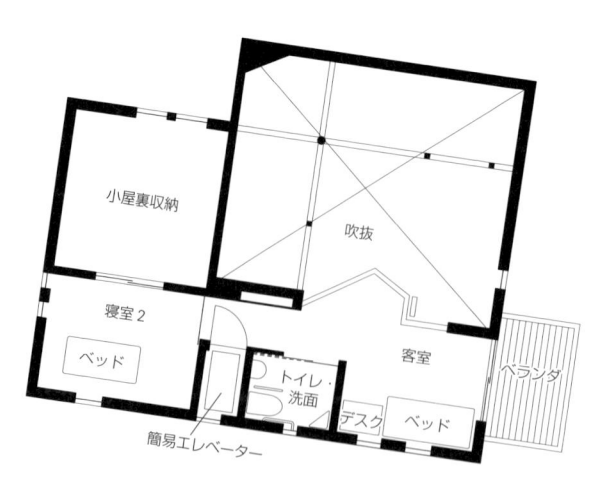

Barrier-Free ＋ Universal Design
6章 事例に見るバリアフリー・ユニバーサルデザインな住まい

2階平面　1:200

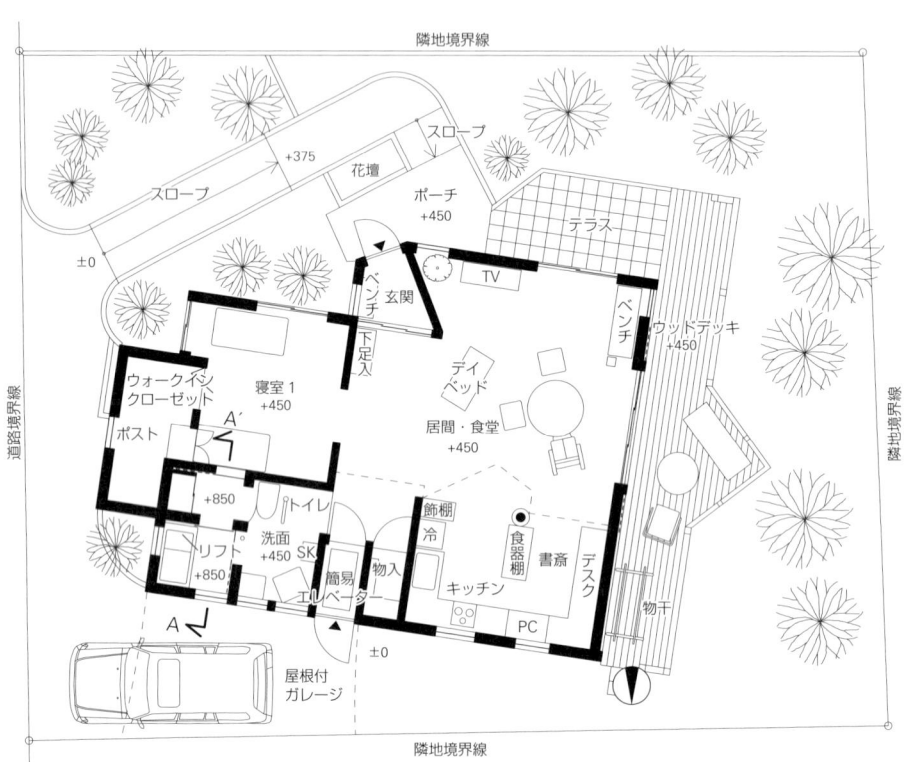

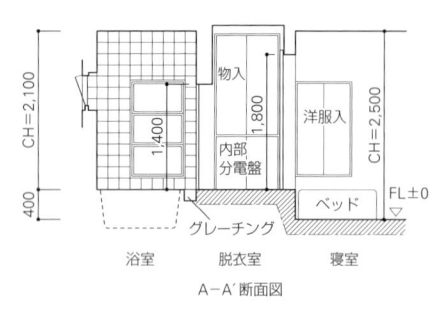

配置・1階平面　1:200

ベッド―脱衣室―浴室　1:100
A-A′断面図

浴室
グレーチングのある方向が脱衣室からの出入口。浴槽用のリフトが設置されている

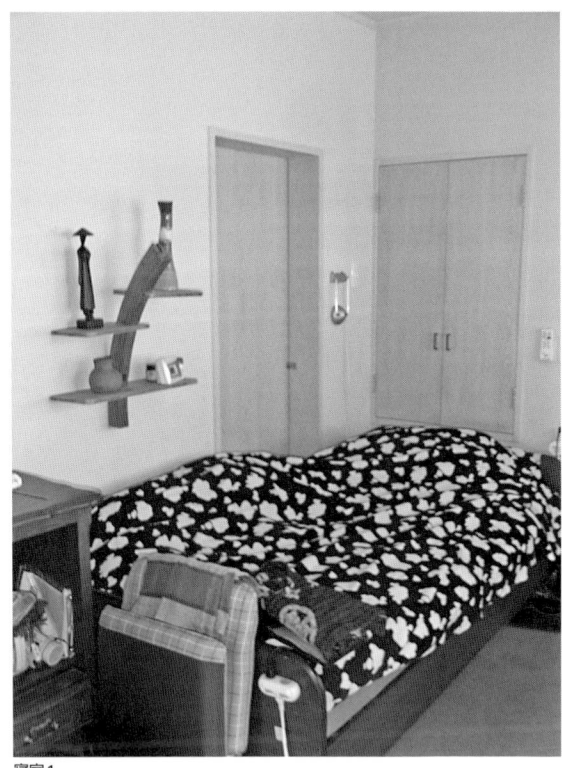

事例3＿車いすで暮らす終の棲家（新築・独立住宅）

寝室1
居間に続く寝室にはシングルベッド2つを配置。夫のベッドから左手の引き戸を開けると、床から400mm上がった脱衣室へ。ベッド奥の開き戸は洋服タンス。ベッド足もとには座いすが電動ベッドに固定されている。車いすから転落したときはここまで床移動し、この座いすにのって電動ベッドを車いすの高さまで上げて移乗することができる

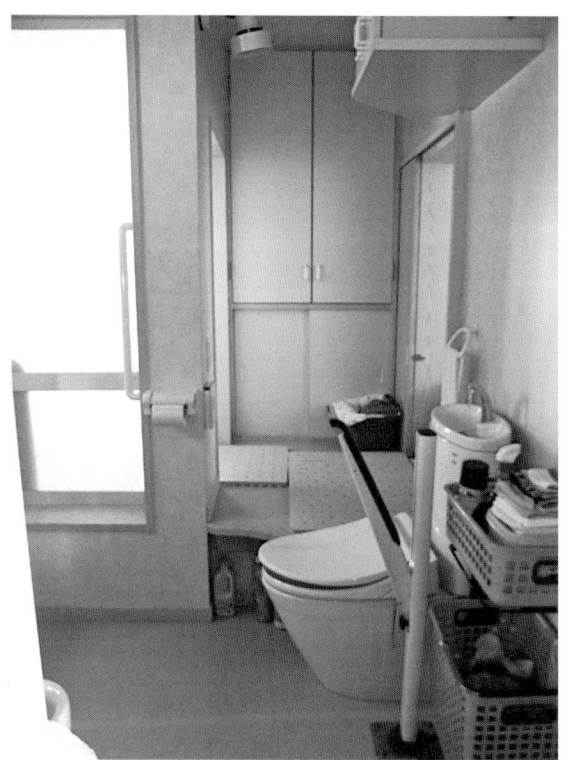

洗面・トイレ・脱衣室
居間側からの入口を入ると、右に便器、左側に洗面器、洗濯機がある。トイレの手すりは床に固定されており、手すりを簡単に上下に動かすことができる（スウェーデン製）。左側は浴室への入口。床から400mm上がっているので、上る際に使うオフセット型の縦型手すりが付いている

寝室1
ベッド奥の洋服タンスの収納物は、裏側のウォークインクローゼットからも取り出せる。高い位置にあるハンガーレールまでは、電動ベッドを高く上げることで手が届くようになっている

床に段差をつけていない。また、車いすでの動きをスムーズにするため十分な広さをとり、1階には廊下をつくっていない。トイレ、浴室にはベッドから車いすに乗らずに行けるよう、配置を考えた。建築主からの要望には次に示すような方法で解決を図った。

・太陽エネルギーを使った暖房
　パッシブソーラーシステムで1階部分全体に床暖房を設置。夏は給湯にまわしているため、年間の補助暖房費（灯油）はきわめて少額である。

・20畳の居間
　広い居間は、西側の景色を取り入れ開放感にあふれている。太陽光を効率よく集熱するため、建物を南南西にふった。そのため南面、西面の景色が取り入れやすくなった。キッチンに続く妻のデスクにはパソコンが置かれ、簡単にレシピを見られるようにした。

・今まで住んでいた家の部材をできるだけ活かす
　移設したものは、上下階を結ぶ簡易エレベーター、キッチンの収納棚、スウェーデン製可動手すり、照明器具、入浴用リフトなどである。これらは、設計の早い段階からプランに反映している。

その他は、

・道路から南側の玄関までは植栽の中に自然な形でスロープを計画した。

・北側の屋根付きガレージからは直接簡易エレベーターに乗ることができ、ガレージ床面から1階、2階まで3ストップとしている。

・2階には吹抜けに面した客用ベッドスペース、東京にいる兄の個室としてつくった洋室（寝室2）、屋根裏を利用した広い納戸を配置した。

・ソーラーシステムにより、家中の温度は常に一定に保たれているため、薄着で生活できる。

・風の通りをよくし、夏でもエアコンを入れることはない。20畳の広い居間には、よく仲間が集い、都会では味わえない自然と一体化した住まいで夫婦は充実した日々を送っている。

事例 4

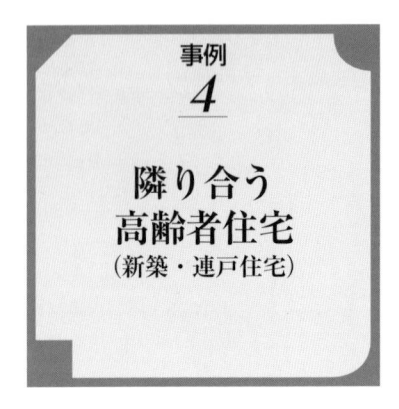

隣り合う高齢者住宅
（新築・連戸住宅）

- **家族構成**
  住戸A：80歳代女性（要介護3）＋70歳代妹＋40歳代妹の娘
  将来は妹の息子夫婦（40歳代）が一緒に住む予定
  住戸B：80歳代女性＋60歳代娘夫婦20歳代孫夫婦＋ひ孫2人が一緒に住む予定
- **配慮のポイント**
  親戚関係の高齢者家族が隣り合って生活する
- **所在地**
  東京都渋谷区
- **設計**
  橋本彼路子（STUDIO 3）
- **建築概要**
  木造3階建
  敷地面積：104.45㎡
  建築面積：61.56㎡
  延べ面積：183.96㎡（住戸A：91.98㎡、住戸B：91.98㎡）
- **竣工年**
  2010年1月

※2015年現在の状況
住戸A：80代女性は亡くなり、1階の寝室は70代妹が使用
住戸B：80代女性は元気で、孫夫婦が二人のひ孫を連れて四世代居住へ

道路より正面を望む

建築主からの要望

「うちはバリアフリーの家でなくてもいいのですが、それでも設計をお願いできますか」（バリアフリーはお金がかかると建築主は思っていた）との要望に、設計者は「もちろん大丈夫です」と答え、将来の心身機能の低下を考慮し、仮に低下をした時でもお金のかからないバリアフリーの住宅を目標に、設計を進めた。

設計に至るまでの経緯

親戚関係にある2家族が住む都心山の手にある敷地は、斜面地で水はけが悪くじめじめしているうえに狭く、直接日光を見ることもできない状況であったが、地域に愛着を感じていたので肩を寄せ合うように長く住んできた。しかし、しだいに住宅が老朽化し始め、限界を実感し始めていた。施主たちは土地価格も高いので、これを売って他に土地を求めて住宅を建てることも考えたが、2家族が話し合って決めた結論は先祖が残した土地に住み続けることだった。高齢のために銀行に借金ができない状況にあり、建設費は貯えから出さざるを得ず、住宅を新築することは非常に厳しかった。そこで、建材にアウトレットのものを使用するなどコストの削減を試み、工事中の変更も増額にならないように注意した。外壁の色サンプルを見た2家族は、一番明るい色のセットを選んだ。地域全体が明るくなったと近隣から言われたそうだ。この住宅は現代の長屋ともいえる。

住宅構成

狭隘な敷地内でEVの設置スペースの確保が困難であることがわかったため、高齢者の部屋は両家族ともに1階に計画した。また、2家族はそれぞれ異なった高齢者の生活のイメージがあった。
施主Aは、高齢者と常に寄り添いた

事例4＿隣り合う高齢者住宅（新築・連戸住宅）

住戸A　1階テラス

住戸B　玄関より見る
階段の1段目がいすの代わりとなっている

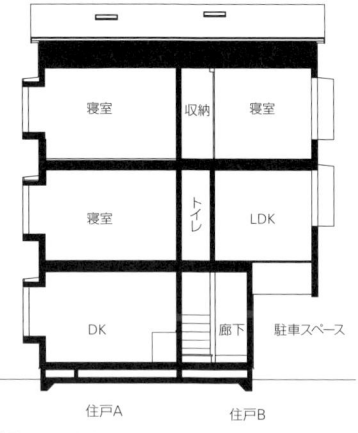

3階平面　1：200

プライバシーとつながり
3階にもっともプライバシーの高い寝室を配置し、そこに至る階段はLDKを必ず経由することで、多世代間のつながりを高めている。また、1階の高齢者の寝室には見守りと適度な独立性を配慮している。

断面　1：200

2階平面　1：200

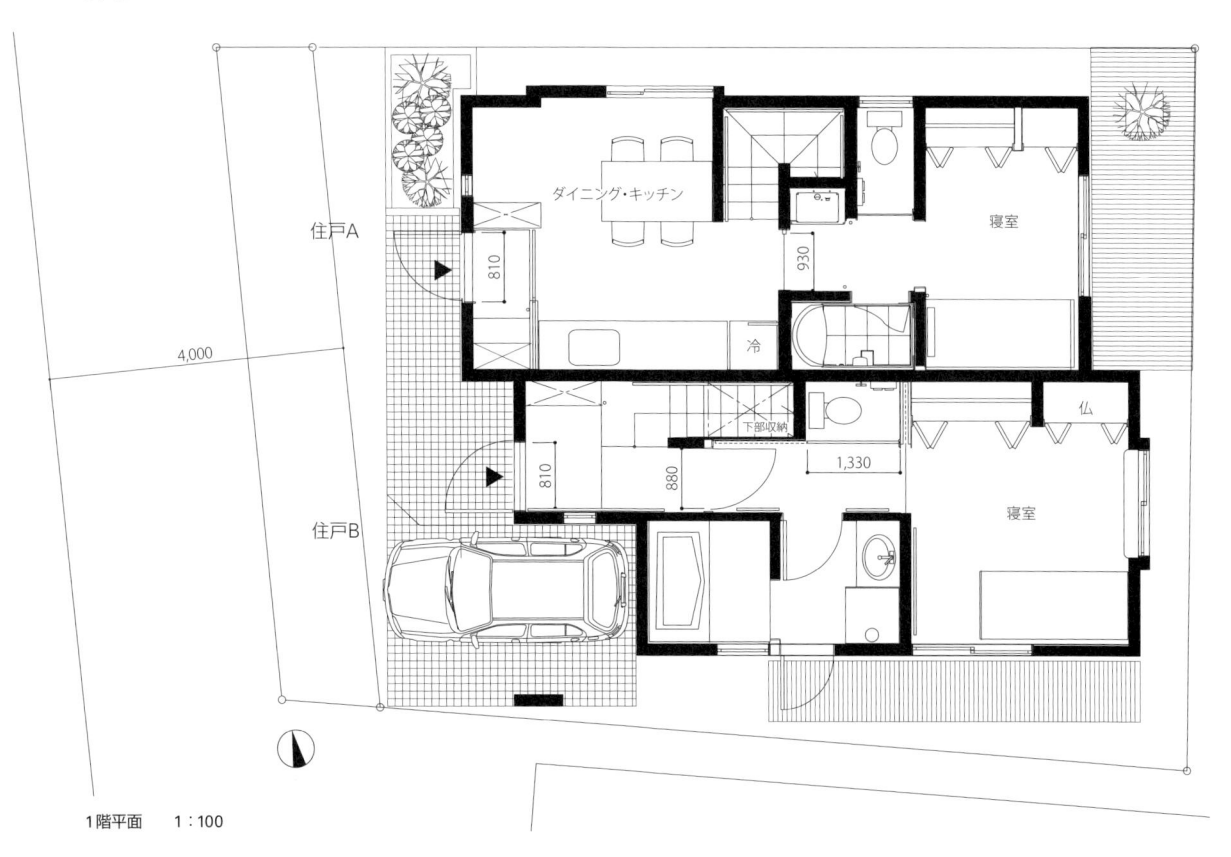

1階平面　1：100

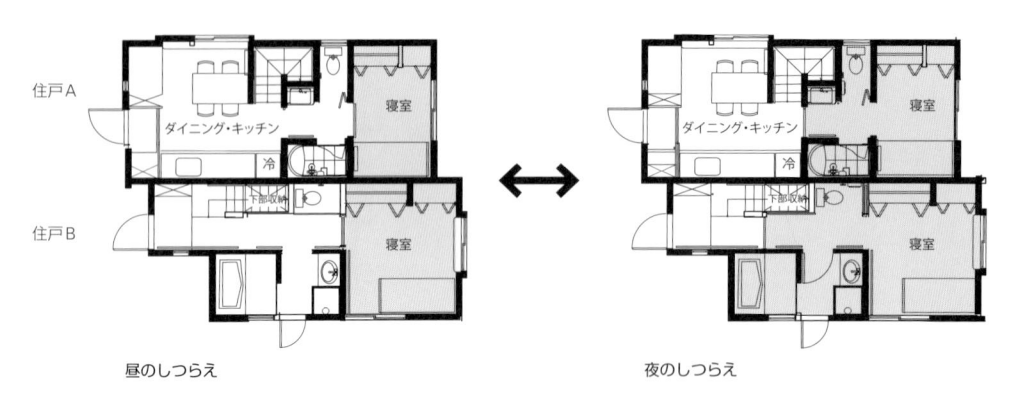

昼夜に利用する扉を変える
昼と夜で扉の位置を変えることで、高齢者は夜間、頻繁にトイレを利用するとともに、脱衣所などで起きる温度差のショックによる事故を予防できる。なにより寒さに弱い高齢者が快適に過ごせる。

車いすへの対応
車いすを使用するようになっても改修なし、もしくは簡単な改修で継続的にすめる。

住戸Bの1階トイレ
引き戸のためトイレへのアプローチは容易

いと、生活に必要な基本機能を1階に置いた。居間、食堂、キッチン、便所、いす付きシャワー、洗面台、高齢者の寝室が備えられている。車いす使用になった場合、簡単な改修で対応できるようになっている。2階は70歳代妹の寝室およびサニタリー空間、3階は40歳代妹の娘の2寝室と収納で構成されている。

一方、住戸Bは、社交的な80代の女性が住む家である。近隣の友人に気兼ねなく訪れてほしいと、1階に高齢者の寝室をなるべく広くとり、トイレ、浴室、洗面の水回りを配した。トイレは両開き戸になっていて大きく開くと、車いす使用になっても利用できる。2階は家族全員が集うリビング、ダイニングおよびキッチン、3階は60歳代娘夫婦＋20歳代孫夫婦の2寝室と収納で構成される

設計のポイント
①昼と夜で寝室の扉の位置を変える。
　昼と夜とで1階の廊下の扉の位置を変えることで、昼や夕方は家族使用の利便性をはかる。
　高齢者は夜間、トイレを使用しやすくなり、また温度差の影響（ヒートショック）による脱衣室などで起きる事故を予防できる。なにより寒さに弱い高齢者が快適に過ごせる。
②車いすを使用するようになっても生活できるような配慮。
　車いすを使用することになっても改修せずに（住戸B）、もしくは簡単な改修（住戸A）で継続的に生活できるよう、あらかじめ将来のさまざまな状態を考えて工夫する。この工夫は最初に用意をしすぎないための工夫でもある。
③その他
　住戸Aには玄関に靴の脱ぎ履きの際に使う腰掛けを設置し、住戸Bは階段の1段目が腰掛けとなる。玄関ポーチは70mm以下の段差で楽に上がれ、スロープの設置も容易にしている。車いす使用になったときの移動を考え1階寝室から外までは真っすぐな動線とし、玄関からの視線を遮る工夫をしている。将来、杖が必要になったら玄関ポーチに独立の手すりを設ける。

事例 5 息子夫婦と隣居する家（改修・独立住宅）

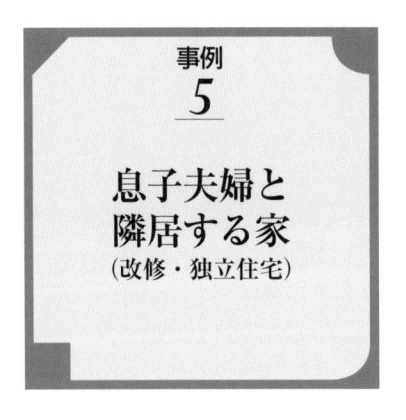

既存のアプローチ
杖歩行や車いすでは通行できない飛び石と段差

改修後
門から玄関までつながる勾配約1/15のスロープ

配置（改修後） 1：300

■ 対象者

夫（80歳代）：変形性膝関節症により装具着用、要介護度1、ADLは自立。長距離の外出には電動車いすを使用。デイケアを週2回利用のほかに訪問看護を利用、趣味は読書。

妻（80歳代）：脳梗塞による右半身まひ・身体障害2級、要介護度3、ADLは摂食・排泄は自立。ただし、調理は週5回、デリバリー食材を利用してホームヘルパーが調理。起居・入浴・着脱衣・整容は要介助、屋内移動は4点杖による自立歩行。外出は介助用車いす使用、デイケアを週4回利用の他に訪問看護を利用。

■ 家族構成

夫、妻

■ 建築情報

木造2階建
敷地面積：213.57㎡（64.6坪）
建築面積：70.80㎡（21.4坪）
延べ面積：104.76㎡（1階69.15㎡、2階35.61㎡）
リフォームはアプローチおよび1階部分

■ 所在地

茨城県牛久市

■ 設計

田畑邦雄
（一級建築士事務所・アシスト設計）

■ 竣工年

既存住宅は1983年竣工、改修は2005年1月

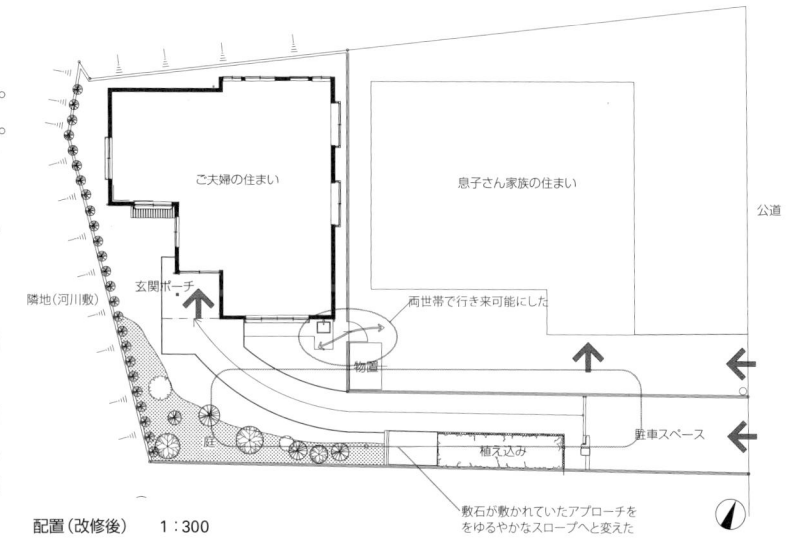

建築主からの要望事項

都内に住む母は脳梗塞による右半身まひとなり、膝関節に障害のある父が母の介護に当たった。おおよそ1年半、こうした老々介護を見て心配した息子は、父母と同居することにし、そのために住まいを購入した。ところが、それまで介護者であった父は、介護の重荷から解放されたためか「介護を受ける側」に回ってしまう。その一方で、父母の介護をはじめとする心労が重なって息子の妻は長期入院をすることになり、父母は有料老人ホームへと生活の場を移した。

そうした中、息子は、隣家が売りに出たのを機に、父と相談のうえ、隣家を購入した。それは、父母との同居ではなく、隣居を選択することで、父母たちの生活の独立性を高めることと、妻の精神的な負担を減らすというねらいもあった。

ところが、その住宅は暗く段差も多いつくりで、特に寝室にするつもりだった和室からトイレまでの移動が2分近くかかることがわかって、障害のある両親にとっては大変使いにくかった。そこで、リフォームにより、障害があっても自立した生活がしやすい住まいとすることを設計者に要望された。

なお、建築主の夫婦は高齢なので、息子が設計者との仲介役となり住宅改修を進めることになった。

設計のポイント

高齢の夫妻が息子家族との隣居で自立した生活ができるように住まいを整備することがこの設計の課題であった。設計に先立って行ったコーディネータ

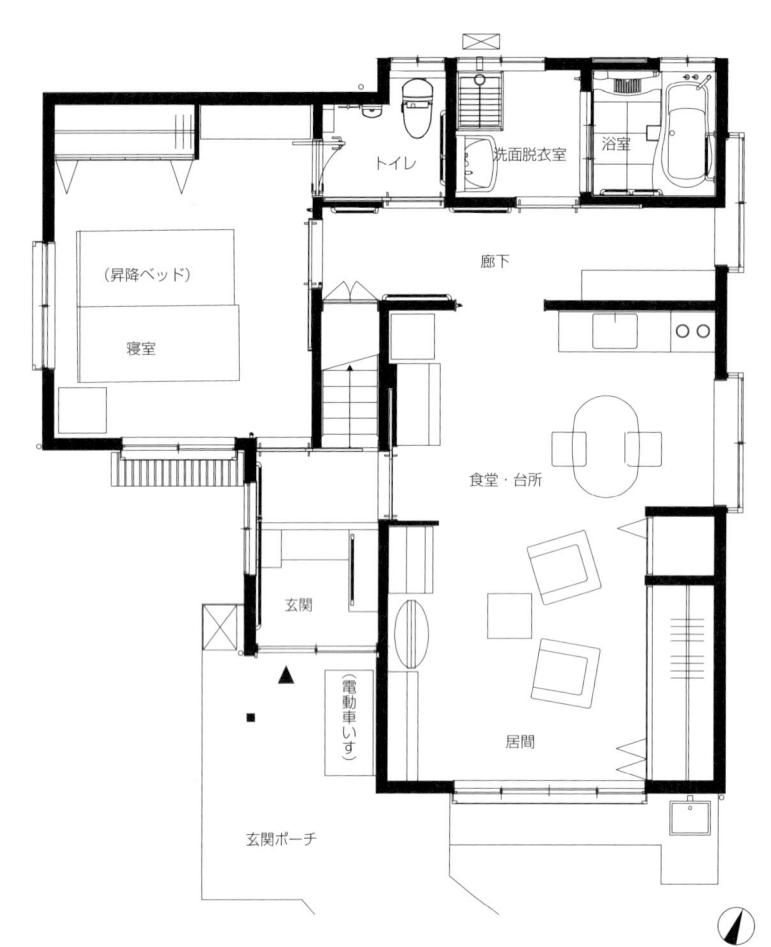

一役の息子との打合せでは、高齢夫婦のどちらかが自分でトイレに行けなくなったときは限界かもしれないが、それまでは安心して生活を送れるようにしておきたい、という方針が示された。

トイレに自分で行けなくなるという状況は緩慢にあるいは突然にやってくる。こうしたことを前提に住宅改修の基本方針を次の2つにまとめた。
① 身体に不自由なことがあっても明るく、そしてストレスなく暮らせること。
② 将来、室内で車いすが必要になっても可能な限り住み続けられること。

そのほかの住宅改修の具体的な内容は以下に示す通りである。

・門扉から玄関までの既存のアプローチには段差（高低差100mmが2か所）や飛び石がある。これを解決するために既存アプローチの上にコンクリートを打設し、さらに電動車いすの通行にも耐えられるゴムチップの弾性舗装を行う。これによって、歩行の際に膝への衝撃が少なく、ポストまで新聞や郵便物を取りに行けるように、すべりにくく、転んでもけがをしにくい仕上げとする。スロープの勾配は約1/15である。
・断熱サッシなどにより断熱性能を強化する。
・インターホンで来客を確認し、玄関土間部分に下りなくても居間でドアを解錠できる電気錠を設ける。
・玄関には移動や昇降のための手すり

1階平面（改修後）　1:100

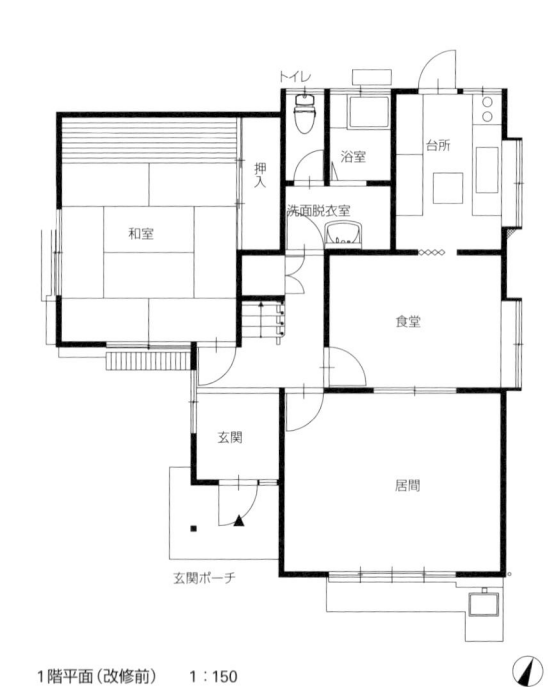

1階平面（改修前）　1:150

既存の玄関
開き戸で下枠に段差がある。上がり框にも約250mmの段差がある

改修後
開き戸は引違い戸に替え、床の段差もなくした。外出用の電動車いすと車いすを軒下に置いた

事例5＿息子夫婦と隣居する家（改修・独立住宅）

既存の玄関
開き戸で開けにくく、下枠に段差があり危険。上がり框も250mmほどあり上がりにくい

改修後
開き戸は電気錠付き引き戸に替え、手すり付き下足箱や履替用ベンチ、手すりを設置、上がり框の高さを1/2にする式台を設置した

既存の食堂
居間の奥にある暗い食堂

改修後
寝室、居間・食堂・台所、便所、洗面・脱衣室、浴室のすべての部屋が戸1枚でつながっている

既存の和室
押入部分（階段下）を撤去し、天井、壁、床も撤去

改修後
寝室に変えた。左側／トイレの出入口、右側／居間・食堂への出入口、ベッドからトイレまで足元灯で誘導
庭と川が眺められる窓、断熱サッシ・電動雨戸シャッター・リモコン照明採用

既存のトイレ
寝室から便所まで3枚の戸を開き、3つの段差を乗り越え、2分近くかけて到達しなくてはならない。内開きの戸で出入りも難しい

改修後
右まひを考慮した機器の配置を行っている。便器から立ち上がりの後の移動を補助する水平手すりも設置した

便器の左側が元押入部分で、介助スペースになっている。手洗器を設置した

引戸が設けられないところでは、開き戸よりスィングが小さく開閉が楽なスライドドアとした

- を設置し、履き替え用のいすと上がり框の段差を1/2にする式台を設置する。
- 車いす対応として、玄関（式台を取り外す）あるいは居間の掃出し窓の外に段差解消機を置くことを想定する。
- 玄関を除きすべての段差を取り除く。
- 日当たりがよく衛生的で、屋外を見られる和室をベッドが置ける寝室にする。
- トイレ、洗面・脱衣室、浴室という水回り諸室を寝室から近い位置にまとめ、居間、食堂・台所を含めたすべての部屋間の動線の単純化を図る。
- トイレは、夜間の使用が多いことから寝室からも直接入れるようにし、介助スペースの確保、使いやすい位置への手すり設置も行う。
- 浴室は高齢者対応のユニットバスを設置し、介助入浴を可能とする。
- キッチンはホームヘルパーが夕食の調理ができる仕様と広さとする。
- 床暖房を好まないとのことで、床材は歩行感がよく温かみのあるコルクタイルとする。
- 居間の照明はシーリングライトの回りにダウンライトを配置し、趣味の読書の際にもリモコンでの点滅で好みの明るさを選べるようにする。

事例 6

ADLの低下した男性が息子夫婦と同居する家
（改修・独立住宅）

改修後　LDからキッチンを見る
壁の色を明るくして反射光を取り入れ、建具を移動して回遊動線をつくった

同上　改修前

改修後　玄関ホール
2枚の引込み戸と間仕切りを設置

同左　改修前

■ 対象者

男性（70代）。食道がんの術後、椎間板炎を併発するなど回復が遅れ入院が長引いたためADLが低下、車いす（自走）になった。介護老人保健施設に入所してリハビリに励んだ結果、退所時には杖歩行で階段も見守りで数段は上がるようになった。嚥下障害があり日常生活自立度はA1、認知症高齢者の日常生活自立度はⅠ（検査拒否により推定）。

■ 家族構成

男性（70代）、息子夫婦

■ 建築情報

混構造（1階鉄骨造・2階木造）
築35年
敷地面積：121.33㎡
前面道路は建築基準法42条2項道路
建築面積：59.79㎡
延べ面積：105.81㎡

■ 所在地

東京都世田谷区

■ 設計者

市瀬敬子（二級建築士事務所　STUDIO・VOICE）

■ 施工年

2007年8月

建築主からの要望

息子夫婦（相談者）から、同居のために当該住宅を二世帯住宅へ建替えまたは改修を検討中で、本人に合わせて整備したい、特に、介護老人保健施設では自立している入浴、排泄、外出等の生活動作を自宅でも可能にするにはどのようにしたらよいかという相談を受けた。

設計のポイント

当初は建替えも検討したが、建築面積が減少すること、既存の住宅でも構造的には維持が可能であること、本人の心身状況から大幅な環境の変化は望ましくないことから改修を勧めた。また、将来、車いす使用が予想されるので、後日、大規模な改修をしないで対応できるように配慮することとした。具体的には以下のように対応した。

・1階で本人の生活が完結できるように、すべての段差を除去することで転倒防止と将来の車いす使用に備えた。また、リビング・ダイニング（LD）の建具を移動して居室からの回遊動線をつくった。

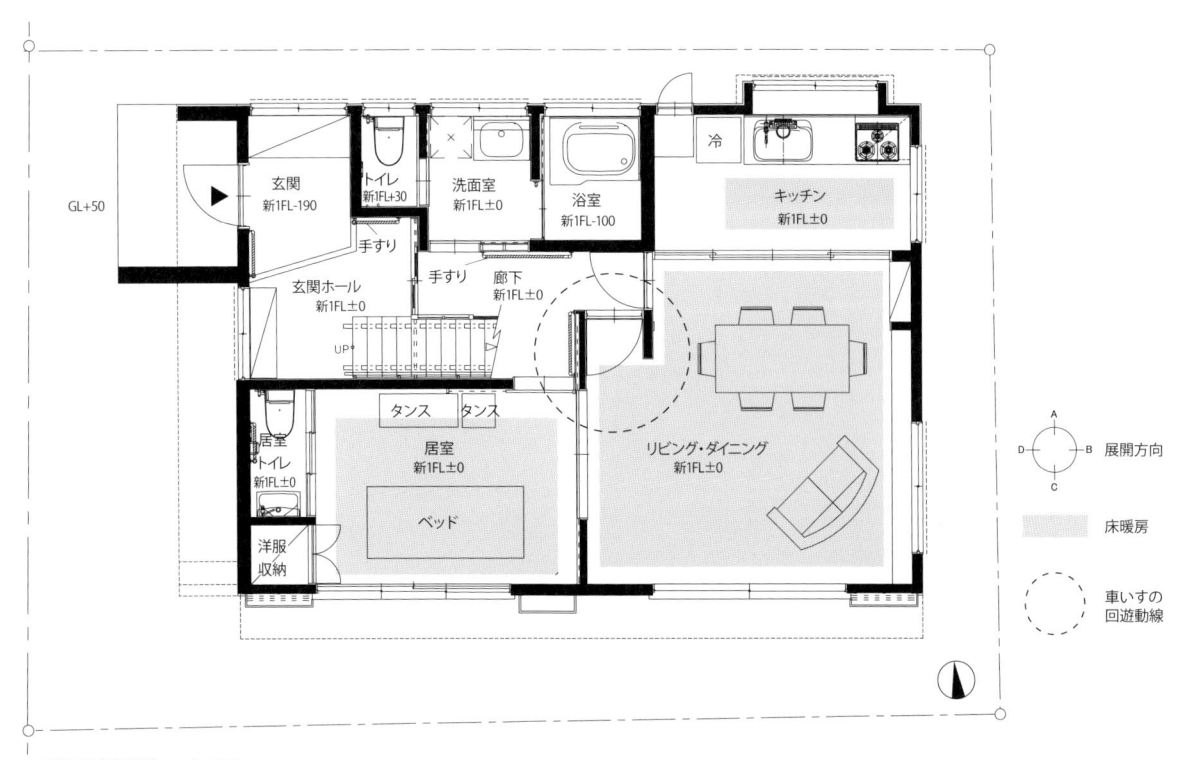

事例6＿ADLの低下した男性が息子夫婦と同居する家（改修・独立住宅）

1階平面（改修後）　1:100

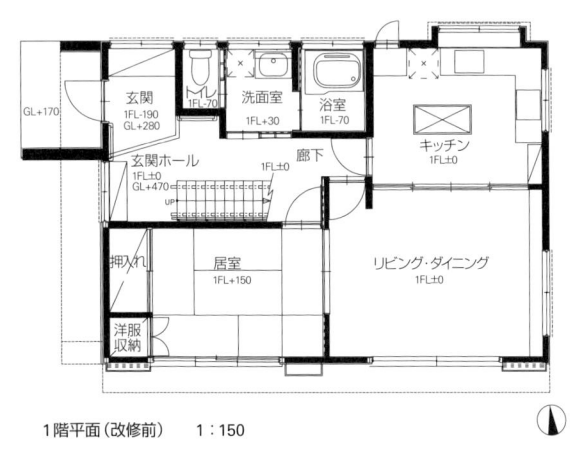

1階平面（改修前）　1:150

- 洗面・歯磨き、排泄などが安全・安心して容易に行えるように、居室の押入れをトイレに変更し、便器と電気温水器付洗面台を設置した。
- 認知症の疑いがあったので、居室はあえて真壁のまま下地とクロスを張り、雰囲気をなるべく壊さないよう心がけた。LDも壁、天井は既存のまま汚れを取り、飾り棚、神棚等も元の位置に戻した。
- 「寒い」の解消。居室、LD、キッチンは床下に断熱材を入れ、床材をコルクフローリングに変更し床暖房

を入れた。壁材をクロス張り、パネル等に変更した所は断熱材を入れた。また、窓サッシをすべて取り換え、ペアガラスとした。
- 1階の北側にある廊下と水回りは玄関ホール・階段室と仕切り、床下に断熱材を入れることで冷気の流入を防ぎ、浴室は暖房乾燥機設置で暖かく入浴できるようにした。
- 「暗い」の解消。南側に隣家が迫っていて日射が得られないので、北側のキッチンの壁を緑色のタイルから、明るい色のパネルに変更して反

射光を取り入れた。LD、キッチン、廊下の照明を明るいものへと交換した。
- 息子夫婦と同居するので、本人との生活時間帯のずれ、プライバシーの確保に配慮した。本人居室の上は、息子の書斎に充て階下への伝音に配慮した。

なお、改修案を依頼された時点では、対象者は介護老人保健施設に入所中であったので、設計者は、当該施設の主治医、リハビリ関係者、介護スタッフ、

Barrier-Free ＋ Universal Design
6章 事例に見るバリアフリー・ユニバーサルデザインな住まい

改修後　居室を見る。和室から洋室に、押入れはトイレになった

改修後　押入れトイレを見る

同左　改修前

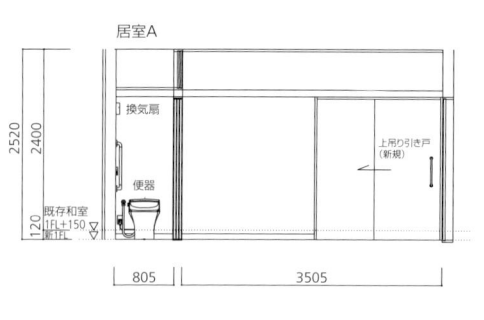

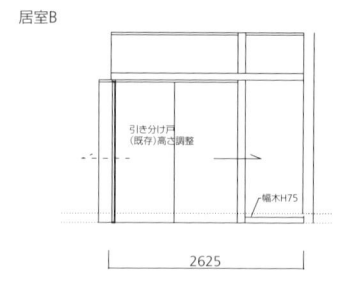

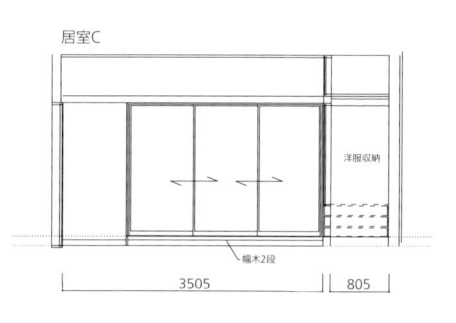

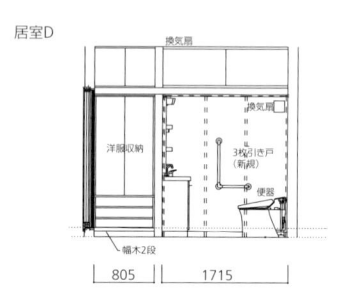

居室A

居室B

居室C

居室D

居室展開　1：100

ケアマネジャーと退所に向けたカンファレンスを持ち、各職からアドバイスをもらい、プランに反映させた。具体的には、「腸ろう処置は外れる予定であるが、消化の悪いものは避けて献立をつくってほしい（主治医）」との要望に対して、調理を担当する息子の嫁が使いやすいキッチン設備とし、レンジフードは対象者の居室が近いので、静音で清掃がしやすい機器に変更した。「入院が長期化したせいか、認知機能の低下が若干みられる（主治医）」との意見に対して、できるだけ入院前まで住んでいた雰囲気を壊さないようなプランとする。「対象者は現在は車いす自走であるが、少しでも歩行できるようリハビリを行う（PT）」という意見に対して、退院時は、短時間の杖歩行が可能になったが、また車いすになる可能性もあるので1階は設備を含め、車いすでの操作が可能なプランとした。介護スタッフ、ケアマネジャーからは移動、排泄、入浴などにおける介助方法を聞き、施設内で家族にその動作を実践してもらいプランに反映させた。また、対象者は改修工事中に2回現場を訪問し、確認をしている。完成間近の2回目の訪問時には、介護老人保健施設からPT、ケアマネジャーが同行し、現場で退所後の排泄、入浴などの動作確認と手すりの使用を実際に行ってもらい検討したが、特に問題は出なかった。

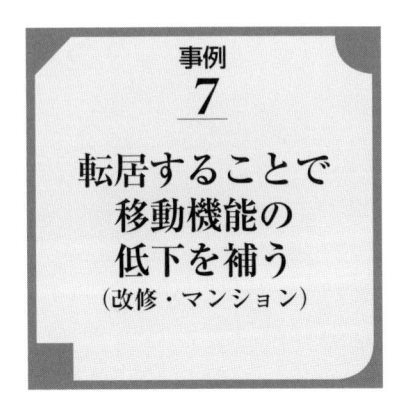

事例 7 転居することで移動機能の低下を補う（改修・マンション）

■ **対象者**

50代の女性Aさん：二分脊椎分離症（L4）、身体障害1級。学齢期まで松葉杖使用による歩行が可能であったが、徐々に歩行不安定となり屋内外で車いす自走となる。最初の住宅改修（2011年8月）後、さらに身体機能が低下し電動車いす使用になり、再び住宅改修（2013年10月）を行った。以前は自動車を運転して職場まで通勤していたが2007年に退職。その後、頸椎を損傷し、上肢および手指の可動域が狭くなり、運転を断念。通院等は福祉タクシーによる同行援護となる。

■ **家族構成**

父親（有料老人ホーム入所中）、母親（要支援1、認知症）、Aさん。弟は別世帯

■ **建築情報**

SRC7階建マンションの1階部分
住戸面積：93.46㎡
平置き駐車場完備

■ **所在地**

神奈川県横浜市

■ **設計者**

市瀬敬子（二級建築士事務所　STUDIO・VOICE）

■ **施工年**

2013年10月

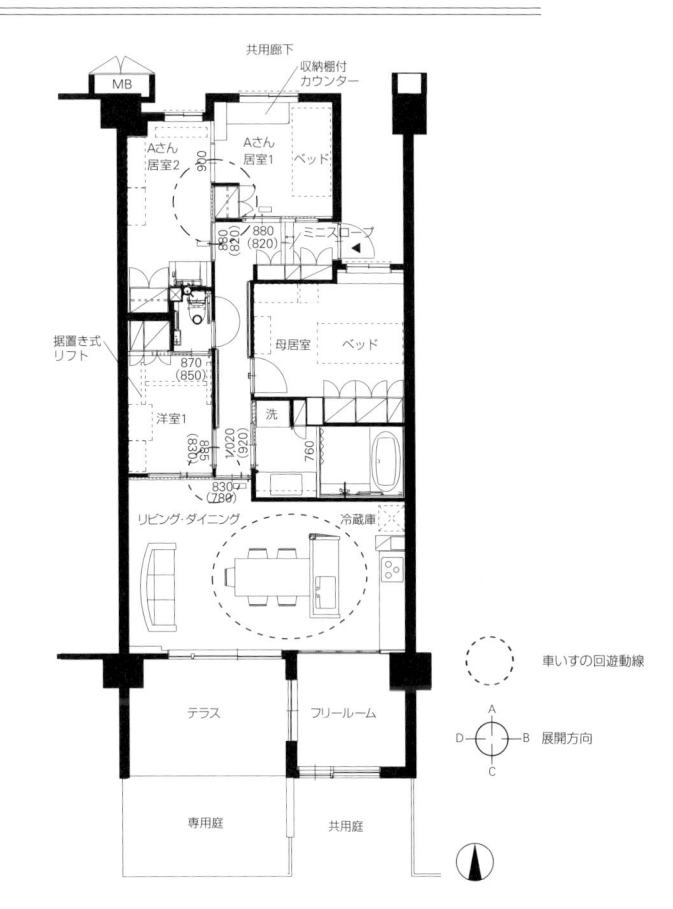

改修後平面　1：200

設計に至るまでの経緯と建築主からの要望

築45年の木造住宅に住んでいたが、車いすによる生活には不便になったので、建替えか転居かを検討した結果、マンションに転居することになった。

建築主からは、以下のような要望事項があった。

・車いすで生活できるように整備したい。
・トイレ、洗面室は戸の開口が狭いので、車いすで入れるようにしたい。
・玄関の上り框が40mmあり、自走用車いすで乗り越えられるようにしたい。
・キッチンのレイアウトが並列になっているが、車いすでは使いにくいので変更したい。
・床暖房を入れたい。

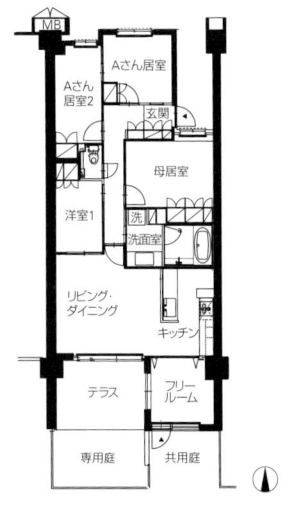

改修前平面　1：300

リビング・ダイニングより洋室1・廊下側を見る（改修後）
3枚引違い戸

Aさん居室1
収納棚付カウンター

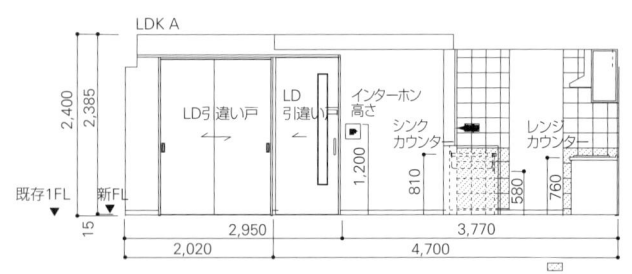

展開1　1：100
タイル補修部分

改修後のキッチンシンクとその下部（右）

Aさん居室2（改修後）
専用車いす対応型洗面台

設計上のポイント

　車いすでの移動がしやすいように、各室の開口を広げ、かつ回遊動線を設けるが、高齢の母親と二人暮らしなので、母親の安全と生活パターンにも配慮する。また、将来、身体機能がさらに低下することが予想されるので、後日、介助スペースの確保等のために、大がかりな改修をせずに対応できるよう配慮する。

　具体的には以下のように対応した。

・既存床材はスラブ直張りで車いす対応ではなかったので、洗面室・浴室を除いて店舗用床暖房対応床材に変更した。車いすの操作性がとてもよくなった。

・以前の住宅では電気ストーブで気づかないうちに足を火傷することがあったので、LDKと居室には床暖房を入れ、エアコンとの併用で安全な環境をつくった。

・回遊動線をLDと洋室1、Aさん居室1・2と玄関ホール、キッチン回りに設けた。また、母親居室を除くすべてのドアを引き戸に変更するとともに、開口幅を広げた。

・既存の洗面台は車いすでは使いづらいので、体調不良のとき等を考慮し、居室2に専用の電気温水器付き車いす対応型洗面台を設置した。洗髪や清拭、小物の洗濯もできる。

・Aさんの居室1にパソコンや周辺機器をまとめて置き、作業ができるように収納棚付きカウンターを造作した。

・床材変更で15mm高くなった上がり框（石材）を取り換え、ミニスロープを付けた。

・トイレは廊下からの開口が狭くアク

事例7＿転居することで移動機能の低下を補う（改修・マンション）

2方向からアプローチ可能な改修後のトイレ
新規に2枚引込み戸を設置し、手すりを3本取り付けている

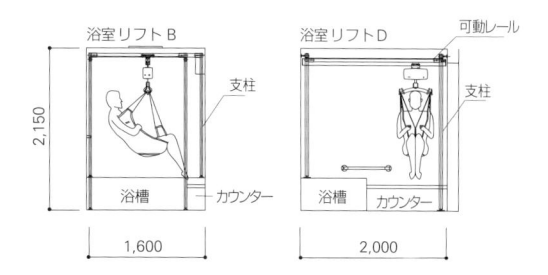

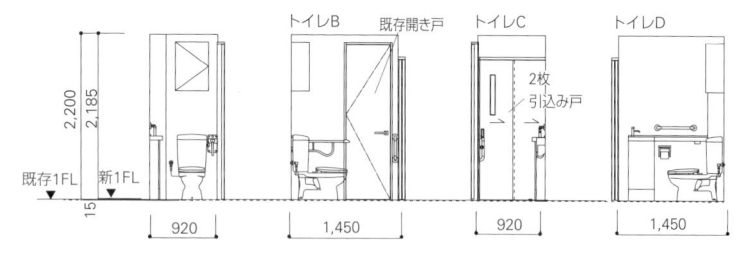

浴室にはリフト設置

浴槽とトイレの展開　1:100

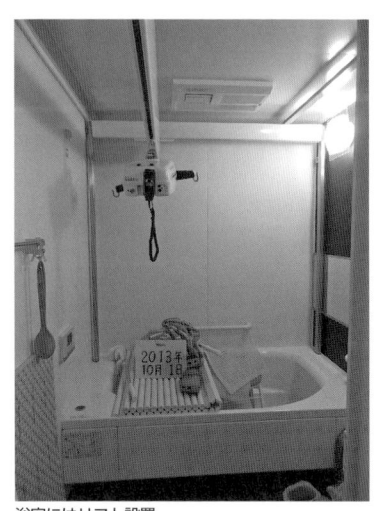

セスできないうえに、便器の配管が直接スラブに埋め込まれていて、移動が難しかった。180度回転して居室2から入る方法も考えたが部屋が狭くなるので、洋室1に2枚引込み戸を設け、前の住宅で使っていた据置き式リフトを置いた。普段、尿はカテーテル留置で蓄尿袋から捨てるだけであり、便器に移乗するのは下剤を用いて排便する週1回のみである。車いすを正面付けにして手すりで便器上に移乗、排便後はいったん床に降り座位でリフトまで行

き、スリングシートを自分で着けて車いすに戻る。普通便座を洗浄機能付き便座に交換、便座側面に横手すりと跳ね上げ式手すり、入口に縦手すりを取り付けた。
・入浴は、洗面室への移動は車いす、着脱衣、ヘルパーの介助で入浴する。
・システムキッチンは2列並列型で、車いすで自由に動けるスペースが確保されていない。また、冷蔵庫が奥にあり車いすでのアクセスは不便である。シンク部分のカウンターを壁から離し、レンジカウンターとの間隔を900mm取った。給水・給湯は天井から柱型をつくって配管スペースとした。シンクカウンターの位置移動に伴いダウンライトを1基増設した。カウンターの高さはレンジ側760mm、シンク側810mmとした。シンク下は引出しを撤去し、車いすが入れるようにした。

・給湯器のリモコンやインターホンの操作は手が届かないので、200mmほど下げた。キッチンの換気扇は手元スイッチを付けた。本人居室の既存収納のハンガーパイプは昇降式に変更した。
・母親の歩行の安全のために、玄関、浴室、廊下に手すりを取り付けた。
・その後、身体機能が一段と低下し、浴室にXYレール型リフトを導入した。導入にあたり、自治体の住環境整備費助成事業の申請をして、ケースワーカー、リハビリセンターの理学療法士にAさんの生活状況や身体機能を確認してもらい、アドバイスを得た。
・近隣に住む障害のある友人が住宅改修をしたことで来訪しやすくなり、情報交換や助け合い、泊まったりもできるようになった。

事例 8

高齢者が集って住まう
（新築・住宅＋施設）

サービス付き高齢者向け住宅・わかたけの杜

南側外観

クリニック棟外観

東棟
センターハウスを中心に住戸は空中歩廊でつながれている

■ **対象者**
単身、夫婦、親子（世帯のいずれかが60歳以上）

■ **配慮のポイント**
木造2階建の居住棟（東棟）の数棟を、センターハウス（垂直動線としてのエレベーターと、共用施設である食堂・ラウンジ・コンシェルジュがある）を中心に空中歩廊でつなぐことで、車いす移動に配慮するとともに出会いの場となる立体的な動線をつくり出した。

■ **建築情報**
敷地面積：15,617.16㎡
建築面積：2,874.06㎡
延べ面積：3,788.48㎡（50㎡タイプ42戸、40㎡タイプ4戸、20㎡タイプ20戸）
構造：東棟は木造2階建、一部鉄骨造2階建、クリニック棟は鉄骨造2階建

■ **所在地**
神奈川県横浜市青葉区

■ **設計・監理**
吉田明弘（ヨシダデザインワークショップ）＋井上康（健康設計）

■ **ランドスケープ**
金光弘志（カネミツヒロシセッケイシツ）

■ **企画監修**
井上由起子（日本社会事業大学専門職大学院教授）

■ **竣工年**
2014年12月

建築主からの要望

- 敷地内の1/3を占める横浜市保存樹林の景観を活かした、土に近い暮らし
- 東側住宅地からの保存樹林の眺望を遮らない低層施設
- 南北に隣接する同じ社会福祉法人が運営する介護老人保健施設と特別養護老人ホームとの連携に配慮
- 採算の合う住戸数の確保と建設費
- 国土交通省「高齢者・障害者・子育て世帯居住安定化推進事業」の国庫補助への応募
- 24時間在宅介護・看護事業所、在宅療養支援診療所の併設
- 福祉系大学やNPO法人との連携を可能にするボランティア室の設置
- 入居者が食事をするレストランの設置
- 交流の拠点となる食堂やラウンジの整備

設計のポイント

敷地は横浜市青葉区、東急線のこどもの国駅にほど近く、敷地の西側を保存樹林帯に抱かれた緑豊かな環境にある。同じ法人が経営する介護老人保健施設（敷地南側）と特別養護老人ホーム（敷地北側）に挟まれており、手厚いサービスの連携が期待された。

① 低層分棟化と連絡ブリッジ

敷地は高圧電線によって東西に分断

189

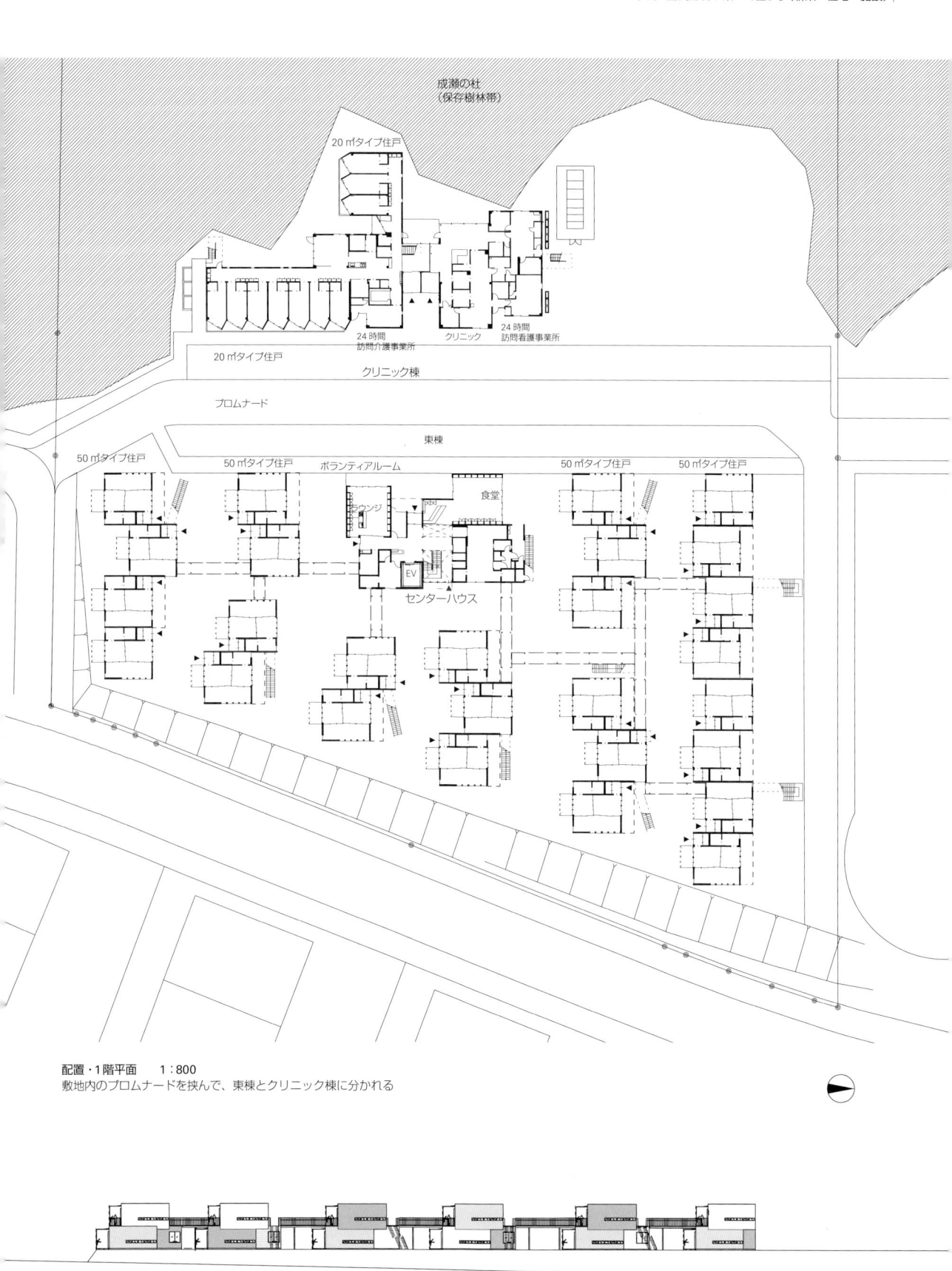

事例8＿高齢者が集って住まう（新築・住宅＋施設）

成瀬の杜
（保存樹林帯）

20 ㎡タイプ住戸

20 ㎡タイプ住戸　クリニック棟

24 時間
訪問介護事業所　クリニック　24 時間
訪問看護事業所

プロムナード

東棟

50 ㎡タイプ住戸　50 ㎡タイプ住戸　ボランティアルーム　50 ㎡タイプ住戸　50 ㎡タイプ住戸

ラウンジ　食堂

EV
センターハウス

配置・1階平面　　1：800
敷地内のプロムナードを挟んで、東棟とクリニック棟に分かれる

東棟東側立面　　1：800

Barrier-Free ＋ Universal Design
6章 事例に見るバリアフリー・ユニバーサルデザインな住まい

東棟の50㎡タイプの住戸
建具などでさまざまな設えに対応

1 標準型

2 寝室・テラス・洗面トイレ一体型

3 ワンルーム型

4 教室型

5 書斎型

6 納戸型

7 寝室L字型

40㎡タイプの間取り

20㎡タイプの間取り

50㎡タイプ住戸の可変間取り7パターンと40㎡タイプと20㎡タイプの間取り　　1：250

され、近隣住民からは森への眺望確保が望まれていた。また、採算上の必要戸数を確保しつつ、軟弱地盤にも配慮する必要もあった。解決策として、高圧電線下をプロムナードとして南北に隣接する既存施設との動線を確保し、クリニック棟と東棟を向かい合わせることで、賑わいのある広場とした。

さらに、2階建てとすることで「土に近い暮らし」を実現するとともに、2階へのアクセスに配慮して、コミュニティの核となるセンターハウス(エレベーター、食堂、ラウンジ)を中心に住戸8棟を空中歩廊で連結した低層分棟連結型の配置とした。上下の「路地」の動線と視線の立体的な交錯や、路地を介した向かい合わせ玄関と南側開口に設けた有孔折板スクリーンの採用によって、生活が適度に外部ににじみ出る「見る、見られる」関係といった穏やかな見守りの環境をつくり出している。

②住戸の「可変性と選択性」

短いライフサイクルで生活形態が変わる高齢者住宅にこそADLが低下してもQOLの低下を招かずにすむプランの可変性が有効である。

事例8＿高齢者が集って住まう（新築・住宅＋施設） 191

東棟
住戸ごとに平面と断面は雁行させることでズレをつくり出す

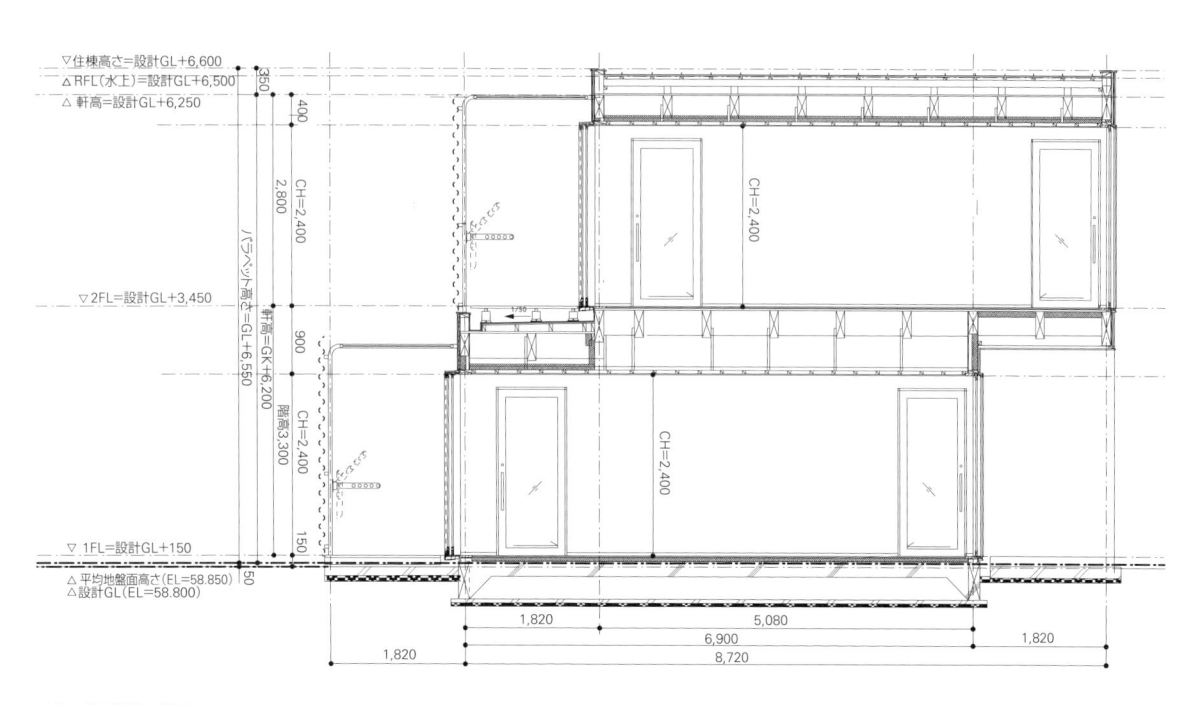

東棟　住戸部分の断面　1：100

　東棟の50㎡タイプでは、夫婦の一方が要介護の場合、一方が亡くなってしまった場合、トイレが近いリビングに介護ベッドが進出してくる場合、などの生活の変化に柔軟に対応するため、可動化できない要素（玄関・浴室・洗面・トイレ）を片側に寄せ、残ったスペースは可動間仕切りと可動収納によって、ワンルームから2DKまでの多様なプラン変更を可能にした。
　クリニック棟では診療所併設による安心のある暮らしとして、森に開いた共用リビングを持つユニット型ワンルーム（20㎡）と光庭を持つ1DK（40㎡）があり、選択の幅をさらに広げている。
③「わが家」が認識できる工夫
　東棟では住戸ごとに平面と断面を雁行させることでズレをつくり、外壁は各住戸別に3色で使い分けることで、住戸ごとの視覚的な違いを明確にしている。センターハウスでは食堂とラウンジを天井の高い木表しの印象的な空間とし、住戸のボリュームと合わせた。また、クリニック棟とセンターハウスでも同じデザインコードを採用することで街並みとしての調和をつくり出している。

参考 住宅性能表示制度による高齢者配慮基準

2000年に制定された「住宅の品質確保の促進等に関する法律（通称：住宅品確法）」は、新築住宅の契約時の瑕疵保証制度の充実、住宅購入時の紛争処理体制の整備とともに、住宅性能表示制度を定めている。住宅性能表示は義務づけではないが、購入者が設計時あるいは購入時に配慮を求めた場合には、これに対応しなければならないことになっている。住宅性能表示とは、住宅の構造の安定、火災時の安全、劣化の軽減、維持管理への配慮、温熱環境、空気環境、光・視環境、音環境などの性能を客観的に定め、住宅購入者の利便性を図ることを目的に定められているが、この中に「高齢者への配慮」が含まれている。

「高齢者への配慮」は、住宅内の「移動の安全性」と「介助の容易性」をもとに5段階に分類され（**表1**）、各段階で求められる技術的基準は詳細に決められている（**表2**）。

表1 住宅品確法の等級2〜5のポイント（ホームエレベーターを設置しない場合）

		等級2	等級3
イ. 部屋の配置			
・日常生活空間のうち特定寝室と同一階に配置		・便所	
ロ. 段差の解消			
・日常生活空間で認められる段差 （右以外の段差は認められない）		・玄関の出入口（くつずりと玄関外側20mm以下＋くつずりと玄関土間5mm以下）	
		・玄関の上がり框	
		・勝手口等の出入口、上がり框	
		・一定の基準を満たした畳コーナー	
		・浴室の出入口で次のいずれか 　・20mm以下の単純段差 　・浴室内外の高低差120mm以下＋またぎ高さ180mm以下＋手すり	
		・バルコニーの出入口	
・日常生活空間外で認められる段差 （右以外の段差は認められない）		・玄関・勝手口等の出入口・上がり框、バルコニー・浴室の出入口、 　畳コーナー等の90mm以上の段差	
ハ. 階段の安全性			
・勾配		・22／21以下 ・550mm≦蹴上げ×2＋踏面≦650mm、かつ踏面は195mm以上	
・蹴込み等		・30mm以下	
・曲がり部分の寸法		・曲がり部分の寸法の適用除外の規定あり	
・階段の形式			
二. 手すりの設置			
・手すりの設置基準（転落防止以外）		・階段片側に設置（勾配が45°を超える場合は両側に設置） ・便所、浴室に設置 ・玄関、脱衣室に下地の準備	
・転落防止のための手すり		・設置	
ホ. 通路・出入口の幅員			
・日常生活空間内の通路幅員			・780mm（柱等の箇所は750mm以上）
・日常生活空間内の出入口の幅員			・玄関は有効750mm、浴室は有効600mm以上
			・玄関・浴室以外（バルコニー・勝手口等を除く）は 　750mm以上（軽微な改造による確保可）
ヘ. 寝室・便所・浴室			
・浴室（寸法・面積は内法）			・短辺1,300mm以上、かつ面積2.0m² 以上
・便所（寸法は内法）			・腰掛け式
			・次のいずれか 　・長辺1,300mm以上 　　（軽微な改造による確保可） 　・便器前方または側方に500mm以上 　　（ドアの開閉による確保または軽微な改造による確保可）
・特定寝室（面積は内法）			・面積9m² 以上

表2 住宅品確法に定められた高齢者等配慮対策等級

等級	講じられた対策
5	a.移動などに伴う転倒・転落などの防止に、特に配慮した措置が講じられていること b.介助が必要となった場合を想定し、介助用車いす使用者が基本的生活行為を行うことを容易にすることに、特に配慮した措置が講じられていること
4	a.移動などに伴う転倒・転落などの防止に配慮した措置が講じられていること b.介助が必要となった場合を想定し、介助用車いす使用者が基本的生活行為を行うことを容易にすることに配慮した措置が講じられていること
3	a.移動などに伴う転倒・転落などの防止のための基本的な措置が講じられていること b.介助が必要となった場合を想定し、介助用車いす使用者が基本的生活行為を行うことを容易にすることに配慮した基本的な措置が講じられていること
2	移動などに伴う転倒・転落などの防止のための基本的な措置が講じられていること
1	移動などに伴う転倒・転落などの防止のための建築基準法に定める措置が講じられていること

・住宅の品質確保の促進などに関する法律に基づく評価方法基準による作成。
・等級が上にいくほど配慮すべき対策が高次元になる。

等級4	等級5
・便所、浴室	・玄関、便所、浴室、洗面所、脱衣室、食事室
・同左	
・玄関の上がり框（180mm以下*1）	
・同左	
・同左	
・浴室の出入口（20mm以下の単純段差）	
・バルコニーの出入口で次のいずれか 　・180mm以下の単純段差 　・250mm以下の単純段差＋手すり 　・屋内外側とも180mm以下のまたぎ段差＋手すり	・バルコニーの出入口 　（180mm以下の単純段差）
・同左	
・6／7以下 ・550mm≦蹴上げ×2＋踏面≦650mm	・6／7以下 ・550mm≦蹴上げ×2＋踏面≦650mm
・30mm以下、蹴込み板を設置	・30mm以下、蹴込み板を設置 ・滑り止めは踏面と同一面、段鼻を出さない
・曲がり部分の寸法の適用除外の規定なし	・曲がり部分の寸法の適用除外の規定なし
・安全上問題がある階段形式を用いない	・安全上問題がある階段形式を用いない
・同左	・階段両側に設置
・便所、浴室、玄関、脱衣室に設置	・便所、浴室(浴室出入り、浴槽出入り、浴室内での立ち座り等の機能)、玄関、脱衣室に設置
・同左	
・同左	・850mm（柱等の箇所は800mm以上）
・同左	・玄関、浴室は有効800mm以上
・玄関・浴室以外（バルコニー・勝手口等を除く）は750mm以上（工事をともなわない撤去による確保可）	・玄関・浴室以外（バルコニー・勝手口等を除く）は800mm以上（工事をともなわない撤去による確保可）
・短辺1,400mm以上、かつ面積2.5m^{2}以上	
・同左	
・次のいずれか 　・短辺1,100mm以上（軽微な改造による確保可） 　　かつ長辺を1,300mm以上（軽微な改造による確保可） 　・便器の前方および側方に500mm以上各の 　　（ドアの開閉による確保または軽微な改造による確保可）	・次のいずれか 　・短辺1,300mm以上 　　（工事を伴わない撤去による確保可） 　・短辺を便器後方の壁からの便器の先端までの距離に500mmを加えた値以上確保 　　（工事をともなわない撤去による確保も可）
・面積12m^{2}以上	

◎参照文献

野村歓・橋本美芽『OT・PTのための住環境整備論』三輪書店、2015
シルバーサービス振興会『新訂・福祉用具専門相談員研修テキスト』中央法規、2015
テクノエイド協会『福祉用具プランナーテキスト』テクノエイド協会、2011
東京商工会議所『福祉住環境コーディネーター検定試験(2級テキスト)』東京商工会議所、2015
日本建築学会『高齢者が気持ちよく暮らすには』技報堂出版、2005
川島美勝編『高齢者の住宅熱環境』理工学社、1994
国際福祉機器展(HCR)『自助具の選び方、利用のための基礎知識』保健福祉広報協会、2013

あとがき

　本書のもととなる『住環境のバリアフリーデザインブック』は、最初は2002年に「建築文化10月号別冊」として刊行され、翌年の2003年6月に、読者の要望に応えて単行本に切り替わった。以来、10数年が経ち、今回、初めて改版する運びとなった。当初はそれほど多くの作業を必要としないと考えていたが、作業を進めていく過程で、いくつもの課題が見えてきて、最終的にはほぼ全面的に見直す大作業となった。そのため、タイトルを一部変更し、刊行の運びとなった。

　その理由は大きく分けて二つある。一つは高齢者や障害者を取り巻く社会情勢の変化である。初版が刊行された当時は、住宅品確法による高齢者居住性能基準や高齢者住まい法の制定などが行われた直後であり、社会的には1997年6月に発表された長寿社会対応住宅設計指針を中心に動いていた時期であった。その後、2000年に制定された介護保険法の実施により高齢者を取り巻く福祉施策が大きく動き出したことや、サービス付き高齢者向け住宅等の制度が積極的に推進され、10数年前の状況から大きく変化したことである。

　もうひとつは、高齢者住宅施策の普及に伴い、住宅産業界は住宅メーカーも住宅部品メーカーも技術力を高め、それに伴い住宅関連技術が大幅に向上したことである。前著で記述していた内容の一部はすでにほとんど実施されなくなっていたり、新しい技術が次々と開発された。例えば、かつては浴室洗い場と脱衣室の段差解消は大きな課題であったが、その後高齢者対応ユニットバスが開発され、今や、この段差がほぼ技術的に解消されたユニットバスが市販され、しかも高齢者が居住している、いないにかかわらず、多くの家庭で一般的に利用されるまでに至っている。

　このように、かつては特殊解とされてきたバリアフリーはもはや一般社会に普及し、ユニバーサル化されてきたことは研究者としてはうれしいが、しかし、まだ研究段階にある問題もまだまだ多くある。今回の編集作業の中で記述するには時期尚早と考え見送った項目もある。例えば、知的障害者、精神障害者といったメンタル面での配慮を必要とする人たちへの住宅計画のあり方、また近年、新たに障害としてとらえるようになってきた、発達障害者の住宅計画などがこれに該当する。われわれ研究者は、これらの問題を解決するべく研究を深めていかねばならないし、それに伴う技術的な問題も解決しなければならないと考えている。

編者　野村歡

◎著者一覧および担当箇所　　（五十音順、○印は編者）

植田瑞昌（うえだ・みずよ）
日本女子大学住居学科　助教
日本大学大学院理工学研究科建築学専攻博士前期課程修了（1998年）。工学修士、1級建築士
執筆担当：2章11、3章4～6、8、9、5章4～6

田中賢（たなか・やすし）
日本大学理工学部まちづくり工学科　教授
日本大学大学院理工学研究科建築学専攻博士後期課程修了（2000年）。博士（工学）、1級建築士
執筆担当：4章1～5、COLUMN ⓰

田村房義（たむら・ふさよし）
TOTO株式会社　プレゼンテーション推進部　UDプレゼンテーションG上席企画主幹
日本大学大学院理工学研究科博士課程前期建築学専攻修了（1984年）、工学修士。
福祉住環境コーディネーター、福祉用具専門相談員、福祉用具プランナー
執筆担当：2章8、9、5章3

○野村歓（のむら・かん）
元日本大学理工学部教授、元国際医療福祉大学大学院教授
日本大学大学院理工学研究科建築学専攻修士課程修了（1965年）。博士（工学）、1級建築士
執筆担当：本書のねらい、本書の見方・読み方、序章、1章、2章総論、5～7、3章総論、4章総論
COLUMN ❶～❻、❾、⓫～⓯、巻末参考、あとがき

橋本美芽（はしもと・みめ）
東京都立大学人間健康科学研究科作業療法科学域　准教授
日本大学大学院理工学研究科博士課程後期終了（2000年）。博士（工学）、1級建築士
執筆担当：2章1～4、10、12、13、3章1～3、7、10、COLUMN ❼、❽

村井裕樹（むらい・ひろき）
日本福祉大学健康科学部福祉工学科　准教授
日本大学大学院理工学研究科建築学専攻博士後期課程修了（2002年）。博士（工学）、1級建築士
執筆担当：5章1、2、7

八藤後猛（やとうご・たけし）
日本大学理工学部まちづくり工学科　特任教授
日本大学大学院理工学研究科建築学専攻博士前期課程修了（1981年）。博士（工学）、1級建築士
執筆担当：COLUMN ❿

◎事例執筆者一覧

事例1　竹内幸子（LIFE COODINATE SHOP ゆー・）
事例2　丹羽太一＋丹羽菜生（BASSTRONAUTS）
事例3　吉田紗栄子（アトリエユニ）
事例4　橋本彼路子（STUDIO3）
事例5　田畑邦雄（一級建築士事務所・アシスト設計）
事例6　市瀬敬子（二級建築士事務所　スタジオ・ヴォイス）
事例7　市瀬敬子（同上）
事例8　吉田明弘（ヨシダデザインワークショップ）

住環境のバリアフリー・ユニバーサルデザイン
福祉用具・機器の選択から住まいの新築・改修まで

2015年9月30日　第1版　発　行
2023年7月10日　第1版　第2刷

編者	野村歡
著者	植田瑞昌＋田中賢＋田村房義＋野村歡＋橋本美芽＋村井裕樹＋八藤後猛
発行者	下出雅徳
発行所	株式会社 彰国社
	162-0067 東京都新宿区富久町8-21
	電話 03-3359-3231（大代表）
	振替口座 00160-2-173401
	https://www.shokokusha.co.jp
印刷	壮光舎印刷
製本	誠幸堂

Ⓒ野村歡（代表）　2015年
Printed in Japan
ISBN978-4-395-32048-6 C3052

本書の内容の一部あるいは全部を、無断で複写（コピー）、複製、
および磁気または光記録媒体等への入力を禁止します。
許諾については小社あてご照会ください。